ଦୁଇଟି ନାଟକ

• କଳାଜହ୍ନ • ମଲା ଆକାଶ

ଦୁଇଟି ନାଟକ

● କଳାଜହ୍ନ ● ମଳା ଆକାଶ

ପ୍ରଫୁଲ୍ଲ କୁମାର ମହାନ୍ତି

ବ୍ଲାକ୍ ଈଗଲ୍ ବୁକ୍ସ
ଭୁବନେଶ୍ୱର, ଓଡ଼ିଶା

BLACK EAGLE BOOKS
Dublin, USA

ଦୁଇଟି ନାଟକ(କଳାଜହ୍ନ, ମଳା ଆକାଶ) / ପ୍ରଫୁଲ୍ଲ କୁମାର ମହାନ୍ତି
ବ୍ଲାକ୍ ଈଗଲ୍ ବୁକ୍ସ : ଭୁବନେଶ୍ୱର, ଓଡ଼ିଶା ● ଡବ୍ଲିନ୍, ଯୁକ୍ତରାଷ୍ଟ୍ର ଆମେରିକା

BLACK EAGLE BOOKS

USA address:
7464 Wisdom Lane
Dublin, OH 43016

India address:
E/312, Trident Galaxy, Kalinga Nagar,
Bhubaneswar-751003, Odisha, India

E-mail: info@blackeaglebooks.org
Website: www.blackeaglebooks.org

First International Edition Published by
BLACK EAGLE BOOKS, 2023

DUITI NATAK
(- Kalajanha, - Mala aakash)
by **Prafulla Kumar Mohanty**

Copyright © **Prafulla Kumar Mohanty**

All rights reserved. No part of this publication may be reproduced, stored in a retrieval system, or transmitted, in any form or by any means, electronic, mechanical, photocopying, recording or otherwise without the prior permission of the publisher.

Cover & Interior Design: Ezy's Publication

ISBN- 978-1-64560-441-9 (Paperback)

Printed in the United States of America

ସମୁଦ୍ରର ଅଭାବ - ପାଣି,
ପବନର ଅଭାବ - ନିଃଶ୍ୱାସ,
ଆକାଶର ଅଭାବ - ଛାଇ,

ମୋ ଲାଗି ଯେ ପାଣି, ନିଃଶ୍ୱାସ ଓ ଛାଇର ଆଶ୍ୱାସ ନେଇ ଆସିଚ, ତା'ରି ହାତରେ।

ପ୍ରଫୁଲ୍ଲ କୁମାର ମହାନ୍ତି

କଳାଜହ୍ନର ଆକାଶେ ଜ୍ୟୋତ୍ସ୍ନା

ଏହି କ୍ଷୁଦ୍ର ଆଲେଖ୍ୟ ମାଧ୍ୟମରେ ମୁଁ ଉଜାଣି ସୁଅରେ ଫେରିଯାଉଛି ୧୯୭୬କୁ। ସେତେବେଳକୁ ଓଡ଼ିଶାରେ ନାଟକ ଓ ରଂଗମଞ୍ଚରେ ବହୁବିଧ ପରୀକ୍ଷା ଓ ପ୍ରୟୋଗ ଆରମ୍ଭ ହୋଇଥାଏ। ଜଣେ ଇଂରାଜୀ ଅଧ୍ୟାପକ, ପ୍ରାବନ୍ଧିକ, କବି, ନାଟ୍ୟକାର ଓ ନାଟ୍ୟ ନିର୍ଦ୍ଦେଶ ସେ ସମୟରେ ଲେଖିଥିଲେ କେତୋଟି ମଞ୍ଚନାଟକ। ହଁ ସଂଖ୍ୟା କେତୋଟି ତାହା କାହାର, ଏପରିକି ନାଟ୍ୟକାରଙ୍କର ନିଜର ମନେନାହିଁ। ତେବେ ବିସ୍ମୃତି ଗର୍ଭରୁ ତୋଳିଆଣି ସେ କେତୋଟି ନାଟକର ନାମ ଦେଇଛନ୍ତି। ସେଗୁଡ଼ିକ ହେଉଛି 'କଳାଜହ୍ନ', 'ମଳା ଆକାଶ', 'ସରାଗ ସନ୍ନ୍ୟାସୀ', 'ଝରାକୁହେଳି' ଓ 'ଏକାଙ୍କିକା ପକ୍ଷୀ ଆଉ ଉତ୍ତରପୁରୁଷ'। ବହୁ ପ୍ରୟାସରେ ମିଳିଛି ଦୁଇଟି ନାଟକ 'କଳାଜହ୍ନ' ଓ 'ମଳା ଆକାଶ'। ହଁ, ଦୁଇଟି ନାଟକ କଥା ହିଁ କହୁଛି। ସାର୍ ଯେ ମୋ ଉପରେ ଭରସା ରଖି ସେ ସଂପର୍କରେ କିଛି ଲେଖିବାକୁ ଦେଉଛନ୍ତି, ସେଥିପାଇଁ ମୁଁ ତାଙ୍କ ନିକଟରେ ବିନୟାବନତା। ସେଥିପାଇଁ ମୋ ମନରେ ଯେତିକି ଆଗ୍ରହ ତତୋଽଧିକ ସଂଭ୍ରମ ଓ କୁଣ୍ଠା।

'କଳାଜହ୍ନ' ୧୯୭୬ ଫେବ୍ରୁଆରି ୨୧ ଓ ୨୨ରେ ଗଞ୍ଜାମ କଳା ପରିଷଦ ଦ୍ୱାରା ନାଟ୍ୟକାରଙ୍କ ନିର୍ଦ୍ଦେଶନାରେ ଅଭିନୀତ ହୋଇଛି। ପୁଣି ୧।୪।୧୯୭୬ରେ ରବୀନ୍ଦ୍ର ମଣ୍ଡପରେ ମଧ୍ୟ ଅଭିନୀତ ହୋଇଛି। 'ମଳା ଆକାଶ' ୧୮।୬।୧୯୭୬ରେ ଗଞ୍ଜାମ କଳା ପରିଷଦ ଆନୁକୂଲ୍ୟରେ ଓଡ଼ିଶା ସଂଗୀତ ନାଟକ ଏକାଡେମୀର ଆଲୋକ ଓ ଶବ୍ଦଗ୍ରହଣ ତଥା ନାଟ୍ୟକାର ଶ୍ରୀଯୁକ୍ତ ମହାନ୍ତିଙ୍କ ନିର୍ଦ୍ଦେଶନାରେ ଜୟପୁରରେ ଅଭିନୀତ ହୋଇଛି। ଇଂରାଜୀ ଭାଷା-ସାହିତ୍ୟ ଓ ସରଙ୍ଗମଞ୍ଚ ସଂପର୍କରେ ଗଭୀର ଅନୁଭବ ଥିବା ଏହି କଳାପ୍ରାଣ ବ୍ୟକ୍ତି କ'ଣ ପାଇଁ ଆଉ ନାଟକ ଲେଖିବାକୁ ମନ ବଳାଇ ନାହାନ୍ତି ଆମେ ଜାଣୁନା ମାତ୍ର ପାନ ଗୁଆ ଖର୍ଚ୍ଚ ହିସାବରୁ ଭୋଜିର ବିଶାଳତା ଅନୁମାନ

କରିବା ଭଳି ଏ ଦୁଇଟି ନାଟକରୁ ତାଙ୍କର ଚିନ୍ତା ଓ ପ୍ରକାଶ ଭଙ୍ଗୀରେ ନୂତନତା ଆମେ ଖୋଜି ପାଇବା। 'କଳାଜହ୍ନ' ସେ ସମୟର ଉଚ୍ଚପ୍ରଶଂସିତ ନାଟକ, ଯେଉଁ ନାଟକ ମାଧ୍ୟମରେ ଅନେକ ଅଭିନେତା ଅଭିନେତ୍ରୀ ନାଟକ ଜଗତରେ ଆଦ୍ୟପାଦ ସ୍ଥାପିଥିଲେ। ଏହି ସମୟରେ ପ୍ରଫେସର ମହାନ୍ତି ପାଶ୍ଚାତ୍ୟ ନାଟ୍ୟତତ୍ତ୍ୱ ଓ ନାଟକ ସଂପର୍କରେ ଶିକ୍ଷାଦାନ କରିଛନ୍ତି। ରେଭେନ୍‌ସା କଲେଜରେ ଅନେକ ଅନୂଦିତ ପାଶ୍ଚାତ୍ୟ ନାଟକ ଅଭିନୀତ ହୋଇଛି ଯାହା ସହିତ ସେ ଜଡ଼ିତ ହୋଇଛନ୍ତି। ଦୀର୍ଘଦିନର ନାଟ୍ୟାନୁରାଗକୁ ନେଇ ସେ ଲେଖିଛନ୍ତି କେତୋଟି ନାଟକ। ଚେସ୍ ଖେଳରୁ 'କଳାଜହ୍ନ' ନାଟକ ଆରମ୍ଭ ହୋଇଛି। ଆର୍ଟ ସ୍କୁଲ୍‌ର ଅଧ୍ୟାପକ ବିକାଶର ଜୀବନଦର୍ଶନ ପ୍ରଥମ ଦୃଶ୍ୟରୁ ହିଁ ଦର୍ଶକ ଜାଣିପାରେ। ନିଜ ଖେଳର ରାଜାକୁ ସୁରକ୍ଷିତ ରଖିବା ପ୍ରୟାସରେ ସେ ବନ୍ଧୁ ରାଜେଶକୁ କହେ- ''ତଥାପି ଚେଷ୍ଟା କରିବି। ମୁଁ ହତାଶବାଦୀ ନୁହେଁ।'' (କଳାଜହ୍ନ - ପୃ:୧) ଲକ୍ଷପତିର କନ୍ୟା ରେଖାକୁ ସେ ଅସାମାଜିକମାନଙ୍କ କବଳରୁ ରକ୍ଷା କରିଥିଲା। ରେଖା ତାକୁ କହେ ଯେ ସେ ଅନାଥାଶ୍ରମରେ ପାଳିତା। ତା' କଥାକୁ ବିଶ୍ୱାସ କରି ବିକାଶ ତାକୁ ବିବାହ ମଧ୍ୟ କରିଛି। ମାତ୍ର ଅକସ୍ମାତ୍ ଶ୍ୱଶୁରଙ୍କ ଦାନ ଚାଳିଶି ଲକ୍ଷ ଟଙ୍କା ଦେଖି ସେ ରେଖାକୁ ଭୁଲ୍ ବୁଝିଛି। ଶିଡ଼ି ଘରେ ଖସିପଡ଼ି ରେଖା ତା'ର ସହଜ ଗତି ହରାଇ ହୁଇଲ୍ ଚେୟାରକୁ ଆଶ୍ରୟ କରିଛି। ଚିତ୍ରକର ବିକାଶ ତା'ର ପ୍ରାଣଦିଆ ପ୍ରେମକୁ ନ ବୁଝି ଚିତ୍ର କରିବା ଛାଡ଼ି ଦେଇଛି ଓ ମଦ୍ୟପାନ କରି ନିଜକୁ ଭୁଲିବାର ପ୍ରୟାସ କରିଛି। ଶ୍ୱଶୁରଙ୍କ କାରଖାନାର ମାଲିକ ଭାବେ ବିକାଶ ଶ୍ରମିକମାନଙ୍କର ସର୍ବବିଧ ମଙ୍ଗଳ କାମନା କରିଛି, ମାତ୍ର ସେମାନେ ଆହୁରି ସୁଯୋଗ ପାଇବାକୁ ହରତାଳ କରିଛନ୍ତି। ବିକାଶ ସେମାନଙ୍କ ନିକଟକୁ ଯିବାକୁ ଚାହେଁ। ସେ କାରଖାନା ଆୟର ଠିକ୍ ହିସାବ ନ କରି ସେଥିରେ ଦସ୍ତଖତ ଦେବାକୁ ମନା କରେ। ମାଲିକ ହେବାର ପୂର୍ବ ଅନୁଭୂତି ନ ଥିବାରୁ ଶ୍ରମିକମାନଙ୍କ ଚତୁରତା ମଧ୍ୟ ବୁଝିପାରେ ନାହିଁ।

ଏ ଭିତରେ ସ୍ୱପ୍ନରେ ସୁଧା ଭଳି ଚରିତ୍ର ଆସେ। ସେ ଗୀତ ଗାଏ। ଉଭୟଙ୍କ ପ୍ରେମ, ସୁଧାର ସମର୍ପଣ ଭାବନା ଓ ବିକାଶର ନିର୍ଲିପ୍ତତା ସଂପର୍କରେ ଉଭୟ କଥାବାର୍ତ୍ତା କରନ୍ତି।

ବିକାଶ - ତୁମେ ଗଲା ପରେ ମୋର ପତ୍ରଝରା ଆସିଯାଇଛି

ସୁଧା - ଥୁଣ୍ଟା ଡାଳ ହୋଇ ତୁମେ ରହ ବିକାଶ। ଆର ଜନ୍ମରେ ମୁଁ ଆସି ବସିବି କଜଳପାତି ହୋଇ। ହାତ ବଢ଼େଇଲେ ଉଡ଼ିଯିବି, ହାତ ନ ବଢ଼େଇଲେ ଅଭିଶାପ ଦେବି। (କଳାଜହ୍ନ - ପୃ:୪୨-୪୩)

ଏହି ଦୃଶ୍ୟରେ ସୁଧା ଓ ବିକାଶ ଉଭୟ ପରିବେଶ ଉପଯୋଗୀ ସଂଗୀତ ଗାନ କରିଛନ୍ତି। ସ୍ୱପ୍ନ ଦୃଶ୍ୟ ପରେ ଆସେ ଧର୍ମପତ୍ନୀ ରେଖା, ଯିଏ ଚାହେଁ ବିକାଶଙ୍କୁ ସଫଳ ମଣିଷ ଭାବେ ଦେଖିବ। ସେଥିପାଇଁ ସେ ସଚେତନ ଭାବରେ ପ୍ରୟାସ ଜାରି ରଖେ। ଅବିନାଶ ବାବୁ ରେଖାର ମଉସା, ଯିଏ ରେଖା ବାପାଙ୍କର ବନ୍ଧୁ ଥିଲେ ଓ ବ୍ୟବସାୟରେ ତାଙ୍କୁ ସାହାଯ୍ୟ କରୁଥିଲେ। ଉଭୟଙ୍କ ଭିତରେ ମନୋମାଳିନ୍ୟ ହେବାରୁ ଅବିନାଶ ବାବୁ ରେଖା ବାପାଙ୍କ ବ୍ୟବସାୟରୁ ଦୂରେଇ ଯାଇଥିଲେ। ସେ ଅଭାବରେ ପଡ଼ି ରେଖା ନିକଟକୁ ଆସିଛନ୍ତି ମାତ୍ର ରେଖାର ରୁଗ୍‌ଣ ପାରିବାରିକ ଜୀବନର ସ୍ଥିତି ଦେଖି ଦୁଃଖୀ ହୋଇଛନ୍ତି। କାରଖାନା ନିଲାମ ହେବାର ଖବର ପାଇ ମଧ୍ୟ ବିକାଶ ଉଦ୍‌ବିଗ୍ନ ନୁହେଁ। ସେ କାରଖାନା ଓ ଘର ଛାଡ଼ି ଚଳତ୍‌ଶକ୍ତିବିହୀନା ପତ୍ନୀକୁ ନେଇ ରାଜରାସ୍ତା ଉପରକୁ ଯିବାର ଦମ୍ଭ ରଖେ। ଏହିଭଳି ସମୟରେ ଆଲୋକ ମହାପାତ୍ର ଓ ଅରୁଣା ସେଠାରେ ପହଞ୍ଚନ୍ତି। ଅରୁଣାକୁ ବିକାଶ ସୁଧା ବୋଲି ଭାବେ। ଆଲୋକ ଷାଠିଏ ଲକ୍ଷ ଟଙ୍କା ଦେଇ ବିକାଶର କାରଖାନାକୁ ନିଲାମରୁ ବଞ୍ଚାଇବାକୁ ପ୍ରସ୍ତାବ ଦିଅନ୍ତି। ଅରୁଣାର ଅନୁରୋଧ ଭାଙ୍ଗି ନ ପାରି ବିକାଶ ଆଲୋକ ମହାପାତ୍ରଙ୍କ ପାଖକୁ ଟଙ୍କା ପାଇଁ ଯାଏ। ତୂଳି ଧରି ବିକାଶ ଆଙ୍କିଛି ଏଭଳି ଏକ ଛବି ଯାହାର ମୁହଁ ସୁଧା ମୁହଁ ଭଳି ଓ ଶରୀର ହୁଇଲ୍ ଚେୟାରରେ ବସିଥିବା ରେଖାର ଶରୀର ଭଳି। ସୁଧା ମୁହଁ ଉପରେ ସୁଧା ନିଜେ ଛକି ମାରିଦେଇଛି। ଛକି ଚିହ୍ନ ସହିତ ସେହି ଚିତ୍ରର ନାମକରଣ ରେଖା କରିଛି 'କଳାଜହ୍ନ' ଯାହା କି ଚିତ୍ର ପ୍ରତିଯୋଗିତାରେ ପ୍ରଥମ ସ୍ଥାନ ଅଧିକାର କରିଛି। ଭାବପ୍ରବଣତାର ଜହ୍ନ ବାସ୍ତବତାର କଳା ବୋଲି ହୋଇ କଳାଜହ୍ନ ପାଲଟିଯାଏ। ଏଭଳି ମଧ୍ୟ କୁହାଯାଇପାରେ ଯେ କାରଖାନାର କାଳିମା ଭିତରେ ମଧ୍ୟ ସର୍ଜନଶୀଳତାର ଜହ୍ନ ଉଇଁପାରେ।

'ମଲା ଆକାଶ'ରେ ଭଙ୍ଗାରୁଜା ଉଆସ ଭିତରେ ଏକଦା ଗାମ୍ଭୀର୍ଯ୍ୟପୂର୍ଣ୍ଣ ଐତିହ୍ୟର ମହଲ ଛବି ଦିଶେ। ସେ ଘରର ଉଚ୍ଚଶିକ୍ଷିତ ପୁଅ ଅମର ନିଜ ପିତାଙ୍କ କୃତକର୍ମ ପାଇଁ ତାଙ୍କୁ ଜେଲ୍ ପଠାଇଛି ଓ ଡିନାମାଇଟ୍ ଲଗାଇ ସେ ଉଆସକୁ ଭାଙ୍ଗିଦେବାକୁ ନିର୍ଦ୍ଦେଶ ଦେଇଛି। ପିତାଙ୍କର ଦୋଷ ଯେ ସେ ତାଙ୍କ ଉଆସରେ ଆଶ୍ରିତା ମହିଳାଙ୍କୁ ହତ୍ୟା କରିଥିଲେ। ଅମର ଚାହେଁ ସେହି ମହିଳାଙ୍କ କନ୍ୟା ଗୋପାକୁ ବିବାହ କରି ବାପାଙ୍କ ତ୍ରୁଟିର ପ୍ରାୟଶ୍ଚିତ୍ତ କରିବ। ଅମର ମତରେ ସେ ଘର କାନ୍ଥରେ ଅନେକ ଅତ୍ୟାଚାରର ଇତିହାସ ରହିଛି। ସେ ଭିଣୋଇ ବସନ୍ତକୁ କହେ- x x x ମୁଁ ସମାଜରୁ ଦୂରେଇ ଯାଇନି କି ଗୋଟିଏ ସାମଗ୍ରିକ ଉତ୍ସବ – ଅନେକ ସ୍ୱର ମିଶି ସେଠି ଝଙ୍କାର ସୃଷ୍ଟି ହୁଏ x x x। (ମଲା ଆକାଶ – ପୃ:୧୯) ଅମର ସେହି ପୁରୁଣା ଘରେ ନ

ରହି ଭଡ଼ାଘରେ ରହେ। ଅମରର ଭଉଣୀ ଅରୁଣ ଓ ଭିଣୋଇ ଆର୍କିଟେକ୍ଟ ବସନ୍ତ ଚାହାନ୍ତି ନାହିଁ ଯେ ସେ ଘର ଭଙ୍ଗା ହେଉ। ଏପରିକି ଅମର ପାଇଁ ଅପେକ୍ଷା କରି ବୟସ୍କା ପାଲଟିଥିବା ଗୋପା ମଧ୍ୟ ସେ ଘର ଭାଙ୍ଗିବାକୁ ରାଜି ହୁଅନ୍ତା ନାହିଁ। ବିନା ବନ୍ଧୁବାନ୍ଧବ ବାଜା ରୋଶଣିରେ ବିବାହ ପାଇଁ ପ୍ରସ୍ତୁତ ହୋଇଥିବା ଗୋପାଙ୍କ ମନରେ ସେହି ପୁରୁଣା ଉଆସର ସ୍ମୃତି ଜୀବନ୍ତ ହୋଇ ରହିଛି। ସେହି ଅରମା ବଣ ପାଲଟିଥିବା ବଗିଚା ଓ ତହିଁରେ ଲାଗିଥିବା ଦୋଳିକୁ ନେଇ ଭାବପ୍ରବଣ ହୋଇପଡ଼ନ୍ତି। ସେହି ଦୋଳି ମାଧ୍ୟମରେ ସେମାନଙ୍କର ପ୍ରେମ ଆରମ୍ଭ ହୋଇଥିବା କଥା ମନେପକାନ୍ତି। ଫ୍ଲାସ୍‌ବ୍ୟାକ୍‌ରେ ଏହି ଦୃଶ୍ୟ ଉଆସର ଅତୀତ ଓ ଦର୍ଶକର ମାନସିକତା ସହିତ ସାମଞ୍ଜସ୍ୟ ରକ୍ଷା କରେ। ଚୌକିଦାର ବିକ୍ରମ ସିଂହ ନାଟକର ଅନ୍ୟତମ ଗୁରୁତ୍ୱପୂର୍ଣ୍ଣ ଚରିତ୍ର। ସେଦିନ ଜେଲରୁ ଅମରର ବାପା ଅଜୟ ବାବୁ ଫେରିଛନ୍ତି। ଅମର ତାଙ୍କ ହାତରେ ହିଁ ନୂଆ ଘରର ଶୁଭ ଦେବାକୁ ଚାହିଁଛି। ବିକ୍ରମ ଓ ଅରୁଣା କେହି ଗୋପାକୁ ଭଲ ଦୃଷ୍ଟିରେ ଦେଖନ୍ତି ନାହିଁ। ଅଜୟ ବାବୁଙ୍କ ସାନଭାଇ ସୁଧୀର ମଧ୍ୟ ଘରଭଙ୍ଗା ନ ହେଉ ବୋଲି ଯୁକ୍ତି କରନ୍ତି। ଗୋପାର ବିଚାର ହେଉଛି ଯେ ଯଦି ସେ ଘରେ ଅତ୍ୟାଚାରର ଇତିହାସ ଅଛି, ସେଇଠି ମଧ୍ୟ ତା' ମାଆ ପୂଜା କରୁଥିବା ଶିବଲିଙ୍ଗ ଅଛି। ତାହାକୁ ଉଦ୍ଧାର କରିବାକୁ ଗୋପା ଉଆସ ଭିତରକୁ ଯାଇଛି ଓ ସେହି ମୁହୂର୍ତ୍ତରେ ଡିନାମାଇଟ୍ ବିସ୍ଫୋରଣରେ ପ୍ରାସାଦ ଭାଙ୍ଗିଯାଇଛି।

ଏଠାରେ ଅତୀତର ପ୍ରତୀକ ଭଙ୍ଗାରୁଜା ପ୍ରାସାଦ ଯାହାକୁ ନଷ୍ଟ କରିଦେବାକୁ ଅମର ଦୃଢ଼ପରିକର। ତା' ଉପରେ ସେ ଗଢ଼ିବ ନିଜ ପାଇଁ ମନଲାଖି ଘର। ମାତ୍ର ନାରୀ ଭାବରେ ଗୋପା ଚାହେଁ ଅତୀତକୁ ନ ଭାଙ୍ଗି ବ୍ୟବହାର ଉପଯୋଗୀ କରି ବଞ୍ଚିବାକୁ। ଜମିଦାର ଅଜୟ ବାବୁ ଗୋପାର ମାଆଙ୍କୁ ହତ୍ୟା କରିବା କଥାଟିକୁ ସମସ୍ତେ ଯୁକ୍ତି ଦେଇ ଉଚିତ ବୋଲି ଗ୍ରହଣ କରିଛନ୍ତି ମାତ୍ର ଅମର ବାପାଙ୍କ ପ୍ରତି ସମସ୍ତ ସମ୍ମାନ ସତ୍ତ୍ୱେ ତାଙ୍କୁ ଜେଲକୁ ପଠାଇଛି ଓ ସେହି ଆଶ୍ରିତା ମହିଳାଙ୍କ କନ୍ୟାକୁ ବିବାହ କରି ପିତାଙ୍କ ତ୍ରୁଟିକୁ ସୁଧାରିବାକୁ ଚେଷ୍ଟା କରିଛି। ବିବାହର ଶଙ୍ଖ ହୁଳହୁଳି ଡିନାମାଇଟ୍‌ର ବିସ୍ଫୋରଣ ଓ ଟ୍ରକ୍‌ର ଘର୍ଘର ଶବ୍ଦ ଭିତରେ ହଜିଯାଇଛି। ସେହି ଚରିତ୍ରମାନଙ୍କର 'ଆକାଶ' ଅଛି ମାତ୍ର ତାହା ମଲା ଆକାଶ। ସେଠାରେ ସ୍ୱପ୍ନର ଛାଇ ପଡ଼େନି କି କୌଣସି ମହାଜାଗତିକ ପରିବର୍ତ୍ତନ ଘଟେନି। ଦର୍ଶନଶାସ୍ତ୍ରରେ କାଶୀ ବିଦ୍ୟାପୀଠର କୃତିଛାତ୍ର ଅମର ପୁସ୍ତକ ପ୍ରକାଶକ ହୋଇଛି। ତା'ର ସତ୍ୟ ପ୍ରତି ସମ୍ମାନ ଅଛି, ପ୍ରେମ ପ୍ରତି ନିଷ୍ଠା ଅଛି ଓ ପିତାଙ୍କ ପ୍ରତି ମମତ୍ୱବୋଧ ଅଛି। ଏ ଭିତରେ ଆମେ ଏକ ଦ୍ୱିଧାଗ୍ରସ୍ତ ବୁଦ୍ଧିମାନ ଯୁବକର ମାନସିକତା ଦେଖୁ ଯିଏ ପ୍ରେମ ପାଇଁ ଅପେକ୍ଷା କରିପାରେ ଓ

ନୂଆ ଗଢ଼ିବାର ସାମର୍ଥ୍ୟ ଥିବାରୁ ପୁରୁଣାକୁ ଭାଙ୍ଗିବାର ପ୍ରୟାସ କରିପାରେ। ୧୯୭୧-୭୨ରେ ହୋଇଥିବା ଜୟପ୍ରକାଶ ନାରାୟଣଙ୍କର 'ସଂପୂର୍ଣ୍ଣ କ୍ରାନ୍ତି'ର ଛାପ ଏ ନାଟକରେ ଦେଖିବାକୁ ମିଳିଥାଏ। ଯୁବକ ହିଁ ସାମଗ୍ରିକ ପରିବର୍ତ୍ତନର ସୂତ୍ରଧର ହୋଇପାରେ।

ଉଭୟ ନାଟକରେ ଲେଖକଙ୍କର ବହୁପାଠିତା ସ୍ପଷ୍ଟ। ନାଟକର ସଂଳାପ ଓ ବକ୍ତବ୍ୟ ଉପରେ ସେ ଗୁରୁତ୍ୱ ଦେଇଛନ୍ତି। ଅନେକତ୍ର ଏହି ସଂଳାପ କାବ୍ୟିକ ଓ ମନସ୍ତତ୍ତ୍ୱର ରହସ୍ୟକୁ ଧରି ରଖିବାରେ ସଫଳ। 'କଳାଜହ୍ନ'ରେ ବିକାଶ ତାଙ୍କର ପତ୍ନୀ ରେଖାକୁ କହନ୍ତି- ''xxx ମୁଁ ତୁମକୁ ଗ୍ରହଣ କରିଥିଲି କାଦୁଅବୋଳା ଫୁଲ ପରି, କିନ୍ତୁ ତୁମେ ବାପାଙ୍କୁ କହି ମୋର ମୂଲ୍ୟ ନିରୂପଣ କରିଦେଲ ନା!'' (କଳାଜହ୍ନ - ପୃ:୧୨) ପତ୍ନୀ ବାସ୍ତବତାର ପ୍ରତୀକ ଯାହାର ସ୍ୱାଭାବିକ ଗତିଶୀଳତା ବ୍ୟାହତ। କଳାକାର ବିକାଶ ଆଙ୍କିଛି ବାସ୍ତବତାର ହୁଇଲ ଚେୟାର୍ ଓ ବସାଇଛି କଳ୍ପନାର ପ୍ରତୀକ ସୁଧାକୁ ଯାହା ମୁହଁରେ ଛକି ଚିହ୍ନ ଲାଗିଯାଇଛି। ଉଭୟ ମଣିଷର ତଟସ୍ଥ ସ୍ଥିତିର ପରିଚାୟକ, ଭିଣୋଇ ବସନ୍ତ ଅମରକୁ କଥାରେ ଆଘାତ ଦେବାକୁ ଚାହାନ୍ତି - ସେ କୁହନ୍ତି ଯେ ପୃଥିବୀରେ ଏଭଳି କେହି ସତ୍ୟକୁ ହାତରେ ମୁଠାଇ ନାହାନ୍ତି। ଅମର କହେ - ''xxx ମୁଁ ଆଜି ଯାହା କରିବାକୁ ଯାଉଛି, ଘଟଣା-ପ୍ରବାହର ବ୍ୟତିକ୍ରମ ହୋଇପାରେ; କିନ୍ତୁ ଅନେକ ସମୟରେ ବ୍ୟତିକ୍ରମ ହିଁ ପରଂପରାକୁ ଠିକ୍ ବାଟରେ ନିଏ।'' (ମଳା ଆକାଶ - ପୃ:୧୩) 'କଳାଜହ୍ନ'ରେ ସୁଧା ବିକାଶକୁ କହେ -

''ମୁଁ ଅବୁଝା ହସର ନାୟିକା
ତୁମ ଅକୁହା କଥାର ପ୍ରତିମା
ତୁମ ରଙ୍ଗ ତୂଳିର ବେଦନା।'' (କଳାଜହ୍ନ - ପୃ:୧୪)

ପରିବେଶ ଅନୁସାରୀ ସଂଗୀତ ମଧ୍ୟ ଉଭୟ ନାଟକରେ ରହିଛି। 'କଳାଜହ୍ନ'ରେ ନାୟକ ବିକାଶ ପୁଣିଥରେ ଏକୁଟିଆ ଚାଲିବ ଭଗବାନଙ୍କର ଏକାଦଶ ଅବତାର ଭଳି ଶବ୍ଦରୁ ନିଃଶବ୍ଦକୁ ନିଃଶବ୍ଦରୁ ମହାଶୂନ୍ୟତାକୁ। (କଳାଜହ୍ନ - ପୃ:୯୦) ଏଭଳି ଅନେକ ସଂଳାପ ମଧ୍ୟରେ ନାଟ୍ୟକାରଙ୍କର କବିତ୍ୱ ବିଳସିତ।

ଆମେ ଜାଣୁଁ ଯେ ସତ୍ ସାହିତ୍ୟ ସମୟ ବିପକ୍ଷରେ ଯାଇ ତିଷ୍ଠି ରହେ ଓ ନିଜକୁ ସାବ୍ୟସ୍ତ କରେ। 'କଳାଜହ୍ନ' ଓ 'ମଳା ଆକାଶ' ଏକତ୍ର ପୁନଃପ୍ରକାଶିତ ହେବା ଆମ ଭାଷା-ସାହିତ୍ୟ ପାଇଁ ଶୁଭଙ୍କର। ଏହି ପୁସ୍ତକ ପୁନର୍ବାର ମାନନୀୟ ପ୍ରଫୁଲ୍ଲ କୁମାର ମହାନ୍ତି ମହୋଦୟଙ୍କୁ ଆହୁରି ନାଟକ ଲେଖିବାକୁ ପ୍ରେରଣା ଯୋଗାଇବ ଏହି ଆଶାରଖି ନିରବ ରହୁଛି।

- ସଂଘମିତ୍ରା ମିଶ୍ର

ସୂଚୀ

୧.	କଳାଜହ୍ନ	୧୫
୨.	ମଲା ଆକାଶ	୮୭

ନାଟକ
କଳାଜହ୍ନ

ପ୍ରଥମ ଅଭିନୟ ରଜନୀ
୨୧ ଓ ୨୨ ଫେବୃଆରୀ ୧୯୭୬,
ଗଞ୍ଜାମ କଳା ପରିଷଦ, ବ୍ରହ୍ମପୁର।

ଅଭିନୟରେ :
ଅବିନାଶ – ବସନ୍ତ କୁମାର ପାଣିଗ୍ରାହୀ
ବିକାଶ – ପ୍ରଫୁଲ୍ଲ କୁମାର ମହାନ୍ତି
ରାଜେଶ – ମନୀନ୍ଦ୍ର କୁମାର ରାଉତ
ଶଙ୍କର – ଶ୍ରୀହର୍ଷ ମିଶ୍ର
ଆଲୋକ – ସୀତାନାଥ ଦାସ
ରେଖା – ଜୟଶ୍ରୀ ପଟ୍ଟନାୟକ
ସୁଧା – ସ୍ୱରାଜ୍ୟମଣି ପାଣିଗ୍ରାହୀ
ଗୋଲାପ ଦାସ – ବାଳକୃଷ୍ଣ ଦାସ
ଶଶୀବାବୁ – ରମେଶ ପଟ୍ଟନାୟକ
ପ୍ରଥମ ଆଗନ୍ତୁକ – ରମେଶ ପାତ୍ର
ଦ୍ୱିତୀୟ ଆଗନ୍ତୁକ – ରମେଶ ପଟ୍ଟନାୟକ
ଏବଂ
ପ୍ରଦୀପ ମହାପାତ୍ର, କୈଳାସ ପଣ୍ଡା, ନିକୁଞ୍ଜ ଦାସ, ଭ୍ରମର ମିଶ୍ର, ପୃଥ୍ୱୀରାଜ ମିଶ୍ର, ସଂଜିତ୍ ମହାନ୍ତି ଓ ଅନ୍ୟମାନେ।

ସଂଗୀତ – ଅଶୋକ ପାଢ଼ୀ
ମଞ୍ଚ ପରିଚାଳନା – ନୃସିଂହ ମହାପାତ୍ର, କେଦାର ଆପଟ ଓ ଖଲି ପାଢ଼ୀ।
ଶବ୍ଦ ଗ୍ରହଣ – ହୃଷିକେଶ ମିଶ୍ର
ଆଲୋକ – କେଦାର ଆପଟ
ସ୍ମାରକ – ସୁଧୀର କୁମାର ଦାସ ଓ ସୁଧା ଦୋରା
ପରିଚାଳନା – ପ୍ରମୋଦ କୁମାର ମହାନ୍ତି
ନିର୍ଦ୍ଦେଶନା – ପ୍ରଫୁଲ୍ଲ କୁମାର ମହାନ୍ତି

ଦ୍ୱିତୀୟ ଅଭିନୟ ରଜନୀ
୧, ଏପ୍ରିଲ - ୧୯୭୬
ରବୀନ୍ଦ୍ର ମଣ୍ଡପ, ଭୁବନେଶ୍ୱର

ଅଭିନୟରେ :
ଅବିନାଶ - ହରିହର ଦାସ
ବିକାଶ - ପ୍ରଫୁଲ୍ଲ କୁମାର ମହାନ୍ତି
ରାଜେଶ - ପୃଥ୍ୱୀରାଜ ମିଶ୍ର
ଶଙ୍କର - ଶ୍ରୀହର୍ଷ ମିଶ୍ର
ଆଲୋକ - ସୀତାନାଥ ଦାସ
ରେଖା - ଜୟଶ୍ରୀ ପଟ୍ଟନାୟକ
ସୁଧା - ସ୍ୱରାଜ୍ୟମଣି ପାଣିଗ୍ରାହୀ
ଗୋଲାପ ଦାସ - ଅର୍ଜ୍ଜୁନ ସ୍ୱାଇଁ
ଶଶୀ ବାବୁ - ରମେଶ ପଟ୍ଟନାୟକ
ପ୍ରଥମ ଆଗନ୍ତୁକ - ସଂଜିତ୍ ମହାନ୍ତି
ଦ୍ୱିତୀୟ ଆଗନ୍ତୁକ - ରମେଶ ପଟ୍ଟନାୟକ
             ଏବଂ
ନିକୁଞ୍ଜ ଦାସ, କୈଳାସ ପଣ୍ଡା, କେଦାର ଆପଟ ଓ ଅନ୍ୟମାନେ

ସଂଗୀତ - ଅଶୋକ ପାଢ଼ୀ
ସ୍ମାରିକା - ସୁଧା ଦୋରା ଓ ସବିତା ତ୍ରିପାଠୀ
ପରିଚାଳନା - ଦୟାନନ୍ଦ ସାହୁ
ନିର୍ଦ୍ଦେଶନା - ପ୍ରଫୁଲ୍ଲ କୁମାର ମହାନ୍ତି

[ଗୋଟିଏ ସୁସଜ୍ଜିତ ବୈଠକଖାନା। ପଛପଟର ପେନେଲ୍ ଦେଇ କିଛି ଆକାଶ ଓ କୌଣସି କାରଖାନାର ଧୂଆଁ ଦେଖା ଯାଉଛି। ଗୋଟିଏ ପାର୍ଟିର ଦୃଶ୍ୟ।
ପରଦା ଉଠିଲାବେଳକୁ ଦେଖାଗଲା, ଗୋଟିଏ ଚେସ୍‌ବୋର୍ଡ ଉପରେ ଦୁଇଜଣ ଝୁଙ୍କି ପଡ଼ିଛନ୍ତି। ସେମାନେ ବିକାଶ ଓ ରାଜେଶ। ବିକାଶର ବୟସ ପ୍ରାୟ ତିରିଶ। ସୌମ୍ୟଦର୍ଶନ ଯୁବକ। ମୁହଁରେ କାରୁଣ୍ୟର କେତୋଟି କୁଞ୍ଚିତ ରେଖା ଯାହାକି ସେ ହସଦ୍ୱାରା ଚାପି ରଖିବାକୁ ସବୁବେଳେ ଚେଷ୍ଟାକରେ। ରାଜେଶ ମଧ୍ୟ ଯୁବକ। ପରିଧାନ ସୁଟ୍। ଆଖିରେ ଚଷମା। ଉଭୟେ ଅତି ସମ୍ଭ୍ରାନ୍ତବଂଶଜ ପରି ଜଣାପଡ଼ନ୍ତି। ସେମାନଙ୍କ ଘେରି ଠିଆ ହୋଇଥାନ୍ତି ଅନ୍ୟ ଦୁଇ ଚାରିଜଣ, ସେମାନଙ୍କର ନାମକରଣ ଏବଂ ପରିଧାନ ପରିସ୍ଥିତିକୁ ନେଇ ଯେ କୌଣସି ପ୍ରକାରରେ କରାଯାଇପାରେ।]

ରାଜେଶ : Your King in trouble. Check!

ଅନ୍ୟମାନେ : ଆଉ ପାରିବେନି ବିକାଶ ବାବୁ! ମୁକ୍ତିର ଅନ୍ୟ କୌଣସି ବାଟ ନାହିଁ।

ବିକାଶ : ତଥାପି ଚେଷ୍ଟା କରିବି। ମୁଁ ହତାଶବାଦୀ ନୁହେଁ।

ରାଜେଶ : କୌଣସି ଉପାୟ ନାହିଁ। ସବୁ ରାସ୍ତା ବନ୍ଦ।

ବିକାଶ : ଅଛି – ଅବଶ୍ୟ ଚିନ୍ତା କରିବାକୁ ପଡ଼ିବ।

ଅନ୍ୟମାନେ : ନା, ଆଉ ବେକାର ଚିନ୍ତା କରି ଏ ସୁନ୍ଦର ସନ୍ଧ୍ୟା ନିଷ୍ଟ କରନ୍ତୁ ନାହିଁ।

ରାଜେଶ : ଠିକ୍ କଥା ବିକାଶ! ଆଜି ତୋ ଜୀବନର ଗୋଟିଏ ବିରାଟ ଦିନ। ଶ୍ୱଶୁରଙ୍କର ଉଇଲ୍ ଅନୁସାରେ ତୁ ଆଜି ଚାଳିଶ ଲକ୍ଷ ଟଙ୍କାର ମାଲିକ୍। ଏତେବଡ଼ ଘର। ଏତେବଡ଼ ଫ୍ୟାକ୍‌ଟରୀ, ତା

ଛଡ଼ା ରେଖାପରି ରୂପସୀ ସ୍ତ୍ରୀ... ଆଉ କ'ଣ ଦରକାର ଜୀବନରେ ? (ଡେସ୍କୁ ଓଲଟାଇ ଦେଇ) ବନ୍ଦକର ସବୁ। ରେଖାକୁ ଡାକ୍। ସେ ଗୀତ ନ ଶୁଣେଇଲେ ପାର୍ଟିର ଆନନ୍ଦ ଏକଦମ୍ ନଷ୍ଟ ହୋଇଯିବ।

ପ୍ରଥମ : ହଁ, ଗୀତ ନ ଶୁଣି ଆମେ ଆଜ ଯିବୁନି। ରେଡ଼ିଓରେ ଶୁଣିବା ଅପେକ୍ଷା ପାଖରେ ଶୁଣିଲେ ଖୁବ୍ ଭଲ ଲାଗେ-

ଦ୍ୱିତୀୟ : ରେଖାଦେବୀଙ୍କୁ ଡାକନ୍ତୁ।

(ଏଇ ସମୟରେ ଜଣେ ବୟ ଟ୍ରେରେ ପାନୀୟ ନେଇ ଆସିଲା।)

ରାଜେଶ : Come on! Let's have a toast!

(ସମସ୍ତେ ହାତରେ ମଦପାତ୍ର ନେଲେ)

ପ୍ରଥମ : (ଅନ୍ୟମାନଙ୍କୁ) କେତେଜଣଙ୍କ ଭାଗ୍ୟରେ ଏପରି ଯୁଟେ ! ଆର୍ଟ ସ୍କୁଲ୍‌ର ଅଧ୍ୟାପକ ଆଜି ଲକ୍ଷପତି - ଘର, କାରଖାନା, ସୁନ୍ଦରୀ ସ୍ତ୍ରୀ.....

ବିକାଶ : ଦେଖନ୍ତୁ, ଆପଣମାନେ ମୋର ଅତିଥି, ମୋତେ ଅପମାନ କରିବେନି ନିଶ୍ଚୟ !

ଦ୍ୱିତୀୟ : ଅପମାନ ! ଏ ତ ପରମ ସମ୍ମାନର କଥା ବିକାଶବାବୁ, ସାରା ଜୀବନ ସ୍ୱପ୍ନ ଦେଖି ଲୋକେ କୁଡ଼ିଆ ଖଣ୍ଡେ ବା ପାଉନାହାନ୍ତି କିନ୍ତୁ କୌଣସି ଚେଷ୍ଟା ନ କରି ଆପଣ କ'ଣ ନ ପାଇଛନ୍ତି ?

ରାଜେଶ : ହଁ, ବିକାଶ - ମନେପଡ଼ିଲା, ଏ ଖୁସିରେ ମୁଁ କାରଖାନାର ସମସ୍ତ ଶ୍ରମିକଙ୍କୁ ମାସକର ବୋନସ୍ ଦେବି ବୋଲି ସ୍ଥିର କରିଛି। ତୋର ମତ କ'ଣ ?

ବିକାଶ : ରାଜେଶ ! ତୁ ମୋର ପିଲାଦିନର ସାଙ୍ଗ ନା ? ତୁ ମୋର ସୌଭାଗ୍ୟରେ ବହୁତ ଖୁସି ନା ! ଏତେବଡ଼ କାରଖାନାର ମ୍ୟାନେଜର ହିସାବରେ ତୋ ଖୁସିର ଅର୍ଥ କ'ଣ କେବଳ ଗୋଟିଏ ମାସର ବୋନସ୍ !

ରାଜେଶ : ମାନେ !!

ବିକାଶ : ମାନେ ବୁଝିପାରୁନୁ ? ମୁଁ ଚାହେଁ, ପ୍ରତ୍ୟେକ ଶ୍ରମିକ ପାଇବେ ଛ' ମାସର ବୋନସ୍।

ରାଜେଶ : (ଆଶ୍ଚର୍ଯ୍ୟରେ ଚାହିଁଲା)

ବିକାଶ	:	ଚାହିଁ ରହିଛୁ କ'ଣ ! ବିଶ୍ୱାସ ହେଉନି ? ମୁଁ ଚାହେଁ, ପ୍ରତ୍ୟେକ ଶ୍ରମିକ ମୁହଁରେ ସଜଳ ସକାଳର ଅରୁଣିମା, ପ୍ରତ୍ୟେକ ଶିଶୁ ମୁହଁରେ ହସ । ପ୍ରତ୍ୟେକ ଘରେ ଦୀପାବଳୀର ଆଲୋକସଜ୍ଜା - ପ୍ରତ୍ୟେକ...
ରାଜେଶ	:	ବିକାଶ !
ବିକାଶ	:	କ'ଣ ?
ରାଜେଶ	:	ତୁ ବୋଧେ ଅସୁସ୍ଥ !
ବିକାଶ	:	(ଅଳ୍ପ ହସି) ଅସୁସ୍ଥ ! ହଠାତ୍ ଲକ୍ଷପତି ହେବାର ଆନନ୍ଦ, ସୁନ୍ଦରୀ ସ୍ତ୍ରୀର ସୌଭାଗ୍ୟ କେତେଜଣଙ୍କର ଆସେ ? ମୁଁ ଯାହା କହୁଛି କର ରାଜେଶ । ସମସ୍ତଙ୍କୁ ଛ' ଛ' ମାସର ବୋନସ ଦେଇ ଦେ ଆଉ ସେମାନଙ୍କର ଖୁସି ଦେଖ୍ । ଅନେକ ଶୁଖିଲା ମୁହଁ ଖେଳି ଉଠିବ ରେ -
ରାଜେଶ	:	ଦେଖ୍ ! ତୁ ଭାବପ୍ରବଣ ହୋଇପାରୁ, କିନ୍ତୁ ମୋର ବ୍ୟବସାୟ ବୁଦ୍ଧି ନଷ୍ଟ ହୋଇନି । ଛ' ମାସର ବୋନସ୍ ଯଦି ସମସ୍ତଙ୍କୁ ଦିଆଯାଏ, କେତେ ଟଙ୍କା ହେବ ଜାଣିଛୁ ?
ବିକାଶ	:	ଚାଳିଶ ଲକ୍ଷରୁ ନିଶ୍ଚୟ କମ୍ ।
ରାଜେଶ	:	ତୋ ସାଙ୍ଗେ ଯୁକ୍ତି କରି କିଛି ଲାଭ ନାହିଁ । ଟଙ୍କା କମେଇବା ଯେ କି କଷ୍ଟ ତୁ କ'ଣ ଜାଣୁ ? - ଆଚ୍ଛା ଛାଡ଼୍ ସେ ସବୁ । ରେଖାକୁ ଡାକ୍-
ବିକାଶ	:	ରେଖାର ଦେହ ଭଲ ନାହିଁ ।
ରାଜେଶ	:	କିଏ କହିଲା, ମୁଁ ତ କିଛି ସମୟ ତଳେ ଦେଖିଥିଲି, ବେଶ୍ ଖୁସି ଦେଖା ଯାଉଥିଲେ ।
ବିକାଶ	:	କିନ୍ତୁ ବର୍ତ୍ତମାନ ଅସୁସ୍ଥ । ସବୁ ମୁହୂର୍ତ୍ତ କ'ଣ ସମାନ ?
		[ଅତିଥିମାନେ ପରସ୍ପରକୁ ଦେଖିବା ସମୟରେ ନାରୀକଣ୍ଠର ଚାପା କୋହ ସହ ପଡ଼ିଯିବାର ଶବ୍ଦ ଶୁଣାଗଲା । ସମସ୍ତେ କ'ଣ କରିବା ଭାବିବା ବେଳକୁ ଚାକର ଦୌଡ଼ିଆସି "ମା ସିଡ଼ିରୁ ପଡ଼ିଗଲେ" ଜଣାଇଲା ।]
		[ଆଲୋକ ବନ୍ଦ୍ । ପରିବର୍ତ୍ତନର ସୂଚନା । କୌଣସି ବେସୁରା ସଙ୍ଗୀତ ମଧ୍ୟରେ ପରିବେଷିତ ହେଲା ଚରିତ୍ର ଏବଂ ଅନ୍ୟ ସହଯୋଗୀଙ୍କର ପରିଚୟ ।]

[ଆଲୋକ ଆସିଲା ବେଳକୁ ଦେଖାଗଲା ଗୋଟିଏ ଛୋଟ କୋଠରୀର ଦୃଶ୍ୟ। ପଛ ମଞ୍ଚର ବାଁ ପଟେ ଗୋଟିଏ ଇଜେଲ, ଚିତ୍ରାଙ୍କନର ସରଞ୍ଜାମ। ଡାହାଣ ପଟେ ଖଣ୍ଡେ ଖଟ। ଦୁଇଖଣ୍ଡ ଚଉକି। ଅନ୍ୟାନ୍ୟ ବ୍ୟବହାର୍ଯ୍ୟ ଜିନିଷ। ଘର ପ୍ରାଚୁର୍ଯ୍ୟ ଓ ଦାରିଦ୍ର୍ୟ ମଧ୍ୟରେ ଏକ ସମନ୍ୱୟ।]

[ସମୟ ପ୍ରାୟ ବାରଟା। ଘଣ୍ଟାଦ୍ୱାରା ସୂଚନା ଦିଆଯାଇପାରେ। ଗୋଟିଏ Wheel Chairରେ ରେଖା ବସି ଇତସ୍ତତଃ କରୁଛି। କେତେବେଳେ ଶୂନ୍ୟଦୃଷ୍ଟିରେ ଚାହୁଁଚି ତ କେତେବେଳେ ଚକକୁ ଗଡ଼ାଇ ଘରଟି ଭିତରେ ବ୍ୟାକୁଳ ହୋଇ ବୁଲୁଚି। ରାତି ବଢ଼ିବାର ସୂଚନା। ଆଲୋକର ରଙ୍ଗ ବଦଳାଇ ଦିଆଯାଇ ପାରେ। ଘଡ଼ିରେ ଦୁଇ ବାଜିଲା।

ପ୍ରବେଶ କଲା ବିକାଶ - ପରିଧାନ ଅସ୍ତବ୍ୟସ୍ତ। ମଦନିଶାରେ ପାଦ ଅସ୍ଥିର -

ରେଖାକୁ ଦେଖି ଦଣ୍ଡେ ଅଟକିଗଲା। ମୁହଁରେ ବେଦନାର ଚିହ୍ନ ସ୍ପଷ୍ଟ।]

ରେଖା : (ଦୁଃଖରେ) ଏତେବେଳଯାଏ କୁଆଡ଼େ ଯାଇଥିଲ ?

ବିକାଶ : ଏ କ'ଣ ଶେଷ ପ୍ରଶ୍ନ ?

ରେଖା : ନାଁ।

ବିକାଶ : ତେବେ-ନିତିଦିନିଆ ସଂଳାପର ଆରମ୍ଭ ?

ରେଖା : ହଁ-ହୁଏତ ସେଇଥିରୁ କିଛି ସମାଧାନ ସମ୍ଭବ।

ବିକାଶ : ମୁଁ ତା'ହେଲେ ଉତ୍ତର ନ ଦେଲେ ଚଳିବ -

ରେଖା : ନା, ମୁଁ ଜାଣିବାକୁ ଚାହେଁ ତୁମେ କୁଆଡ଼େ ଯାଇଥିଲ।

ବିକାଶ : ଏତେଥର ଜାଣିସାରିଲା ପରେ ବି-

ରେଖା : ହଁ, ବାରମ୍ବାର ଶୁଣିଲା ପରେ ବି-

ବିକାଶ : ବେଶ୍ୟା ଘରକୁ।

ରେଖା : (ଟିକିଏ ଚାହିଁ) ନା, ତୁମେ ଏଡ଼େ ଛୋଟ ନୁହଁ।

ବିକାଶ : ଛୋଟ ନୁହେଁ!! ଆଉ ତେବେ କୁଆଡ଼େ ଯାଇଥିଲ ?... ହଁ ହଁ ମନେ ପଡ଼ିଲା - ଆକାଶକୁ।

ରେଖା : କ'ଣ ପାଇଁ ?

ବିକାଶ	:	ତାରା ଖୋଜି।
ରେଖା	:	ତାରା ମିଳିଲା ?
ବିକାଶ	:	ହଁ।
ରେଖା	:	(ଆବେଗରେ) କାହିଁ ଦିଅ ମୋତେ। ମୋ ଜୁଡ଼ାରେ ସଜେଇ ଦିଅ-
ବିକାଶ	:	ହଜେଇ ଦେଲି।
ରେଖା	:	ହଜେଇ ଦେଲ କାହିଁକି ?
ବିକାଶ	:	ପୁଣି ଖୋଜିବି ବୋଲି।
ରେଖା	:	କେଉଁଠି ହଜିଲା ? ମଦପାତ୍ରରେ ?
ବିକାଶ	:	ମଦପାତ୍ରରେ ନ ହେଲେ ପଚା ନର୍ଦ୍ଦମାରେ, ନଚେତ୍ କେଉଁ ଅଦେଖା ଗଛର ଜଙ୍ଗଲରେ ବା କେଉଁ ଅଶୁଣା ସ୍ୱରର କାକଳିରେ-
ରେଖା	:	ବେଶ୍ ହେଲା। କାଲିଠୁ ମତେ ସାଙ୍ଗରେ ନେବ ?
ବିକାଶ	:	ତୁମକୁ ! କାହିଁକି ?
ରେଖା	:	ମୁଁ ପାଖରେ ଥିଲେ ତାରା ହଜିବନି।
ବିକାଶ	:	(ହସି) କିନ୍ତୁ ମୁଁ ହଜିଯିବ।
ରେଖା	:	ତୁମେ ହଜି ପାରିବନି।
ବିକାଶ	:	ହଁ, ତୁମେ କାଲିଠୁ ଆସ ମୋ ସାଙ୍ଗେ। ଭାରି ମଜା ହେବ। ମତେ ଏକା ଦେଖି ଲୋକେ କହୁଛନ୍ତି- ଏଇ ଦେଖ ! ଲକ୍ଷପତି ବିକାଶ ଚୌଧୁରୀ ଯାଉଛି। ବହୁତ ଭାଗ୍ୟବାନ୍। ତୁମେ ପାଖରେ ଥିଲେ କହିବେ....
ରେଖା	:	କିନ୍ତୁ ଭଗବାନ ଏତେ ଭାଗ୍ୟ ସହି ପାରିଲେନି-ସ୍ତ୍ରୀଟିକୁ ଛୋଟୀ କରିଦେଲେ--
ବିକାଶ	:	ରେଖା !
ରେଖା	:	କାହିଁକି ? ସତଟାକୁ ସ୍ୱୀକାର କରିବାକୁ ଡର ଲାଗୁଚି ?
ବିକାଶ	:	କୋଉଟା ସତ କୋଉଟା ମିଛ ମୁଁ ଏ ଯାଏଁ ସ୍ଥିର କରି ପାରିନି।
ରେଖା	:	କରିପାରିବିନି ମଧ୍ୟ, କାରଣ ତୁମେ ସତମିଛ ଉପରେ ଆଉ କିଛି ଦୁନିଆର ସନ୍ଧାନରେ ବୁଲୁଛ।

ବିକାଶ : (ହସି) ସଂଳାପ ବେଶ୍ ଜମିଛି । ଆଜି ଏତିକି ଥାଉ, ଶେଷ ଅଙ୍କ ତ ଅନେକ ଡେରି ।

ରେଖା : ନା ଆଉ ବେଶି ଡେରି ନାହିଁ । (ଚକ ଘୂରାଇ ବିକାଶ ପାଖକୁ ଯାଇ ତାର ହାତ ଧରିଛି) ମୋର କ'ଣ ଜୀବନରେ କିଛି ପ୍ରାପ୍ୟ ନାହିଁ ? ସମସ୍ତ ଆଶାକୁ ତ ଭଗବାନ ପଙ୍ଗୁ କରିଦେଲେ । ତମଠାରୁ ପଦେ କଥା ଶୁଣିବାର ଅଧିକାର କ'ଣ ମୋର ନାହିଁ ?

ବିକାଶ : (ନରମ ଗଳାରେ) ଦେଖ ରେଖା ! ମୋର ହୋସ୍ ଠିକ୍ ନାହିଁ, ହୁଏ ତ କିଛି ଖରାପ ବ୍ୟବହାର କରିପାରେ-

ରେଖା : କର । ହୋସ୍ ଥାଇ ଯିଏ କୌଣସି କଥା କହେନା, ବେହୋସ୍ ହୋଇ ଯଦି ଅତ୍ୟାଚାର କରେ-ଖୁବ୍ ଭଲ ଲାଗିବ । ମୁଁ ପ୍ରାଣଭରି ଉପଭୋଗ କରିବି-(ହାତଧରି) ଆସି ମୋର ଚକ ଓ ପରିଧି ଦୁନିଆରେ ବ୍ୟତିକ୍ରମ କର -

ବିକାଶ : ଏ ବ୍ୟତିକ୍ରମ କ'ଣ କମ୍ ସ୍ୱାଗତଯୋଗ୍ୟ ? ଚକ ଘୂରେ, ରାସ୍ତା ଆରମ୍ଭ ହୁଏନା - ତଣ୍ଟି ଶୁଖେ, ଶୋଷ ବଢ଼େ, ପରିଧିର ସୀମା ମିଳେନା - ପାଇବାର ଉତ୍କଣ୍ଠା, ସନ୍ଧାନର ଆଶା, ତାରି ଭିତରେ କ'ଣ ତୁମେ ଆନନ୍ଦ ପାଉନାହଁ ?

ରେଖା : ମୁଁ ତୁମର ବିବାହିତା ସ୍ତ୍ରୀ ବିକାଶ - ତୁମର ରକ୍ଷିତା ନୁହେଁ । ଏ ନିରର୍ଥକ ଶବ୍ଦ ଝଙ୍କାର ଭିତରେ ମୋତେ କାହିଁକି ଏତେ ଯନ୍ତ୍ରଣା ଦେଉଛ ? ଆମର ବିବାହ ଶାସ୍ତ୍ରସମ୍ମତ....

ବିକାଶ : (ହସି) ପୁରୋହିତର ମନ୍ତ୍ରରେ ବିବାହ ହୁଏନି ରେଖା-ଦଶଦିଗପାଳଙ୍କୁ ସାକ୍ଷୀ ରଖିଲେ ବନ୍ଧନ ସୃଷ୍ଟି ହୁଏନା...

ରେଖା : ବିବାହର ଅର୍ଥ କ'ଣ ତା'ହେଲେ ?

ବିକାଶ : ରାତିର ନିର୍ଜୀବ ପ୍ରହରରେ ଯୁକ୍ତି ନ କଲେ କ'ଣ ଚଳିବନି ? ତା ଛଡ଼ା ଏ ଯୁକ୍ତିରୁ କ'ଣ ତୁମେ ଆଶା କରୁଛ ଶାନ୍ତି ଫେରି ଆସିବ, ବେଦନା ମରିଯିବ ?

ରେଖା : (ଗଦ୍ ଗଦ୍ କଣ୍ଠରେ) ତୁମେ କ'ଣ ସେଇ ବିକାଶ, ଯା ଲାଗି ମୁଁ ପାଗଳ ହୋଇଥିଲି-ଯେ ମୋତେ ଉଦ୍ଧାର କରିଥିଲା ଅପବାଦର କାଦୁଅ ଭିତରୁ...... ! (କାନ୍ଦିଛି)

ବିକାଶ	:	ହଁ ସେଇ। ଫରକ ଏତିକି ଯେ ସେତେବେଳେ ସେ ଥିଲା ଜୀବନ୍ତ, ଆତ୍ମବିଭୋର... ଆଉ ବର୍ତ୍ତମାନ ଆତ୍ମବିସ୍ମୃତ, ମୃତ ......କାନ୍ଦିଲେ ଜୀବନ-ସମୁଦ୍ର ଆଉରି ଲୁଣିଆ ହେବ ରେଖା -
ରେଖା	:	ହେଇଯାଉ। ଆଉ ମୋର କ'ଣ ବାକି ଅଛି? ମୁଁ ତ ନିଜର ପରିଧି ଭିତରେ ବନ୍ଦୀ। ଚକ ମୋର ଘୂରେ ଏରୁଣ୍ଡିବନ୍ଧ ପର୍ଯ୍ୟନ୍ତ, ତା'ପରେ ଫେରିଆସେ କାନ୍ଥ ପାଖକୁ। ରାତି ମୋର କଟେ ଅପେକ୍ଷାରେ, ଦିନ କଟେ ଅତୀତର ରୋମନ୍ଥନରେ-
ବିକାଶ	:	ବାସ୍ ଆଉ କ'ଣ ଦରକାର! ଦିନରାତି ଉଭୟ ପାଇଁ ତ ତୁମର ନିୟମ ବନ୍ଧା ସରିଛି। କିନ୍ତୁ ମୋର ଦିନ କଟେନା କି ରାତି ସରେନା। ମୋ ଲାଗି କେବେ ଚିନ୍ତା କରିଛ?
ରେଖା	:	ଆଉ ତେବେ କାହାଲାଗି ମୁଁ ଚିନ୍ତା କରୁଛି? ଏ ପଙ୍ଗୁ ଜୀବନରେ ମୋର ଆଉ ଅଛି କ'ଣ?
ବିକାଶ	:	ମୋ ଲାଗି ତୁମର ଏତେ ଚିନ୍ତା! (ହସିଚି) ମୋ ଲାଗି ଯଦି ଏତେ ଚିନ୍ତା ତେବେ ଏ ଚାଳିଶି ଲକ୍ଷ ଟଙ୍କାର ବୋଝ ତୁମେ ମୋ' ଉପରେ କାହିଁକି ନଦି ଦେଲ? ମିଛର ଅନ୍ଧାର ଭିତରେ ମୋତେ ଅଣନିଶ୍ୱାସୀ କରି କାହିଁକି ଠେଲି ଦେଲ? ମୁଁ କେତେ ବଡ଼ ବିଶ୍ୱାସ କରିନଥିଲି ରେଖା... ମନେଅଛି ନନ୍ଦନକାନନର ସେଇ ଧର୍ଷଣମୁଖୀ ରାତି?.....
ରେଖା	:	ସେ କଥା ମନେ ପକାଅନି ବିକାଶ ମୁଁ ତୁମ ପାଦ ଧରୁଚି।
ବିକାଶ	:	ତଥାପି ଅଭିନୟ ସରିନି? ତୁମେ ଗୀତ ଗାଅ ଜାଣିଥିଲି - କିନ୍ତୁ ଏତେ ସୁନ୍ଦର ଅଭିନୟ କରିପାର- ସେଦିନ ଦେଖିବା ପରେ ମଧ୍ୟ ବିଶ୍ୱାସ ହୋଇ ନଥିଲା। ସବୁକଥା ମୁଁ ସତବୋଲି ଗ୍ରହଣ କରିଥିଲି।
ରେଖା	:	ମୁଁ କିନ୍ତୁ ଠକିବାର ଚେଷ୍ଟା କରିନଥିଲି ବିକାଶ - ପରିସ୍ଥିତର ଚାପରେ ମୁଁ ମିଛ କହିବାକୁ ବାଧ ହୋଇଥିଲି, ତୁମେ କ'ଣ ଆଜିଯାଏ ମୋତେ କ୍ଷମା ଦେଇ ପାରିନ?
ବିକାଶ	:	ଭୁଲି ଯାଇଥିଲି ରେଖା, ସବୁ ଭୁଲିଯାଇଥିଲି, କିନ୍ତୁ ତମେ ହିଁ ମତେ ମନେପକାଇ ଦେଲ - ମରି ଯାଇଥିବା ତୁମ ବାପା ହଠାତ୍ ଦିନେ ପହଞ୍ଚିଲେ ଆସି ଆମର ଭଙ୍ଗା ଭଡ଼ାଘରେ, ଆଉ ମୋ

ହାତରେ ଗୋଟିଏ ବନ୍ଦ ଲଫାପା ଦେଇ କହିଲେ- ମୋର ମୃତ୍ୟୁ ପରେ ଯାକୁ ଖୋଲିବ- ଏବଂ ମୁଁ କିଛି କହିବା ପୂର୍ବରୁ ଚାଲିଗଲେ ଏବଂ ତାର ପନ୍ଦର ଦିନ ପରେ ମରିଗଲେ ମଧ....

ରେଖା : ବନ୍ଦକର, ଚୁପ୍‌କର- ତା ଲାଗି ମୁଁ ହଜାର ବାର କ୍ଷମା ମାଗିଛି...

ବିକାଶ : ଶୁଣିବାକୁ ଭଲ ଲାଗୁନି ? ବେଶ୍ ରୋମାଞ୍ଚକର କାହାଣୀ ରେଖା - ଯେଉଁ କାହାଣୀର ତୁମେ ନାୟିକା, ସେ କ'ଣ କେବେ ବିରକ୍ତିକର ହୋଇପାରେ ?

ରେଖା : ଦୟାକରି ସେସବୁ କଥା ବନ୍ଦକର ବିକାଶ ।

ବିକାଶ : ତୁମେ ତ ମୋ ଉପରେ କୌଣସି ଦୟା କରି ନଥିଲ ! ଲକ୍ଷପତି ବାପର ଏକମାତ୍ର ଝିଅ ହୋଇ ମତେ କହିଥିଲ ଅନାଥାଶ୍ରମର ପାଳିତା କନ୍ୟା... କଟକର ଅମୁହାଁ ଗଳିରେ ଜୀବନର ଆରମ୍ଭ ହୋଇଛି..... ଓଃ କେତେ ଭଲ ହୋଇଥାନ୍ତା ଯଦି ମୁଁ ସେଦିନ ରାତିରେ ନନ୍ଦନକାନନର ସେଇ ବଣ ଭିତରେ ତୁମ ଚିତ୍କାର ଶୁଣିନଥାନ୍ତି... ଆଉ ଶୁଣି ମଧ ଯଦି ଚୁପ୍ ବସିଥାନ୍ତି ମୋର ବିକ୍ଷତ ଆତ୍ମାର ଶିବିର ଭିତରେ...

ରେଖା : କେମିତି ବସିଥାନ୍ତ ! ଏ ତ ଭଗବାନଙ୍କ ନିର୍ଦ୍ଦେଶ.....

ବିକାଶ : ହଁ, ବୋଧେ ଭଗବାନଙ୍କର ଇଚ୍ଛା ଥିଲା ଯେ ବିକାଶ ଚୌଧୁରୀର ବିକ୍ଷତ ଆତ୍ମା ଯୋଡ଼ି ହେବା ପରିବର୍ତ୍ତେ ଝଡ଼ିପଡୁ ଶତଖଣ୍ଡ ହୋଇ... ତା ନହେଲେ ଜଣେ ଗୁଣ୍ଡାମାନଙ୍କ ବ୍ୟଭିଚାରରୁ ମୁକ୍ତ ହୋଇ ମୋର ପାଦଧରି ଅନର୍ଗଳ ମିଛ କହି ନଥାନ୍ତା - କହିନଥାନ୍ତା ଯେ ମୁଁ ରେଡିଓର କଣ୍ଠଶିଳ୍ପୀ ରେଖା, ବାପା, ମା' ନାହାନ୍ତି- ପରିଚୟ ନାହିଁ- ବନ୍ଧୁମାନଙ୍କ ଚକ୍ରାନ୍ତର ଶିକାର ହୋଇ ଚିତ୍କାର କରିଥିଲି ରାତିର ଏହି ଅଜଣା ଅନ୍ଧାରରେ-

ରେଖା : (କାନ୍ଦିଚି)

ବିକାଶ : କାନ୍ଦ ରେଖା, କାନ୍ଦ- ଆଉ ଯଦି ପାର ଲୁହରେ ବୁଡ଼େଇ ଦିଅ ଏ ସମସ୍ତ ପୃଥିବୀ... ସେଇ ରାତି, ସେଇ ମୁହୂର୍ତ୍ତରେ ମୁଁ ତୁମକୁ ଗ୍ରହଣ କରିଥିଲି । ଦୁଇଟି ଭଙ୍ଗାଜୀବନ ମିଶିଲେ କିଛି ନୂଆ ସ୍ୱର ବାହାରିବ ବୋଲି କଳ୍ପନା କରିଥିଲି, କୌଣସି ପ୍ରଶ୍ନ ପଚାରି ନ

ଥିଲି ଆଉ ତାର ସପ୍ତାହେ ପରେ ତୁମକୁ ବାହା ହୋଇଥିଲି ଅତି ଖୁସିରେ....

ରେଖା : ସେ ଖୁସି ଅତୁଟ ରଖ ବିକାଶ। ମୁଁ ଜାଣେ, ମୁଁ ଆଉ ତୁମକୁ କିଛି ଦେଇ ପାରିବିନି, କିନ୍ତୁ ତୁମେ କାହିଁକି ଏତେ ସୁନ୍ଦର ଜୀବନ ନଷ୍ଟ କରି ଦେଉଚ? ବର୍ଷେ ହେଲା ତୁମେ କୌଣସି ଛବି ଅରଙ୍କିନାହଁ... ବର୍ଷେ ହେଲା ମୁଁ ତୁମକୁ ହୋସ୍‌ରେ ମଧ କେବେ ଦେଖିନାହିଁ।

ବିକାଶ : ମୁଁ ବହୁତ ଖୁସିରେ ଅଛି ରେଖା ! ନିତି ଦୁଇହଜାର ଶ୍ରମିକ ମୋର ଜୟଗାନ କରନ୍ତି। ନିତି ଅନେକ ଲୋକ ମୋର ଏ କୋଠାକୁ ଚାହିଁ ଈର୍ଷାରେ ଜଳିଯା'ନ୍ତି - ଆଉ ଲମ୍ବା ବିଦେଶୀ ଗାଡ଼ି ଚାଲିଗଲାବେଳେ କହନ୍ତି, ଏଇ ଦେଖ କେଡ଼େ ଭାଗ୍ୟବାନ ଲୋକଟିଏ ଯାଉଛି - ୟାଠୁ ଆଉ ଅଧିକ ଖୁସି କ'ଣ ଅଛି ?

ରେଖା : ସତକଥା ତ। ତୁମେ ତାକୁ ଗ୍ରହଣ କରି ଖୁସିରେ ରୁହ, ମୁଁ କେବଳ ସେତିକି ଚାହେଁ।

ବିକାଶ : ହଉ ଯାଅ ତେବେ। ରାତି ଅନେକ ହେଲାଣି, ମୋର ବି ପାଦ ଠିକ୍ ପଡୁନି।

ରେଖା : ମୁଁ ଏଠି ଏକା ଯିବିନି। ଏ ଘରକୁ ଆସିବାର ପରଦିନଠାରୁ ତୁମେ ଏଇ ଛୋଟ ଘରଟିରେ ରହୁଛ - ଆଉ ମୁଁ ସେପଟେ ସେ ବିରାଟ ଘରେ ଏକା...

ବିକାଶ : ସେଇ ଭଲ ରେଖା, ଏକା ଏକା ଜଳିଲେ ନିଆଁ କେହି ଦେଖି ପାରିବେନି।

ରେଖା : ମତେ କାହିଁକି ବାରମ୍ବାର ଆଘାତ ଦେଉଛ ? ମୋ ଭୁଲ୍‌ର ପ୍ରାୟଶ୍ଚିତ୍ତ ତ ହୋଇସାରିଛି। ଏଇ ଦେଖ, ପାଦ ତଳେ ପଡ଼ିପାରୁ ନାହିଁ। ଠିଆହୋଇ ଏ ପୃଥିବୀ ଦେଖିବାର ବି ବଳ ନାହିଁ। ଭାବିଥିଲି, ତୁମରି ଭରସାରେ କାଟିଦେବି ଏ ଅଲୋଡ଼ା ଜୀବନ - ତଥାପି ତୁମର ମନରେ ପରିବର୍ତ୍ତନ ଆସୁନାହିଁ !

ବିକାଶ : ସବୁ ଭୁଲିଥିଲି ରେଖା। ଅସଜଡ଼ା ଝିଅକୁ ଟାଣିଟୁଣି ପୁଣି ସଜାଡୁଥିଲି। କିନ୍ତୁ ଜାଣି ନ ଥିଲି ଯେ... ଲକ୍ଷପତି ବାପର ଏକମାତ୍ର ସ୍ୱେଚ୍ଛାଚାରିଣୀ ଝିଅକୁ ଗ୍ରହଣ କରିବାର ପାରିଶ୍ରମିକ ଚାଳିଶ ଲକ୍ଷ

ଟଙ୍କା। ମୁଁ ତୁମକୁ ଗ୍ରହଣ କରିଥିଲି କାଦୁଅବୋଳା ଫୁଲ ପରି; କିନ୍ତୁ ତୁମେ ବାପାଙ୍କୁ କହି ମୋର ମୂଲ୍ୟ ନିରୂପଣ କରିଦେଲ ନା !

ରେଖା : ଯେ ବିଶ୍ୱାସ କରେନା ତା ପାଇଁ ସମସ୍ତ ପ୍ରମାଣ ମୂଲ୍ୟହୀନ। ବାପାଙ୍କ ମୃତ୍ୟୁ ପରେ ମୋ ପାଖରେ ମଧ୍ୟ କୌଣସି ପ୍ରମାଣ ନାହିଁ। ...କିନ୍ତୁ ମୁଁ ଶେଷଥର ଲାଗି କହୁଛି - ବାପା ଯାହା କରିଛନ୍ତି ନିଜ ଇଚ୍ଛାରେ। ମୁଁ କେବଳ କ୍ଷମା ମାଗି ଚିଠି ଲେଖିଥିଲି ଯେ ନିଜ ହାତରେ ନିଜ ଭବିଷ୍ୟତ ଗଢ଼ିବା ଚେଷ୍ଟା ମୋର ବିଫଳ ହୋଇଛି।

ବିକାଶ : ମୁଁ ଆଉ କୌଣସି କଥା ଶୁଣିବାକୁ ଚାହେଁ ନାହିଁ। ମୁଁ ଏତିକି ଜାଣେ ଯେ ମୁଁ ବିକାଶ ଚୌଧୁରୀ - ପାଦଚଲା ରାସ୍ତାରୁ ଆସି ଠିଆ ହୋଇଛି ରାଜପଥରେ। ଆଗରେ ଅସରନ୍ତି ରାସ୍ତା, ପଛରେ ଅନେକ ବିନଷ୍ଟ କାଲି। ଆସନ୍ତାକାଲିକୁ ପିଠିରେ ପକାଇ ମୁଁ ଖୋଜିବି ରାସ୍ତାର ଶେଷବିନ୍ଦୁ। ଯେତେଶୀଘ୍ର ପାଇଯାଏ, ସେତେ ଭଲ।

ରେଖା : ତା'ହେଲେ ମୋ ଅନୁରୋଧ ରଖିବନି ?

ବିକାଶ : କି ଅନୁରୋଧ !

ରେଖା : ମୋ ପାଖକୁ ଆସ, ସେ ଘରକୁ ଚାଲ।

ବିକାଶ : ତୁମର ଆଉ ଘର କାହିଁ ରେଖା ! ଏ ସବୁ ତ ମୋର, ହଁ ସବୁ- ଘର, କାରଖାନା...

ରେଖା : ହଁ ତୁମର ସବୁ। ତୁମ ଘରକୁ ଆସ।

ବିକାଶ : ଏସବୁ ତେବେ ମୋର ନା ! ଏ ଆକାଶ, ଏ ପାଣି ପବନ, ଏ ଶାନ୍ତ ଆକାଶର ନୀରବ ଜହ୍ନ, ଏ ମୂକ ସୂର୍ଯ୍ୟ, ଏ ଲକ୍ଷ ଲକ୍ଷ ତାରାର ମିଟି ମିଟି ଆଖି, ଏ କୋଟି କୋଟି ଭୋକିଲା ପ୍ରାଣର ଦୀର୍ଘଶ୍ୱାସ, ଶତାବ୍ଦୀ ଶତାବ୍ଦୀର ପାପବୋଝ, ଇତିହାସର ସମସ୍ତ କଳଙ୍କ, ଢଳଢଳ ଆଖିପତା ତଳର ସମସ୍ତ ବେଦନା... ଓଃ...

[ସୋଫା ଉପରେ ପଡ଼ିଯାଇଛି। ଗୋଡ଼ ହାତ ନିର୍ଜୀବ। ରେଖା କ'ଣ କରିବ ବୁଝି ନ ପାରି ଚେଷ୍ଟା କରିଛି ସୋଫା ଉପରେ

ଶୁଆଇ ଦେବାକୁ। ବହୁତ କଷ୍ଟରେ ଶୁଆଇଛି। ଦୀର୍ଘଶ୍ୱାସ ନେଇ ଚାଲି ଯାଇଛି ସେ ଘରୁ।]

[ଆଲୋକ ନିଷ୍ପ୍ରଭ ଏବଂ ପରେ ପରେ ମ୍ଳାନ ନୀଳ। ସଙ୍ଗୀତ ଏବଂ କିଛି ଧୂମ ମାଧ୍ୟମରେ ଏକ କରୁଣ ସ୍ୱପ୍ନର ପରିବେଶ ସୃଷ୍ଟି କରାଯାଇ ପାରେ। ପ୍ରବେଶ କଲ ଜଣେ ସୁନ୍ଦର ତରୁଣୀ। ପାଦରେ ନୂପୁର, ଚାଲିରେ ଛନ୍ଦ, ଆଖିରେ ତନ୍ଦ୍ରା। ମୁହଁ ଉପରେ ଏକ ଝୀନ ଉତ୍ତରୀୟର ଆବରଣ ଦିଆଯାଇପାରେ। କିଛି ସମୟ ଇତସ୍ତତଃ କଲାପରେ, ବିକାଶକୁ ହଲାଇ ଉଠାଇଛି। ତରୁଣୀର ନାମ ଆପାତତଃ ସୁଧା।]

ସୁଧା : ଉଠ ବିକାଶ, ଉଠ... ଉଠ ବିକାଶ - ବନ୍ଧ୍ୟା ଆକାଶରେ ଆଜି ଚିକିମିକି ଫୁଲ, ଅନେକ ଢେଉ ସମୁଦ୍ରରେ - ଉଠ, ଅନ୍ଧାର ବି କ୍ଳାନ୍ତ, ଆଉଜି ପଡ଼ିଛି ବାଲି ଉପରେ - ଉଠ।

ବିକାଶ : (ଥରଥର ପାଦରେ ଉଠିଛି) କିଏ! କିଏ ତୁମେ?

ସୁଧା : ମୁଁ... ଅବୁଝା ହସର ନାୟିକା,
ତୁମ ଅକୁହା କଥାର ପ୍ରତିମା,
ତୁମ ରଙ୍ଗତୂଳିର ବେଦନା...

ବିକାଶ : ସୁଧା...

ସୁଧା : ହଁ ସୁଧା - ଝରେନା କ ସରେନା; ହସ ସବୁ ଚାପି ରଖେ, ଲୁହେ ଆଖି ଭରେନା।

ବିକାଶ : ସୁଧା ତୁମେ କେଉଁଠି ଥିଲ ଆଜିଯାକେ ସୁଧା... ଦେଖ...

ସୁଧା : ଉଁ...ହୁଁ... ଏତେ ଦରଦ କାହିଁକି ବିକାଶ,
ସେଦିନ ଯେ ବୋହିଥିଲା ବାଉଳା ବତାଶ
ଲୁଚିଥିଲା ଫୁଲ ଫୁଲ ମୋର ଦୀର୍ଘଶ୍ୱାସ
ତୁମେ ଥିଲ କେଉଁଠାରେ?

ବିକାଶ : ମୁଁ ...ମୁଁ କିଛି ବୁଝି ପାରୁନ ସୁଧା!

ସୁଧା : (ହସି) ବିକାଶ ଚୌଧୁରୀ ବୁଝି ପାରୁନ! ଚୁ ଚୁ ଚୁ.. ବିଚାରା ନିର୍ବୋଧ ଶିଶୁ।

ବିକାଶ : ଉପହାସ କରନା, ବିଶ୍ୱାସ କର ମୁଁ କିଛି ବୁଝି ପାରୁନି।

ସୁଧା : ସେଇ ବୁଝିପାରିନା ବୋଲି ତ-

ଅନେକ ଜୁଆର ମଲାଣି କାତର ବାଲିରେ
ନଈ ବି ଜାବୋଡ଼ି ଚାଲେ ଭଂଗା କୂଳରେ
କିନ୍ତୁ...ତୁମେ କ'ଣ ସତରେ ବୁଝିପାରୁନା ?

ବିକାଶ : ନା।

ସୁଧା : କିଛି ମନେ ପଡୁନି ତୁମର ?

ବିକାଶ : ସବୁ ମନେ ଅଛି-ଗୋଟି ଗୋଟି ହୋଇ ଲେଖା ରହିଛି ଯାହାକୁ ଆଖିବୁଜି ମୁଁ ହଜାରଥର ପଢ଼େ।

ସୁଧା : ପୃଷ୍ଠା ବୋଧେ ଆସିଲାଣି ଚିରି -

ବିକାଶ : ନା, ସେ ପୃଷ୍ଠା କେବେ ଚିରି ପାରେନା। ସେ ଅକ୍ଷର କେବେ ଲିଭି ପାରେନା। ମୋତେ ଆଉ କଷ୍ଟ ଦିଅନା ସୁଧା -

ସୁଧା : କଷ୍ଟ ହଉଛି ! ସତେ ! କେତେବେଳେ ହୁଏ ? ଦିନର ଆଲୁଅରେ ନା ରାତିର ଆଲୁଅରେ ?

ବିକାଶ : ଜାଣିବାକୁ ଚାହଁ? ଶୁଣ ତେବେ। ଝାପ୍‌ସା ସକାଳରେ ମୋ ସମୟ ଅଟକିଯାଏ ଡୋରଛିଣ୍ଡା ଗୁଡ଼ିପରି ବହୁତ ଉଚ୍ଚାଗଛ ଡାଳରେ-ହାତ ପାଏନା, ବାଡ଼ି ପାଏନା - ସମୟ ବି ପାଏନା ଛିଣ୍ଡାଡୋରର ସନ୍ଧାନ କରି -

ସୁଧା : ଓଃ- ଏ ଭାଷା ଶୁଣି ଶୁଣି ମୋ କାନ ଦିନେ ଫାଟି ଯାଇଥିଲା - ମୋର ଛୋଟ କଥା କିନ୍ତୁ ତୁମେ ଶୁଣିପାରି ନ ଥିଲ ନା ! ଛୋଟ କେତୋଟି ପଦ ଜୀବନର, ବଂଚିବା ଲାଗି କେତୋଟି ଅତି ଦରକାରୀ କଥା-

ବିକାଶ : ମୋତେ କହିବାକୁ ଦିଅ ସୁଧା -

ସୁଧା : କ'ଣ କବିତ୍ୱ ! କଳ୍ପନାର ତାଜମହଲ ଗଢ଼ା ! ସେ ତ ବହୁତ ଦିନ ତଳୁ ଭାଙ୍ଗି ଗଲାଣି ବିକାଶ। ମୁଁ ତ ଚାହିଁଥିଲି ଛୋଟ କୁଡ଼ିଆ ଖଣ୍ଡେ, ଝାଟିମାଟି କାନ୍ଥର ଗୋବରଲିପା ଭୂଇଁ... ମୁଣ୍ଡ ଗୁଞ୍ଜିବାକୁ ପଣତ ପରି ଛାତଟିଏ...

ବିକାଶ : ସୁଧା, (ପାଖକୁ ଆସି) ଶୁଣ ସୁଧା !

ସୁଧା : (ଘୁଞ୍ଚି ଯାଇ) ଉଁ ହୁଁ - ଆଗକୁ ଆସନା, ଖସି ପଡ଼ିବ ବିକାଶ, ଦେଖିପାରୁନା ସାମନାରେ କେତେବଡ଼ ଗାତ - ତଳକୁ ଚାହିଁଲେ ମୁଣ୍ଡ କ'ଣ ହେଇଯାଉଛି -

ବିକାଶ	:	ମୋର ଆଉ କୌଣସି କଥାକୁ ଡର ନାହିଁ-
ସୁଧା	:	(ପ୍ରାୟ କଟ୍‌ମଟ୍ କରି) ଡର ନାହିଁ! ସେଦିନ ସୁନ୍ଦର ଖୋଲା ରାସ୍ତାରେ ଏତେ ଡର କେମିତି ଆସିଲା ବିକାଶ? ପାଦରେ ସମାଜର କଣ୍ଟା ଲାଗିବ କହି ପଛେଇ ଯାଇଥିଲ ତିନିପାଦ।
ବିକାଶ	:	ଓଃ (ମୁଣ୍ଡ ଧରିଚି)
ସୁଧା	:	ମନେ ଅଛି?
ବିକାଶ	:	କ'ଣ?
ସୁଧା	:	ସେଇ ଝାଉଁବଣର ସନ୍ଧ୍ୟା -
ବିକାଶ	:	ନା।
ସୁଧା	:	ଦୂର ସମୁଦ୍ର ଚାପା ଗର୍ଜନ -
ବିକାଶ	:	ନା।
ସୁଧା	:	ଶରତ ଆକାଶର ହଠାତ୍ ମେଘ -
ବିକାଶ	:	ନା।
ସୁଧା	:	ବାଃ ସୁନ୍ଦର, କିଛି ମନେ ନାହିଁ! ଅଛି ଖାଲି ନିଜ ମନର ଫର୍ଦ୍ଦ ଫର୍ଦ୍ଦ କଳ୍ପନା - ବାସ୍ତବକୁ ତୁମର ଏତେ ଡର -
ବିକାଶ	:	ତୁମର ବାସ୍ତବ, ଅବାସ୍ତବ ଥିଲା ସୁଧା। ସାରଜୀବନ ଲାଗି ଗୋଟିଏ ପଳାତକର ପାଦଶବ୍ଦ। ମୁଁ ଚାହିଁ ନ ଥିଲି ଆମ ପଛରେ ଘୂରିବୁଲି ଶତ ଜନତାର ଘୃଣାଭରା ଆଖି। ମୁଁ ଚାହିଁ ନଥିଲି ଉପହାସ -
ସୁଧା	:	ତୁମେ କିଛି ଚାହିଁ ନ ଥିଲ- ମୁଁ ଖାଲି ଥିଲି ତୁମ କଳା ରଙ୍ଗତୂଳିର ଖେଳନା। ତୁମେ ବଞ୍ଚିବାକୁ ଚାହିଁଥିଲ ଅନ୍ୟ ଏକ ପୃଥିବୀରେ, ଯେଉଁଠି ଭୋକ ନାହିଁ, ଯନ୍ତ୍ରଣା ନାହିଁ ଏବଂ ଜୀବନ ମଧ୍ୟ ନାହିଁ -
ବିକାଶ	:	ଆଜି ପ୍ରତିବାଦ କରିବାକୁ ମୋର ଶକ୍ତି ନାହିଁ ସୁଧା - ମତେ ଲାଗେ ମୁଁ ଏକ ଛେଉଣ୍ଡ ପିଲା- କିନ୍ତୁ କେଉଁ ନରମ ବିଶ୍ୱାସରେ ଯିବି ମୁଁ କାହା ଉଷୁମ କୋଳକୁ? ସବୁ ତ ତନ୍ଦ୍ରାହୀନ ବରଫ ଶେଯ -ସବୁଠି ତ ରାତିର ଚାଦର- ଘୋଡ଼ା ଶବ।
ସୁଧା	:	ତୁମକୁ ଶକ୍ତିହୀନ ଦେଖି ମୋର ଆଜି ଦରଦ ନାହିଁ ବିକାଶ। ମୋ ମନରୁ ସବୁ ସଜଳ ଧାରା ଶୁଖି ଯାଇଛି। ମତେ ବି ତୁମେ ଜଡ଼

କରି ଠେଲି ଦେଇଛ....(ନରମ ଗଳାରେ) ତୁମର ଆଜି ମନେ ନାହିଁ, ଶରତର ସେଇ ମେଘୁଆ ଆକାଶ ତଳେ, ଦୂରରୁ ସମୁଦ୍ରର ଚାପାଗର୍ଜନ ଶୁଣି ସେ ଝାଉଁବଣ ଭିତରେ ମୁଁ ଆଶ୍ରୟ ଖୋଜିଥିଲି ତୁମ... ପାଦତଳେ...

ବିକାଶ : ଓଃ.... ମୁଁ ବି ତୁମକୁ ତୋଳି ନେଇଥିଲି ସୁଧା ମୋ ଆତ୍ମାର ସମସ୍ତ ଆବେଗ ନେଇ...

ସୁଧା : ନା, ନା, ନା.... ତୁମ କଳକାର ମନଟା ଦୋହଲି ଉଠିଥିଲା। ଗୋଟିଏ ବାଦଶାହୀ ମୁଦ୍ରାରେ ହୁଏତ ତୁମ ଦେହରେ କିଛି ଶିହରଣ ଆସିଥିଲା। ସୃଷ୍ଟିଛଡ଼ା କଥା କହି ତୁମେ ସମୟକୁ ଠକି ଦେବାପାଇଁ ହୁଏ ତ ଚେଷ୍ଟା କରିଥିଲ। ...ତାପରେ ତୁମ ଷ୍ଟୁଡିଓରେ ମୋର ଅନେକ ନୀରବ ମୁହୂର୍ତ୍ତ କଟିଛି। ତୁମେ ଆଡ଼ ଆଖିରେ ମୋତେ ଦେଖିନାହଁ ମଧ୍ୟ... ଖାଲି ଚିତ୍ର ଆଙ୍କିଚ... ନିର୍ଜୀବ ତୂଳିକୁ ରଙ୍ଗରେ ବୁଡ଼େଇ ଖର୍ ଖର୍ ଶବ୍ଦ କରିଛ....

ବିକାଶ : ତଥାପି ସେ ଚିତ୍ର ଅସମ୍ପୂର୍ଣ୍ଣ...

ସୁଧା : କେମିତି ପୂର୍ଣ୍ଣ ହୋଇଥାନ୍ତା ? ତୁମେ ଆଙ୍କୁଥିଲ ଆଖି ବନ୍ଦକରି, ତୁମେ କ'ଣ ସବୁ ଖୋଜୁଥିଲ ଆଉ ଏକ ପୃଥିବୀରେ।

ବିକାଶ : ମୁଁ ତୁମର ସୁନ୍ଦର ମନଟାକୁ ରୂପଦେବାକୁ ଚେଷ୍ଟା କରୁଥିଲି।

ସୁଧା : ପାରିଲି ନାହିଁ କାହିଁକି ?

ବିକାଶ : ତୁମେ ମୋତେ ସମୟ ଦେଲ ନାହିଁ।

ସୁଧା : ମିଛକଥା। ତୁମେ ପାରିଲନି କାରଣ ତୁମେ ମୋ ଦେହଟାକୁ ଅସ୍ୱୀକାର କଲ। କହିପାରିବ, ମନର ଇଲାକାଟା କ'ଣ ? ଦେହକୁ ଛାଡ଼ି ମନର ସ୍ଥିତି କେଉଁଠି ?...ଆଖିରେ ହରିଣୀ ସ୍ୱପ୍ନ ନେଇ ମୁଁ ଯେତେବେଳେ ଆଉଜିଥିଲି ତୁମ ଇଜେଲ ଉପରେ, ତୁମେ ମାପୁଥିଲ ମୋ ମନର ସୀମାରେଖା ...ଆଖିବୁଜି କଳ୍ପନା କରୁଥିଲ କିଛି ଅବାସ୍ତବ ରଙ୍ଗର ଢେଉ।

ବିକାଶ : ଏ କ'ଣ କହୁଛ ସୁଧା- ମୁଁ କିଛି ଅସ୍ୱୀକାର କରି ନ ଥିଲି। ମୁଁ ଅପେକ୍ଷା କରିଥିଲି ଆକାଶରୁ ମେଘ ଅପସରି ଯିବାଲାଗି।

ସୁଧା	:	ଆଉ ଯେଉଁଦିନ ମୁଁ ନାଲିଶାଢ଼ୀ ପିନ୍ଧି ମଥାରେ ସିନ୍ଦୂର ନାଇ ତୁମ ହାତଧରି ଟାଣିଥିଲି, ସେଦିନ ତ ଆକାଶରେ ମେଘ ନ ଥିଲା-ସେଦିନ କ'ଣ ଲାଗି ଅପେକ୍ଷା କରିଥିଲ ?
ବିକାଶ	:	ଆଗର ଅନ୍ଧାର ଅପସରି ଯିବାଲାଗି ।
ସୁଧା	:	ଅନ୍ଧାର ! ତା ଲାଗି ବି ଦେଇଥିଲି ମହମବତି ତୁମ ହାତରେ-
ବିକାଶ	:	ସେଥିରେ ଅନ୍ଧାର ଦୂର ହୋଇ ନ ଥାନ୍ତା ସୁଧା ବରଂ ଥର ଥର ବତିଟା ଜଳିଥାନ୍ତା କିଛି ସମୟ ଅନ୍ଧାରକୁ ଦାନ୍ତ ନିକୁଟେଇ - ତା ପରେ ପୁଣି ସେଇ ଅନ୍ଧାରେ ତୁମେ ହୁଏତ ସେଇ ଅଭ୍ୟାସ ନ ଥିବା ନାଲିଶାଢ଼ୀରେ ଛନ୍ଦିହୋଇ ପଡ଼ିଥାନ୍ତ -ଆଉ ତୁମ ସିନ୍ଦୂର ହୁଏତ ଅନ୍ଧାରର ରକ୍ତକ୍ଷରଣ ପରି ଝରିପଡ଼ିଥାନ୍ତା କେଉଁ ଅଜଣା ରାସ୍ତାରେ-
ସୁଧା	:	ଆଉ ସେଇଥିଲାଗି ମୋତେ ତିନି ଘଣ୍ଟା ଅପେକ୍ଷା କରେଇଦେଇ ତୁମେ ଆସିଥିଲ ଚଟି ଘୋଷାରି ଘୋଷାରି, ମୁହଁରେ କିଛି ଲାଜମିଶା ହସନେଇ ମତେ ସାରାଜୀବନ ଲାଗି ଠକିବାକୁ ? ସେଦିନଟା ମୋର ଆପାସୋରା ରହିଛି ବିକାଶ- ମୋର ସମସ୍ତ ନିରୋଳା ମୁହୂର୍ତ୍ତରେ ପ୍ରେତଛାଇ ପରି ଆବୋରି ବସୁଛି ।
ବିକାଶ	:	କେତେଗୁଡ଼ିଏ କଥା ବୋଧହୁଏ ଅବୁଝା ରହିଲେ ଭଲ ସୁଧା । ବୁଝେଇଲେ ଦୁଃଖ । ନ ବୁଝେଇଲେ ଆଉରି ଦୁଃଖ ।
ସୁଧା	:	ତୁମେ କ'ଣ ଭାବ ତୁମର ବୁଝେଇବା ଲାଗି କିଛି ଅଛି ? ମାଟିତଳେ କେତେ ପାଣି କିଏ ପାରେ ଧାର ଗଣି ମାଛ ନାହିଁ କିଛି ନାହିଁ ଥାଅ ବସି ଜାଲବୁଣି । କ'ଣ ଆଉ ବୁଝେଇବ ? କେତେ ରଙ୍ଗ ଖର୍ଚ୍ଚ ହେଲା ? କେତେ ଶବ୍ଦ ବାକିଥିଲା ପରଦାଟା ପଡ଼ିବା ପୂର୍ବରୁ ? - ନା ଆଉ କିଛି ?
ବିକାଶ	:	ମୁଁ ଚାହିଁଥିଲ ତୁମକୁ ନେଇ ଗର୍ବ କରିବାକୁ - ତୁମ ହାତଧରି ରାଜପଥରେ ଛାତିଫୁଲେଇ ଚାଲିବାକୁ । ତୁମେ ମତେ ସମୟ ନ ଦେଇ କାହିଁକି ଚାଲିଗଲ ସୁଧା - ତୁମେ ଗଲାପରଠୁ ମୁଁ ରହିଯାଇଛି ଅଧାଗଢ଼ା ମନ୍ଦିର ପରି । ମୂର୍ତ୍ତି ନାହିଁ, ପୂଜାରୀ ନାହିଁ-ଆରାଧନା ନାହିଁ କି ମନ୍ତ୍ର ନାହିଁ-

ସୁଧା : ଆଉ ଏ କୋଠାବାଡ଼ି, ଏ ଆକାଶଛୁଆଁ କାରଖାନା ଧୂଆଁ, ଏ କୋଳାହଳ - ଏ ସବୁ କ'ଣ। ତୁମ ମନ୍ଦିର ତ ଏକଦମ୍ ପୂର୍ଣ୍ଣ।

ବିକାଶ : (ହସି) ବାଃ... ବାଃ... ଠିକ୍ ବୁଝିଚ ମତେ।

ସୁଧା : ମୁଁ ତୁମର ସବୁ ଖବର ରଖିଚି।

ବିକାଶ : ମୁଁ କିନ୍ତୁ ତୁମର କୌଣସି ଟେର ପାଇନାହିଁ। ତୁମେ ଚାଲିଗଲା ପରେ ମୁଁ ଛୁଟି ନେଇ କଲେଜରୁ ଚାଲି ଆସିଥିଲି। ତା ପରେ ....ତା ପରେ ଅନେକ କଥା ଘଟି ଯାଇଛି ମୋ ଜୀବନରେ...

ସୁଧା : ଜାଣେ।

ବିକାଶ : କ'ଣ ଜାଣ? ଜାଣ ତମେ ମୁଁ କେମିତି ଜଳୁଛି ପ୍ରତ୍ୟେକ ମୁହୂର୍ତ୍ତରେ?

ସୁଧା : ଜାଣେ। ଜଳିବାଟା ତୁମର ଗୋଟେ ସଉକ୍-ମନର ଗୋଟିଏ ଅବୁଝା ଖିଆଲ୍।

ବିକାଶ : ଖିଆଲ୍! ସଉକ୍! ଏ କ'ଣ କହିଯାଉଛ ସୁଧା। ମୋ ଭଲ ପାଇବାର ଏଇ ମୂଲ୍ୟ ଦେଲ ତୁମେ?

ସୁଧା : ତୁମେ କେବଳ ନିଜକୁ ଭଲ ପାଇଥିଲ। ମୁଁ ଥିଲି କେବଳ ଉପଲକ୍ଷ୍ୟ।

ବିକାଶ : ମୋ ନିଜକୁ ମୁଁ ତୁମ ପାଖରେ ଦେଖିଥିଲି ସୁଧା। ତୁମ ଆଖିରେ ଦେଖିଥିଲି ପ୍ରଶାନ୍ତ ମହାସାଗରର ଶାନ୍ତି। ସେ ଶାନ୍ତିକୁ ଭାଙ୍ଗିବାର ସାହସ ନ ଥିଲା ମୋର।

ସୁଧା : କିନ୍ତୁ ତୁମେ ଜାଣ ମୋ ମନରେ କ'ଣ ସ୍ୱପ୍ନ ଥିଲା? କି ଆଶା ନେଇ ସେଦିନ ମୁଁ ତୁମ ପାଖକୁ ଯାଇଥିଲି? ବାପ ମା, ବନ୍ଧୁ ସମାଜ ସବୁ ଛାଡ଼ି ମୁଁ ଯାଇଥିଲ ସେଦିନ ଟିକିଏ ଆନ୍ତରିକତାର ସନ୍ଧାନ କରି ...କିନ୍ତୁ ତୁମେ ମତେ କି ଅପମାନ ନ ଦେଲ! ମୋ ନାରୀତ୍ୱକୁ ବଳିଦେଲ ତୁମେ ତୁମ ଶସ୍ତା ଆଦର୍ଶ ପାଖରେ ..ତୁମକୁ କାପୁରୁଷ କହିବାକୁ ମଧ୍ୟ ଲଜ୍ଜା ଲାଗେ ମୋତେ।

ବିକାଶ : ମଲାମଣିଷକୁ କିଏ ଏମିତି ମାରେନା ସୁଧା। ଆସ, ଜୀବନର ଏ ସଙ୍କଟରେ ମତେ ଭରସା ଦିଅ- (ପାଖକୁ ଗଲା...)

ସୁଧା : (ଚାଲି ଯାଉ ଯାଉ) ମୁଁ ଆଉ ତୁମ ହାତ ପାହାନ୍ତିରେ ନାହିଁ ବିକାଶ- (କାନ୍ଦ କାନ୍ଦ ହୋଇ) ମତେ ଆଉ ତୁମେ ଧରି ପାରିବ ନାହିଁ -

ବିକାଶ : ସୁଧା।

[କହି ଆଗେଇ ଗଲାବେଳେ ଇଜେଲ୍‌ରେ ମୁଣ୍ଡ ବାଜି ପଡ଼ିଗଲା।]

[ସ୍ୱାଭବିକ ଆଲୁଅ ଫେରି ଆସିଲା। ବିକାଶ ଉଠି ଚାରିଆଡ଼କୁ ବଲ୍ ବଲ୍ କରି ଚାହିଁଲା।]

ବିକାଶ : ସୁଧା କାହିଁ- ମୁଁ କ'ଣ....

(ଅନ୍ଧାର ପରେ ପର ଦୃଶ୍ୟ)

[ସକାଳର ହଳଦିଆ ଖରାର କିଛି ଅଂଶ ପଡୁଛି ଘର ଭିତରେ। ବିକାଶ ଚିତ୍ର ଆଙ୍କିବାରେ ବ୍ୟସ୍ତ; କିନ୍ତୁ ତୂଳି ତାର ପ୍ରାୟ ଚାଲୁନାହିଁ। ଇତସ୍ତତଃ କରି ସେ ହାଇ ଚଳାଉଛି।

ବାହାର ଦରଜାରେ ଖଟ୍‌ଖଟ୍ ଶବ୍ଦ। ବିକାଶ ସତେ ଯେମିତ ଶୁଣି ପାରୁନାହିଁ।

ଦରଜାରେ ପୁଣି ଆଘାତ। ବିରକ୍ତିରେ ବିକାଶ ଯାଇ କବାଟ ଖୋଲୁଛି।

ପ୍ରବେଶ କଲେ ରାଜେଶ ଏବଂ କାରଖାନାର ଅନ୍ୟଜଣେ ଅଫିସର। ଦୁହିଁଙ୍କ ହାତରେ କିଛି କାଗଜପତ୍ର ଏବଂ ମୁହଁରେ ବିମର୍ଷ ଭାବ।]

ରାଜେଶ : ମୁଁ ଜାଣେ ତୁ ବିରକ୍ତ ହେବୁ, ତଥାପି ଅବସ୍ଥା ଖରାପ ହେବାରୁ ତୋ ପାଖକୁ ଆସିଲି।

ବିକାଶ : କ'ଣ ହେଲା ?

ରାଜେଶ : ସବୁ ତୋରି ଦୋଷ।

ବିକାଶ : ମୋ ଦୋଷ ! କ'ଣ କଲି ମୁଁ ?

ରାଜେଶ : ମୁହଁ ବଢ଼େଇଦେଲୁ ତୁ ସବୁ ମଜୁରିଆଙ୍କର। ମୁଁ ମନା କରୁଥିଲି ଛ'ମାସର ବୋନସ ଦେବାକୁ। ମୁଁ ମନା କରୁଥିଲି ସେମାନଙ୍କ ପାଇଁ ସ୍କୁଲ୍ ଖୋଲିବାକୁ। ମୋର କୌଣସି କଥା ଶୁଣିଲୁ ନାହିଁ।

ବିକାଶ : ଏବେ ସେମାନେ କ'ଣ କହୁଛନ୍ତି ?

ରାଜେଶ : କ'ଣ ଆଉ କହିବେ ? ମଜୁରୀ ବଢ଼ାଅ- ଦରଦାମ୍ ବଢ଼ିଗଲା, ମହଙ୍ଗାଭତ୍ତା ଦିଅ, ଘରଭଡ଼ା ଦିଅ - ହେଁ, ପେଜ ନ ମିଳିଲା ଲୋକଙ୍କୁ ଭାତଦେଲେ ସେ ପଲଉ ମାଗିବେ।

ବିକାଶ	:	ସେମାନେ ତ କିଛି ଅନ୍ୟାୟ କଥା କହୁ ନାହାଁନ୍ତି। ଏସବୁ କ'ଣ ଆଗରୁ ଦିଆଯାଉ ନ ଥିଲା ?
ରାଜେଶ	:	(ଆଶ୍ଚର୍ଯ୍ୟରେ) ଏସବୁ ଦେଲେ କୋଉ ମାଲିକ ତିଷ୍ଠି ପାରିବ ?
ବିକାଶ	:	ମାଲିକ ! ସେ ପୁଣି କିଏ ? ମାଲିକ ଆଉ ଶ୍ରମିକ ଭିତରେ ପ୍ରଭେଦଟା କେଉଁଠି ରାଜେଶ ? ଜଣେ ଯଦି ଭରାପେଟରେ ଅଙ୍କ ପରେ ଅଙ୍କ ମିଶାଇ ସନ୍ତୁଷ୍ଟ ହୁଏନା, ଆଉ ଜଣେ ଖାଲିପେଟରେ କାରଖାନାର ଧୂଆଁ ଦେଖି କେମିତି ବଞ୍ଚିବ ? ଶ୍ରମିକ ବି ମଣିଷଟାଏ, ସେ କ'ଣ ଚାହିଁବା ଉଚିତ ନୁହେଁ ଯେ ତା ପିଲା ସ୍କୁଲ୍ କଲେଜରେ ପାଠ ପଢୁ, ହାକିମ ହେଉ, ଭଲ ଘରେ ରହୁ ?
ରାଜେଶ	:	କିଏ ମନାକଲା ? ସମସ୍ତଙ୍କୁ ତ ସମାନ ସୁଯୋଗ ଦିଆଯାଇଛି, ସେମାନେ ହେଲେନି ଲକ୍ଷପତି। ବସିଲେନି ହାକିମହୋଇ। କିଏ କହୁଥିଲା ତାଙ୍କୁ କାରଖାନା ଧୂଆଁରେ ଆଖିରୁ ପାଣି ବୁହାଇ ଖଟିବାକୁ ?
ବିକାଶ	:	ଆମେ। ଆମପରି ଲୋକ।
ରାଜେଶ	:	ଆମେ। କେମିତି ?
ବିକାଶ	:	ଆମେ ଚାହିଁଲୁ ଆମର ଆଉ ଦୁଇଟା କୋଠା ହେଉ, ଆଉରି ଦାମୀ ଗାଡ଼ି ଆସୁ, ଆଉରି ବେଶି ଟଙ୍କା ଆସୁ। ଆଉ ସେମାନଙ୍କୁ ସବୁବେଳେ ଭାତ ଓ ଲୁଗାର ସଂଧାନରେ ଦିନରାତି ଲଗେଇ ଦେଲୁ। ସେ ଚିନ୍ତାରୁ ମୁକ୍ତି ପାଇଲେ ସିନା ସେମାନେ କ'ଣ କରିବେ ?
ରାଜେଶ	:	ଏ ଯୁକ୍ତି କରିବା ଅଭ୍ୟାସ ତୋର ଗଲାନାହିଁ।
ବିକାଶ	:	ମୁଁ ଯୁକ୍ତି କରୁନି। ସତକଥା କହୁଛି। - ତୋ ବାପା କ'ଣ ଥିଲେ ରାଜେଶ ? [ରାଜେଶ ମୁହଁ ପୋତିଛି] ଆଜି ତୋର ଦରମା କେତେ ? ଦୁଇ ହଜାରରୁ ନିଶ୍ଚୟ ବେଶି। ତୋ ବାପା ଯଦି ସ୍କୁଲ୍ ଶିକ୍ଷକ ନ ହୋଇ କାରଖାନାର କୁଲି ହୋଇଥା'ନ୍ତେ ତୁ କେବେ ପାଠ ପଢ଼ିଥା'ନ୍ତୁ ? ପାଠ ଟିକିଏ ନ ପଢ଼ିଥିଲେ ବଡ଼ ହେବାର ଆଶା ତୋ ମନରେ କେବେ ଆସିଥାନ୍ତା ?

ରାଜେଶ	:	ତା ବୋଲି ଯେଉଁମାନେ ସୁଯୋଗ ପାଉଛନ୍ତି କ'ଣ ସମସ୍ତେ ବଡ଼ ହେଉଛନ୍ତି ? କେତେ ତ ପୁଣି ବଡ଼ରୁ ଭିକାରୀ ହେଉଛନ୍ତି ।
ବିକାଶ	:	ଠିକ୍ କଥା । ଯେଉଁମାନେ ବଡ଼ରୁ ଭିକାରୀ ହୁଅନ୍ତି ତାଙ୍କ ମନରେ କୌଣସି ଆଶା ବୋଧେ ନ ଥାଏ ।
ରାଜେଶ	:	ଆଉ ଭାଗ୍ୟ ?
ବିକାଶ	:	ତା'ହେଲେ କ'ଣ ଏ ପୃଥିବୀର ଶତକଡ଼ା ନବେଭାଗ ଲୋକଙ୍କର ଭାଗ୍ୟ ଖରପ ! ତା ଯଦି ହୁଏ ଏ ହତଭାଗା ଲୋକଙ୍କର ପୃଥିବୀ ଧ୍ୱଂସ ପାଇବା ଉଚିତ । ...ଭାଗ୍ୟ ଥାଇପାରେ ରାଜେଶ - କିନ୍ତୁ ବଡ଼ ହେବାର ଆଶା, ଯୋଗ୍ୟ ହେବାର ଇଚ୍ଛାକୁ ଭାଗ୍ୟ ଅଟକାଇ ପାରିବନି ।
ରାଜେଶ	:	ଧେତ୍‌ତେରି - ଯେତେସବୁ ବାଜେ କଥା । ବର୍ତ୍ତମାନ କ'ଣ କରାଯିବ କହ ।
ବିକାଶ	:	ଯାହା ମାଗୁଛନ୍ତି ଦେଇ ଦେ ।
ରାଜେଶ	:	ପରିଣାମ କ'ଣ ହେବ ଜାଣୁ ?
ବିକାଶ	:	କ'ଣ ?
ରାଜେଶ	:	ସେମାନେ ଆଉରି ମାଗିବେ ।
ବିକାଶ	:	ମଣିଷ ନିଶ୍ଚୟ ମାଗିବ । ମୋ ଦୁଃଖ ଏତିକି ଯେ ସେମାନେ ମାଗିବେ, ଅଳି କରିବେ, ଦୟା ଚାହିଁବେ... ରାଜେଶ, ଏମିତି କିଛି ବାଟ ନାହିଁ ଯେଉଁଥିରେ ସେମାନେ ଧୀରେ ଧୀରେ ତୋ ପରି ହେବେ । ଅନ୍ତତଃ ଭଲ ଖାଇବେ, ଭଲ ପିନ୍ଧିବେ, ଜୀବନକୁ ଘୃଣା ନ କରି ଭଲପାଇବାକୁ ଶିଖିବେ ।
ରାଜେଶ	:	ଇତିହାସ କୌଣସି ଅଶା ଦିଏ ନାହିଁ ।
ବିକାଶ	:	ତା'ହେଲେ ସେ ଇତିହାସ ପୋଡ଼ିଦେଇ ନୂଆ ଇତିହାସ ଗଢ଼ାଯାଉ । ମୁଁ କହୁନି ଯେ ସମସ୍ତେ ସମାନ ହେବେ । ଧନୀ ଗରିବ ରହିବେନି ଦୁନିଆରେ; କିନ୍ତୁ ଗରିବ ଟିକିଏ କମ୍ ଗରିବ ହେଉ । ଧର୍ମ ପାଖକୁ ଯିବାକୁ ଚେଷ୍ଟା କରୁ ।
ରାଜେଶ	:	ତୁ ତେବେ କ'ଣ କରିବାକୁ ଚାହୁଁ ?
ବିକାଶ	:	(ଟିକିଏ ରହି) ମୁଁ ଚାହେ ସେମାନେ ଯାହା ମାଗୁଛନ୍ତି ଦିଆଯାଉ, କିନ୍ତୁ...ଟିକିଏ ଭିନ୍ନ ଭାବରେ । ମହଙ୍ଗାଭତ୍ତା ନ ଦେଇ ତାଙ୍କୁ

କ'ଣ ଆମେ ଖାଦ୍ୟ ଜିନିଷ ଯୋଗେଇ ପାରିବାନାହିଁ.... ମାନେ ଟିକିଏ ଶସ୍ତା ଦରରେ ?

ରାଜେଶ : (ରହି) କିନ୍ତୁ ସେଥିରେ ଅନେକ ଅସୁବିଧା। ତା ପାଇଁ ଆଉ ଗୋଟିଏ ବିଭାଗ ଗଢ଼ିବାକୁ ହେବ। ଲୋକ ରଖିବାକୁ ହେବ।

ବିକାଶ : ଯେତେ ଲୋକ ଦରକାର ରଖ। ...ହଁ ସେମାନେ ଘରଭଡ଼ା ବି ମାଗୁଛନ୍ତି ନା- ଘରଭଡ଼ା ନ ଦେଇ ଯେତେ ଶୀଘ୍ର ପାରିବୁ ଘର ନ ପାଇଥିବା କୁଲିଙ୍କ ପାଇଁ ଘର ତିଆରି କରିଦେ।

ରାଜେଶ : (ଚିନ୍ତିତ ହୋଇ) ମୁଁ ତତେ କେମିତି ବୁଝେଇବି ବିକାଶ। ଶ୍ରମିକଙ୍କ ଭିତରୁ ମୋଟେ ପାଞ୍ଚଶ' ଲୋକ ଘର ପାଇଛନ୍ତି। ଅନ୍ୟମାନଙ୍କ ଲାଗି ଘର ତିଆରି କଲେ ଅତି କମ୍‌ରେ ପାଞ୍ଚ ଲକ୍ଷ ଟଙ୍କା ଦରକାର।

ବିକାଶ : ପାଞ୍ଚ ଲକ୍ଷ ବିଶେଷ କିଛି ନୁହେଁ।

ରାଜେଶ : ଦେଖ୍, ତୁ ମାଲିକ-

ବିକାଶ : ଚୁପ୍ କର। ମୁଁ ମାଲିକ ନୁହେଁ। ଏ ସମ୍ପତ୍ତି ଉପରେ ମୋର କୌଣସି ଅଧିକାର ନାହିଁ। ଯେଉଁମାନଙ୍କ ପରିଶ୍ରମରେ ଏ ଟଙ୍କା ଆସିଛି ସେମାନେ ଟିକିଏ ଭଲରେ ରହିବା ଦରକାର। ମୋ ସ୍ୱପ୍ନ ଉଜୁଡ଼ିଗଲେ କିଛି କ୍ଷତି ନାହିଁ; କିନ୍ତୁ ସେମାନଙ୍କର ସ୍ୱପ୍ନ ଭାଙ୍ଗି ନ ଯାଉ-କାରଣ ସେମାନଙ୍କ ସ୍ୱପ୍ନ ମୁଣ୍ଡର ଛାତ ଡେଇଁ ଯାଇ ପାରେନା।

ରାଜେଶ : ଠିକ୍ ଅଛି। ମୁଁ ତା'ହେଲେ ସେମାନଙ୍କୁ ସେଇ ପ୍ରତିଶ୍ରୁତି ଦେବି। କିନ୍ତୁ ମୁଁ ଆଗରୁ କହିରଖୁଛି- ସେମାନଙ୍କର ଦାବୀ ଏତେ ସହଜରେ ପୂରଣ କରିବାଦ୍ୱାରା ଆଗାମୀ ଦାବୀ ଲାଗି ଆମେ ବାଟ ପରିଷ୍କାର କରି ଦେଉଛେ।

ବିକାଶ : ମଣିଷ ଉପରେ ମୋର ବିଶ୍ୱାସ ଅଛି ରେ - ସେ କେବେ ଅଯଥା କଥା କହିବନି - ଯଦି ତାର ଖାଇବା ରହିବାର ଅଭାବ ନ ରହେ।

ରାଜେଶ : ମୁଁ ଜାଣେନା ତୋର ଭରସାଟା କେଉଁଦୂର ଠିକ୍ - ମୋର ବିଶ୍ୱାସ କିନ୍ତୁ ବହୁତ କମ୍। - ହଁ ଆଉ ଗୋଟିଏ ଜରୁରୀ କଥା। ...ଶଶୀ ବାବୁ ସେ ଫାଇଲଟା ଆଣିବେ -
[ଶଶୀ ବାବୁ ଫାଇଲ ନେଇ ଗଲେ।]

		ବିକାଶ, ଦେଖ୍‌ । ଏ କଥା ଅତି ଗୋପନୀୟ । (ପୃଷ୍ଠା ଓଲଟାଇ) ଗତ ପାଞ୍ଚବର୍ଷ ଭିତରେ Tax ଦେବାରେ ସବୁ ରକମର ଗୋଲମାଲ ହୋଇଛି । ଏବର୍ଷ Statement ଦେଲାବେଳେ ବହୁତ ସତର୍କ ହେବାକୁ ପଡ଼ିବ ।
ବିକାଶ	:	ମୁଁ ଏଥିରୁ କିଛି ବୁଝି ପାରୁନି ।
ଶଶୀ	:	ଆଜ୍ଞା – ସବୁ ବ୍ୟବସାୟୀଙ୍କର ଦୁଇଟା ଖାତା ଥାଏ । ଗୋଟିଏ ନିଜ ପାଇଁ, ଆଉ ଗୋଟିଏ ସରକାରଙ୍କ ପାଇଁ –
ବିକାଶ	:	ମାନେ !
ଶଶୀ	:	ଆପଣ ସେସବୁ ବୁଝି ପାରିବେନି । କିନ୍ତୁ ପାଞ୍ଚବର୍ଷ ହେଲା ସରକାରଙ୍କୁ ଯେଉଁ Statement ଦିଆଯାଇଛି ସେସବୁ ଏକଦମ୍‌… ମିଛ । ଏବେ ତ ଚାରିଆଡ଼େ ଧରାଧରି ଚାଲିଛି, ଏ ବର୍ଷ କ'ଣ କରାଯିବ…
ବିକାଶ	:	ଏ ବର୍ଷ ସତ ଲେଖାଯିବ ।
ଶଶୀ	:	ଅସମ୍ଭବ ।
ବିକାଶ	:	କାହିଁକି ?
ଶଶୀ	:	କିଛି ଖରାପ ଭାବିବେନି ସାର୍‌ – କିନ୍ତୁ ସତ ଲେଖିବାର କୌଣସି ଉପାୟ ନାହିଁ–
ବିକାଶ	:	ଉପାୟ ନାହିଁ ?
ଶଶୀ	:	କାରଣ ଏ ବର୍ଷର Statement ପୁରୁଣା Statement ଠାରୁ ଯଦି ପୂରାପୂରି ଅଲଗା ହୁଏ, ତେବେ …
ରାଜେଶ	:	ଦେଖ୍‌ ତୋ କାନକୁ ଏକଥା ଆସି ନ ଥାଉ; କିନ୍ତୁ ଏ ବର୍ଷ ତୋ' ଦସ୍ତଖତରେ Statement ଯିବ, ତେଣୁ ..
ବିକାଶ	:	ମୁଁ କୌଣସି ଦସ୍ତଖତ କରିବି ନାହିଁ ।
ଶଶୀ	:	ତା କେମିତି ହେବ ? ଆପଣ ସଇ ନ କଲେ କୌଣସି Statement ଯାଇ ପାରିବ ନାହିଁ ।
ବିକାଶ	:	ମୁଁ ଯଦି ସଇ କରିବି ତେବେ ଆପଣ ଅଲଗା Statement ତିଆରି କରନ୍ତୁ ।
ଶଶୀ	:	ଅଲଗା Statement କଲେ ତ ..

ବିକାଶ : ବ୍ୟବସାୟ କଲେ କେତେଟା କଥା ବାଧ୍ୟହୋଇ କରିବାକୁ ହୁଏ ବିକାଶ-

ଶଶୀ : ତା ବୋଲି ମୁଁ କୌଣସି ମିଛ Statement ଦେବାକୁ ଚାହେଁନା।

ରାଜେଶ : ବ୍ୟବସାୟରେ କୌଣସି କଥା ମିଛ ନୁହଁ।

ବିକାଶ : ଅଯଥା କଥାରେ ଯୁକ୍ତି କରିବା ମୁଁ ପସନ୍ଦ କରେନି। ଯେଉଁ ପର୍ଯ୍ୟନ୍ତ ମୁଁ ଅଛି, କୌଣସି ମିଛ ହସାବ ଦିଆଯାଇ ପାରିବନି।

ରାଜେଶ : ଆଉଥରେ ଭାବି ଦେଖ୍ ବିକାଶ। Statement ଦେବା ସମୟ ହୋଇଗଲାଣି। ଡେରି ହେଲେ ବହୁତ ଖରାପ ହେବ।

ବିକାଶ : ମତେ ଯାହା ଭଲ ଲାଗେନା, ସେକଥା କରିବାକୁ ମତେ ବାଧ କରିବୁନି ବୋଲି ମୋର ଆଶା। ଯଦି ସମୟ ହୋଇ ଗଲାଣି ତେବେ ଅଲଗା Statement ତିଆରି କରି ଆଣ। ମୁଁ ଆଖିବୁଜ ସଇ କରିଦେବି।

ରାଜେଶ : ଚାଲନ୍ତୁ ଶଶୀ ବାବୁ। ପିଲାଦିନୁ ସେ ଏକଜିଦିଆ। ତାକୁ କହି କିଛି ଲାଭ ନାହିଁ। (ବିକାଶକୁ) କିନ୍ତୁ ମତେ କିଛି ଭଲ ଦେଖାଯାଉନି। ...ଆଚ୍ଛା ...ଶ୍ରମିକମାନେ ଯଦି ଆମ ସର୍ତ୍ତରେ ରାଜି ନ ହୁଅନ୍ତି ?

ବିକାଶ : ସେମାନେ ନିଶ୍ଚୟ ରାଜି ହେବେ।

ରାଜେଶ : ମତେ କିନ୍ତୁ କିଛି ଭଲ ଦେଖାଯାଉନି।

[ଶଶୀ ସହିତ ବାହାରକୁ ଗଲେ]

[ବିକାଶ ତୂଳି ଧରି ପୁଣି ଚେଷ୍ଟାକଲା ଆଙ୍କିବାକୁ। କିନ୍ତୁ କୌଣସି ପ୍ରେରଣା ଆସୁନାହିଁ। ଦୁଃଖରେ ତାର ମୁହଁ ବିବର୍ଣ୍ଣ।

ଚକ ଗଡ଼େଇ ପ୍ରବେଶ କଲା ରେଖା। ଭିତରକୁ ଆସିଲାବେଳେ, ଚୌକିଟି ଏପାଖ ସେପାଖ ହେଉଥିଲା ଏବଂ ବିକାଶ ଚୌକିଟି ଧରିନେଲା।]

ରେଖା : (ଆବେଗରେ ବିକାଶର ହାତ ଧରି) ପଡ଼ିଯିବ ବୋଲି ଡରୁଚ ? ଆଉ ତ ଗୋଡ଼ ନାହିଁ, କ'ଣ ଆଉ ଭାଙ୍ଗିବ ?

ବିକାଶ : (ଧୀରେ ହାତ ଧରିଛି) ଭାଙ୍ଗିବାର ଭୟ ନାହିଁ। ପଡ଼ିବାର ଶବ୍ଦକୁ ଡର। ମୋହ କଟିଯିବାର ଆତଙ୍କ।

ରେଖା	:	ସତେ ! ଯେଉଁ ଶବ୍ଦର ବଜ୍ରଘୋଷରେ ମୁଁ ଚମକେ, ତାକୁ ଶୁଣିଲେ ତୁମେ ତେବେ ବେହୋସ ହୋଇଯିବ।
ବିକାଶ	:	ସେ ପୁଣି କେଉଁ ଶବ୍ଦ !
ରେଖା	:	ସ୍ୱପ୍ନ ଭାଙ୍ଗିବାର ଶବ୍ଦ। ଲୋକେ ସ୍ୱପ୍ନ ଦେଖନ୍ତି, ଝଙ୍କାରରେ ଉଲ୍ଲସି ଉଠନ୍ତି। ମୁଁ କିନ୍ତୁ ସ୍ୱପ୍ନ ଭାଙ୍ଗିବାର ଶବ୍ଦରେ ଦିନରାତି ଚମକେ।
ବିକାଶ	:	ତୁମର ଧୈର୍ଯ୍ୟ ବୋଧେ ମୋଠୁ ଅନେକ ବେଶି। [ରେଖାର ଚଉକିକୁ ଉନ୍ମାଦ ପରି ନିଜର ଚାରିପଟେ ଦୁଇ ତିନିଥର ଖୁବ୍ ଜୋରରେ ବୁଲେଇ ଛାଡ଼ିଦେଇଛି ଏବଂ ଚଉକିଟି ସାମ୍ନା ପଟେ ଗଡ଼ିଗଲାବେଳେ ଧରି ନେଇଛି। ରେଖା ଭୟ ନ କରି ବରଂ ଆନନ୍ଦିତ ହୋଇଛି।] ମୋର କକ୍ଷ ଚାରିପଟେ ତୁମେ ଘୂର - ଅନ୍ତରୀକ୍ଷର ସେଇ ଘର୍ଘର ମୁଁ ଶୁଣେ, ମହାଶୂନ୍ୟତାର ସେଇ ଫଟା ଶବ୍ଦ ଭିତରେ ମୁଁ ଅଣନିଃଶ୍ୱାସୀ ହୋଇପଡ଼େ...
ରେଖା	:	(ହସିହସି) ତୁମ କକ୍ଷରୁ ମତେ ଠେଲି ଦେଉନ ...ଆଉ ଟିକେ ଜୋରରେ ଠେଲିଦେଲେ ତ ମୁଁ ପଡ଼ିଯିବି... (ରହି) ଆଜି ଅନେକ ଦିନ ପରେ ତୁମ ହାତରେ ତୂଳି ଦେଖିଛି ବିକାଶ, କ'ଣ ଆଙ୍କୁଚ ?
ବିକାଶ	:	ଜାଣେନା।
ରେଖା	:	ସତ କୁହ। କ'ଣ ଆଙ୍କୁଚ।
ବିକାଶ	:	ସକାଳୁ ଚେଷ୍ଟାକରି କୌଣସି ରଙ୍ଗ ପାଉନି।
ରେଖା	:	ତୁମ ମନ ଭିତରେ ତ ଅଜସ୍ର ରଙ୍ଗ ବିକାଶ। ରଙ୍ଗ ଖୋଜିବାକୁ ତୁମକୁ ଚେଷ୍ଟା କରିବାକୁ ପଡ଼ିବନି।
ବିକାଶ	:	ପାଉନି ରେଖା। ସତେ ଯେମିତି ମୋ ମନଟା କୃଷ୍ଣସାଗର ହୋଇଯାଇଛି - ଦିଗନ୍ତ ବି ନାହିଁ - ଆକାଶରେ ବି ସେଇ କାଳିମା।
ରେଖା	:	(ହସିଚି)
ବିକାଶ	:	ହସୁଚ କାହିଁକି ?

ରେଖା	:	ନା, ଏମିତି। ଭାବୁଥିଲି ଯେ ଆକାଶଟା ଯଦି କଳା ହୁଏ, ଏ ତାରାଗୁଡ଼ିକ କେମିତି ଦେଖାଯିବେ। ଆମର ଅତି ପୁରୁଣା ଜହ୍ନଟା କେମିତି ଦେଖାଯିବ। କଳାଜହ୍ନ ନା! (ହସିଚି)
ବିକାଶ	:	ହଁ କଳାଜହ୍ନ।
ରେଖା	:	ଗୋଟେ କଥା କହିବି ?
ବିକାଶ	:	କି କଥା ?
ରେଖା	:	ଏଇ କଳାଜହ୍ନ କଥା-
ବିକାଶ	:	କୁହ।
ରେଖା	:	ମୋର ଗୋଟେ ଛବି ଆଙ୍କିବ !
ବିକାଶ	:	(ଘର ଭିତରେ ବୁଲିଛି)
ରେଖା	:	ଚୁପ୍ ରହିଲ ଯେ !
ବିକାଶ	:	ଅନେକ ତ ଆଙ୍କିଛି।
ରେଖା	:	ହଁ - କିନ୍ତୁ ସେ ସବୁ ପୁରୁଣା। ମୁଁ ଯେତେବେଳେ ଉଡ଼ି ବୁଲୁଥିଲି। ପକ୍ଷୀରେ ବହୁତ ବଳ ଥିଲ। ... (ମୁହଁ କରୁଣ ହୋଇ ଆସିଛି) ଏବେର ଛବି ଆଙ୍କ। ସେତେବେଳେ ତୁମେ ରାଗୁଥିଲ - ମୁଁ ଚୁପ୍ ବସି ପାରୁନଥିଲି ବୋଲି.... ଏପାଖ ସେପାଖ ଅନାଇ ଚଙ୍ଗ୍‌ଚଙ୍ଗ୍ ହେଉଥିଲି ବୋଲି....। ଏବେ ତ ସେ ଭୟ ନାହିଁ। ଦିନ ଦିନ ବସିପାରିବି ନିଶ୍ଚଳ ହୋଇ।
ବିକାଶ	:	ମୋର ତୂଳି ମଧ୍ୟ ନିଶ୍ଚଳ। (ତୂଳି ରଖିଦେଇଛି)
ରେଖା	:	ରଖି ଦିଅନା ବିକାଶ। ତୁମ ତୂଳିକୁ ଚଞ୍ଚଳ କର।
ବିକାଶ	:	ଆଚ୍ଛା ଚେଷ୍ଟା କରିବି।
ରେଖା	:	ଆଜି... ବର୍ତ୍ତମାନ।
ବିକାଶ	:	ନା, ପରେ କେବେ। Factoryରେ ଆଜି ବହୁତ କାମ।
ରେଖା	:	କେତେବେଳେ ଫେରିବ ?
ବିକାଶ	:	ଠିକ୍ ନାହିଁ।
ରେଖା	:	ଗୋଟିଏ ଅନୁରୋଧ କରିପାରେ ?
ବିକାଶ	:	ଯେଉଁଟା ନ ରଖିବି ତୁମେ ଜାଣ - ଯଦି କିଛି ରଖିପାରେ ତେବେ କୁହ...
ରେଖା	:	ଆଜି ପିଇବନି।

ବିକାଶ	:	କାହିଁକି ?
ରେଖା	:	ମୁଁ କହୁଛି ବୋଲି ।
ବିକାଶ	:	ଆଚ୍ଛା, ଶୁଣିଲ ।
ରେଖା	:	ଶୁଣିଲ କ'ଣ ! - ସତ କୁହ ଆଜି ପିଇବନି ନା ।
ବିକାଶ	:	ମୁଁ ମାତାଲ ହେଲେ ତୁମ ପୃଥିବୀ ତ ଦୋହଲେ ନାହିଁ ।
ରେଖା	:	ନିର୍ଜୀବ ହୋଇଯାଏ ।
ବିକାଶ	:	ତେବେ ତୁମର ଯାଏ ଆସେ କେତେ ?
ରେଖା	:	(ଲୁହ ଚାପି) ମୁଁ ଆଜି ନିଜପାଇଁ କହୁନି । ଆଜି ଆମ ଘରକୁ ଜଣେ ଆସିବେ । ସକାଳେ Telephone କରିଥିଲେ ।
ବିକାଶ	:	ତା'ସହିତ ମୋ ପିଇବା ନ ପିଇବାର ସଂପର୍କ କ'ଣ ?
ରେଖା	:	ଅବୁଝା ହୁଅନି । ଆଜି ଯେ ଆସିବେ ସେ ମୋ ବାପାଙ୍କର ଅନ୍ତରଙ୍ଗ ବନ୍ଧୁ । ବାପା ତ ନାହାନ୍ତି, କେବଳ ମୋରି ସୁଖ ଦେଖିବାକୁ ଆସିବେ । ପିଲାଦିନୁ ସେ ମୋତେ ବହୁତ ଭଲପା'ନ୍ତି । ଆଜି ତୁମେ ନ ପିଇଲେ ଚଳିବନି ? ଆଜି ଦିନକ ପାଇଁ...
ବିକାଶ	:	ତୁମର ଖୁସି ଦେଖିବାକୁ ଆସିବେ ତ । ବହୁତ ଖୁସି ହେବେ । ଝିଅ ଚୌକି ଛଡ଼ା କେବେ ତଳେ ବସୁନି... ସ୍ୱାମୀ ତାର ମଦ୍ୟପ - ନିତି ରାତିରେ ଝୁଲି ଝୁଲି ଆସେ ଘୂମନ୍ତ ପୃଥିବୀର ପ୍ରାଣକେନ୍ଦ୍ର ଖୋଜି...
ରେଖା	:	ଚୁପ୍‌କର । ମୋ ସ୍ୱାମୀ ମଦ୍ୟପ ନୁହେଁ ।
ବିକାଶ	:	(ହସିଚି) ମଦ୍ୟପ ନୁହେଁ...
ରେଖା	:	ନା ସେ ମଦ ପିଏ ମତେ ଜଳେଇବା ପାଇଁ । ପ୍ରତିଶୋଧ ନେବା ପାଇଁ । [ବିକାଶର ମୁହଁ କରୁଣ ହୋଇ ଆସିଚି । ସେ Easel ଉପରେ ଆଉଜି ପଡ଼ିଛି ଅସହାୟ ଭାବେ ।] ଶୁଣ ବିକାଶ । ସେ ଆଜି ଖାଇବାକୁ ଆସିବେ । ମୁଁ ଚାହେ ତୁମେ ଘରେ ଥିବ ।
ବିକାଶ	:	କହି ପାରିବିନି । ଆଜି କାରଖାନାରେ ଗଣ୍ଡଗୋଳ ହୋଇପାରେ ।
ରେଖା	:	ଜାଣେ । ଅବିନାଶ ବାବୁ ସେଥିରେ ତୁମକୁ ଅନେକ ସାହାଯ୍ୟ କରିପାରନ୍ତି । ଆଜି ତାଙ୍କ Telephone ଆସିଲା ପରେ ମୁଁ ଅନେକ

ପରିମାଣରେ ଆଶ୍ୱସ୍ତ।...ଏ କାରଖାନା, ଏ କୋଠାବାଡ଼ି ସବୁ ତାଙ୍କର ସହଯୋଗର ଫଳ।

ବିକାଶ : ସେ କ'ଣ କରନ୍ତି ?

ରେଖା : ବର୍ତ୍ତମାନ କ'ଣ କରନ୍ତି ଜାଣେନି। ସେ ଥିଲେ ବାପାଙ୍କର ମେନେଜର, ବଂଧୁ ସବୁକିଛି। କିନ୍ତୁ ହଠାତ୍ ଦିନେ ବାପାଙ୍କ ସହିତ ତାଙ୍କର ଝଗଡ଼ା ହେଲା ଏବଂ ତା' ପରଠୁ ତାଙ୍କ ବିଷୟରେ ଆମେ କିଛି ଶୁଣିନୁ।

ବିକାଶ : ତାଙ୍କର ପିଲାପିଲି ?

ରେଖା : ସେ ଅବିବାହିତ। ସଉକ୍ କେବଳ ଗୋଟିଏ- ଗିଟାର ବଜେଇବା। ଅଦ୍ଭୁତ ଲୋକ। ସବୁବେଳେ ହସହସ, ସବୁବେଳେ ଉଚ୍ଛୁଳା ଖୁସି।

ବିକାଶ : କେତେବେଳେ ଆସିବେ ?

ରେଖା : ଆଠଟା ବେଳେ।

ବିକାଶ : ଆଚ୍ଛା ତୁମେ ଯାଅ। ମୁଁ ଆସିବାକୁ ଚେଷ୍ଟା କରିବି।

ରେଖା : ଚେଷ୍ଟା ନୁହେଁ, ନିଶ୍ଚୟ ଆସିବ - ହଁ ଆଉ ଗୋଟେ କଥା କୁଲିମାନଙ୍କ ସାଙ୍ଗେ ଏତେଟା ଆନ୍ତରିକତା ଭଲ ନୁହେଁ....

ବିକାଶ : ଉପଦେଶ ମତେ ଭଲ ଲାଗେନା- (ଭିତରକୁ ଯାଇଛି)

ରେଖା : ଶୁଣ।

ବିକାଶ : କ'ଣ ?

ରେଖା : ନିଶ୍ଚୟ ଆସିବ।

ବିକାଶ : କହିଲି ତ ଚେଷ୍ଟା କରିବି। ଆଉ କ'ଣ ତୁମ ପାଦ ଛୁଇଁ ଶପଥ କରିବି ? (ଚାଲିଯାଇଛି)

[ରେଖା ଦୀର୍ଘଶ୍ୱାସ ନେଇ ଧୀରେ ଧୀରେ ଚକଗଡ଼ାଇ ଗଲାପରେ ଅନ୍ଧାର]

[ମଞ୍ଚ ଉପରେ ଆଲୋକ ଅସ୍ପଷ୍ଟ। ବାହାରେ ଝଡ଼ ବର୍ଷାର ସୂଚନା। ମଞ୍ଚ କିଛି ସମୟ ଖାଲ ରହିବା ପରେ ରେଖାର Wheel chair ଗଡ଼େଇ ପ୍ରବେଶ କଲେ ଅବିନାଶ ବାବୁ। ବିରାଟକାୟ ଚେହେରା। ଦୀପ୍ତିମାନ ପୁରୁଷ। ବୟସ ପ୍ରାୟ ପଞ୍ଚାବନ ବର୍ଷ। ସ୍ୱରରେ ଗାମ୍ଭୀର୍ଯ୍ୟ ଏବଂ ଚାଲିରେ ଦୃଢ଼ତା।]

ଅବିନାଶ	:	ମୁଁ ଆସିଥିଲି ତୋର ଖୁସି ଦେଖିବାକୁ। କିନ୍ତୁ କ'ଣ ଦେଖୁଛି! କେମିତି ପଡ଼ିଗଲୁ ସିଡ଼ିରୁ?
ରେଖା	:	ଗୋଡ଼ ଖସିଗଲା ମଉସା।
ଅବିନାଶ	:	ମୋର ବିଶ୍ୱାସ ହେଉନିରେ। ମୋ ଆଖି ଆଗରେ ନାଚ ଯାଉଛି ତୋ ପିଲାଦିନ କଥା। ଫ୍ରକ୍ ଖଣ୍ଡେ ପିନ୍ଧି ଡେଇଁ ବୁଲୁଥିଲୁ ଏ ଘରୁ ସେ ଘର - କେତେ କଳ୍ପନା କରି ନ ଥିଲୁ ଆମେ.... ଶେଷରେ ଏଇଆ ହେଲା?
ରେଖା	:	ସେକଥା ଛାଡ଼ ମଉସା। କେତେଜଣଙ୍କ ପାଦଭାର ବୋଧେ ମାଟି ସହି ପାରେନା। ନିଆଁ ନ ଲାଗିଲେ କେତେଟା ଛାତି ବୋଧେ କାମ କରେନା। ...ମୁଁ ଠିକ୍ ଅଛି ମଉସା। ଆଉ ତୁମ କଥା କୁହ। ପନ୍ଦର ବର୍ଷ ତଳେ ଦିନେ ହଠାତ୍ ଆମ ଉପରେ ରାଗି ଚାଲି ଯାଇଥିଲ ଏତେଦିନ ପରେ ଦେଖା। କେଉଁଠି ଥିଲ ଆଜିଯାଏକେ?
ଅବିନାଶ	:	ମୁଁ! ବୁଲୁଥିଲି କୋଇଲି ପରି ବସନ୍ତ ଖୋଜି। ଅନେକ ବୁଲିଲି ଏ ସହରରୁ ସେ ସହର। ବହୁତ ଟଙ୍କା କମେଇଲି। ଏଇତ ଯାଉଥିଲି ଦିଲ୍ଲୀ-ବାଟରେ ମନେ ପଡ଼ିଲା ତୋ ବାପାଙ୍କ କଥା। ଭାବିଲି ଥରେ ଦେଖିଯିବି ତୁମମାନଙ୍କୁ। ବାସ୍ ଓହ୍ଲାଇଗଲି।
ରେଖା	:	ବେଶ୍ କଲେ ମଉସା। ହଠାତ୍ ତୁମର Telephone ପାଇ ବହୁତ ଖୁସି ଲାଗିଲା। ...କି ବ୍ୟବସାୟ କରୁଛ?
ଅବିନାଶ	:	(ସାମାନ୍ୟ ରହି) ବ୍ୟବସାୟ! - ଏଇ Import - Export-
ରେଖା	:	ସତେ! ତା'ହେଲେ ତ ତୁମେ ଲକ୍ଷପତି ନିଶ୍ଚୟ। କ'ଣ ସବୁ Export କରୁଛ?
ଅବିନାଶ	:	ଏଇ କଞ୍ଜାମାଲ ସବୁ... ଆଚ୍ଛା। ବିକାଶ କେତେବେଳେ ଆସିବ?
ରେଖା	:	କହିଥିଲେ ତ ଶୀଘ୍ର ଆସିବେ ବୋଲି। ହୁଏତ କାମରେ ଅଟକି ଯାଇଥିବେ। ତୁମେ ଚାଲ ଖାଇନେବ।
ଅବିନାଶ	:	ନା, ନା ସେ ଆସୁ ଖାଇବା। (ପାଇପ୍ ଲଗାଇଲେ) ମାଁ, ଗୋଟେ କଥା ପଚାରିବି ଖରାପ ଭାବିବୁନି ତ-
ରେଖା	:	ତୁମ କଥାକୁ କ'ଣ ଖରାପ ଭାବିବି ମଉସା! ତୁମେ ତ ବାପା ସମାନ। ପଚାର...
ଅବିନାଶ	:	ବିକାଶ କ'ଣ ଏଇଠି ରହେ?

ରେଖା : ...ହଁ। ଚିତ୍ର ଆଙ୍କିବାର ସଉକ୍ ନା, ସେପାଖେ ଅସୁବିଧା ହେବ ବୋଲି...

ଅବିନାଶ : ତଥାପି ଏତେବଡ଼ ଘରେ ତୁ ଏକା। ଚାକର ବାକର ବି ବହୁତ କମ୍ ଅଛନ୍ତି ଦେଖୁଛି... ତା ଛଡ଼ା ତୋର ଏ ଅବସ୍ଥାରେ ...

ରେଖା : (ନିରୁତ୍ତର, ମୁହଁ ପୋତିଛି)

ଅବନାଶ : ତୁ ବୋଧେ କିଛି ଲୁଚେଇବାକୁ ଚେଷ୍ଟା କରୁଚୁ।

ରେଖା : ନା ମଉସା। ଖିଆଲୀ ଲୋକ ତ, ଏକା ରହିବାକୁ ବେଶୀ ପସନ୍ଦ କରନ୍ତି। ...ହଁ ମଉସା, ତୁମେ ଆଜିକାଲି ଗିଟାର ବଜଉଚ ନା ନାହିଁ ? ତୁମ ଜିନିଷପତ୍ର ସାଙ୍ଗରେ ଗିଟାର ତ ଦେଖିଲିନି ?

ଅବିନାଶ : (ସାମାନ୍ୟ ବିଚଳିତ ହୋଇ) ଛାଡ଼ି ଆସିଚି ବୋଧେ... ହଁ ଅନେକ ସମୟରେ ବଜାଏ। ବ୍ୟବସାୟରେ ଅବଶ୍ୟ ସମୟ ମିଳେନା, ତଥାପି, ଯେତେବେଳେ ସମୟ ମିଳେ ବଜାଏ।

ରେଖା : ଆମଘରେ ତ ଗିଟାର ଅଛି... ବଜେଇବ ନା ମୋର ଶୁଣିବାକୁ ଖୁବ୍ ଇଚ୍ଛା ହେଉଛି।

ଅବିନାଶ : (ମନର ଭାବକୁ ଚାପି) ହଁ ବଜେଇବି... କିନ୍ତୁ ଗୋଟିଏ ସର୍ତ୍ତରେ... ମୁଁ ବଜେଇବି ଆଉ ତୁ ଗାଇବୁ।

ରେଖା : ମୋ ସ୍ୱର ମରିଯାଇଛି ମଉସା !

ଅବିନାଶ : କାହିଁକି ରେ, ତୁ ତ ସୁନ୍ଦର ଗାଉଥିଲୁ। ରେଡ଼ିଓରେ ବି ଗାଇବା ମୁଁ ଶୁଣିଛି...

ରେଖା : ସେ ଅନେକ ଦିନର କଥା। ଆଜିକାଲି ଗାଇ ପାରୁନି।

ଅବିନାଶ : (ଚାହିଁ) କ'ଣ ହେଇଛି ତୋର ? ମତେ ଲାଗୁଛି ତୁ...

ରେଖା : ନାଇଁ ମଉସା କିଛି ନାହିଁ। ...ଏ ପଙ୍ଗୁ ହେଲାପରେ ମନର ସରାଗ ମରିଯାଇଛି।

ଅବିନାଶ : ନା... ମୁଁ ଆଜି କିଛି ଶୁଣିବିନି। ତତେ ଆଜି ଗାଇବାକୁ ହିଁ ହେବ।

ରେଖା : ଆଚ୍ଛା ପରେ ଗାଇବି। ତୁମେ ଚାଲ ଆଗ ଖାଇନେବ।

ଅବିନାଶ : ନା ଏକାଠି ଖାଇବା, ସେ ଆସୁ। ...ରାତି ବୋଧେ ଅନେକ ହେଲାଣି। ବର୍ଷାର ବେଗ ବି କମିନି। ଏତେ ଡେରି କାହିଁକି ହେଲା ?

ରେଖା : ଅପେକ୍ଷା କରି ଲାଭ ନାହିଁ ମଉସା !

ଅବିନାଶ	:	ସେ କ'ଣ ନିତି ରାତିରେ ଏମିତି ଡେରି କରେ ?
ରେଖା	:	(ମୁହଁ ଢାଙ୍କିଚି)
ଅବିନାଶ	:	(କିଛି ସମୟ ପଦଚାରଣା କଲା ପରେ) ମୁଁ ତେବେ ଯାଉଚି ରେଖା। ଆସିଥିଲି ତୋର ଟିକେ ଖୁସି ଦେଖିବି ବୋଲି, କିନ୍ତୁ ଦେଖୁଚି... ଆଚ୍ଛା ମା'... ଭଗବାନ ତତେ ଭଲରେ ରଖନ୍ତୁ...
ରେଖା	:	ମଉସା ! ପିଲାଦିନେ ଏତେ କାଖେଇଥିଲ... ଏବେ ମୋର ଦୁଃଖ ଦେଖି ଚାଲିଯାଉଚ !
ଅବିନାଶ	:	ଆଉ କ'ଣ କରି ପାରିବି ?
ରେଖା	:	ମତେ ସାଙ୍ଗରେ ନେବ ମଉସା ? ...ତୁମେ ତ ସଂସାର କଲନି... ପିଲାଦିନେ ଯେମିତି କୋଳେଇ ଥିଲ ଏବେ ଟିକେ ସେମିତି ଧରିବନି ? ମୁଁ ତୁମ ଘର ଜଗି ରହିଯିବି ମଉସା...
ଅବିନାଶ	:	(ଭାଙ୍ଗି ପଡ଼ିଛି) ରେଖା.... (ଆବେଗରେ ଚାପିନେଲେ) ମୁଁ ଲକ୍ଷପତି ନୁହେଁ ରେ... କୌଣସି ବ୍ୟବସାୟ କରେନି ...ମୋର କୌଣସି ଘର ନାହିଁ... ତତେ ନେଇ କୋଉଠି ରଖିବି ରେ - ସେଦିନ ତୋ ବାପାଙ୍କ ସହିତ ଝଗଡ଼ା କରି ଗଲାପରେ ଗତ ପନ୍ଦର ବର୍ଷଧରି ମୁଁ ବହୁତ ଝଞ୍ଜା ସହିଚି। ମନର ସବୁ ଗର୍ବ ଭାଙ୍ଗି ଯାଇଚି ମୋର। ସହର ସହର ବୁଲି ଗିଟାର ଶିଖେଇ ବଞ୍ଚିବାକୁ ଚେଷ୍ଟା କରିଥିଲି... ତା ବି ହେଲା ନାହିଁ। ଜାଣୁ... ଦିନେ ମୋର ଏକମାତ୍ର ସମ୍ବଳ ସେଇ ଗିଟାରଟାକୁ ବି ବିକିବାକୁ ବାଧ ହୋଇଥିଲି--
ରେଖା	:	ମଉସା !
ଅବିନାଶ	:	ହଁ ମା - କୁଡ଼ିଆଘରର ମାଲିକ ମଧ ଭଡ଼ା ମାଗିଲାବେଳେ କୋଟିପତି ପରି କଥା କହେ- ଅହଂକାରକୁ ବିକି ନ ଦେଇ ବିକିଦେଲି ଗିଟାରକୁ... ହତାଶ ହୋଇ ତୋ ପାଖକୁ ଆସିଥିଲି କିଛି ସାହାଯ୍ୟ ପାଇଁ -
ରେଖା	:	(ପାଖକୁ ଆସି) ଏ କ'ଣ ମଉସା ! ଏସବୁ ତମର... ମୁଁ କ'ଣ ସାହାଯ୍ୟ ଦେବି ? ତମେ ମତେ ଏତେ ପର ଭାବୁଛ କାହିଁକି ?
ଅବିନାଶ	:	ଆପଣାର ଭାବି ହିଁ ଆସିଥିଲି, ଯଦିଓ ମନରେ ଅନେକ ଚିନ୍ତା ଥିଲା - ତୁ ମତେ ଚିହ୍ନି ପାରିବୁ ନାହିଁ ବୋଲି... କାରଣ ପନ୍ଦର

		ବର୍ଷ ତଳେ ତୁ ଥିଲୁ ଏତେ ଟିକିଏ ଝିଅ... କିନ୍ତୁ ତତେ ଏ ଅବସ୍ଥାରେ ଦେଖି କିଛି କହିପାରିଲିନି....
ରେଖା	:	ଆଉ କିଛି କହିବା ଦରକାର ନାହିଁ। ତୁମେ ମୋ ପାଖରେ ରହ ମଉସା। ଏ ଘର ଭିତରେ ମୁଁ ଏକା ରହିପାରୁନି... କାରଖାନାରେ ମଧ୍ୟ କ'ଣ ସବୁ ଗୋଲମାଲ ଚାଲିଛି। ମୋ ସ୍ୱାମୀ କଳାକାର ମଣିଷ - ତାଙ୍କୁ ଏସବୁ ଭଲ ଲାଗୁନି... ତୁମେ ରହି ସବୁ ଦୁଃଖ ମଉସା।
ଅବିନାଶ	:	ମତେ ଟିକେ ଚିନ୍ତା କରିବାକୁ ସମୟ ଦେ ମା-
ରେଖା	:	ଆଉ ଚିନ୍ତା ନାହିଁ- ତୁମେ ଖାଇବ ଚାଲ। ତା'ପରେ ମତେ ଗିଟାର ଶୁଣାଇବ।
		[ପ୍ରବେଶ କଲା ବିକାଶ - ବ୍ୟସ୍ତ ଏବଂ ଅସ୍ଥିର। ମଦ ପିଇଚି]
ବିକାଶ	:	ଡେରି ହୋଇଗଲା ରେଖା... (ଅବିନାଶଙ୍କୁ ଦେଖି) ନମସ୍କାର! ଆପଣ ବୋଧେ...
ଅବିନାଶ	:	ହଁ, ମୁଁ ଅବିନାଶ।
ବିକାଶ	:	ଟିକେ କାମରେ ଅଟକିଗଲି।
ରେଖା	:	ଏତେ ଅନୁରୋଧ କରିଥିଲି ସକାଳେ - ଦିନକ ପାଇଁ ମୋ କଥା ରଖି ପାରିଲନି ?
ବିକାଶ	:	ଚେଷ୍ଟା କରିଥିଲି। କିନ୍ତୁ Art Collegeର Principal ଆସି ପହଞ୍ଚିଲେ - ସର୍ବଭାରତୀୟ ପ୍ରତିଯୋଗିତାରେ ଯୋଗ ଦେବାକୁ ଅନୁରୋଧ ନେଇ। ତାଙ୍କ ସହିତ କଥା ହେଉ ହେଉ ଡେରି ହୋଇଗଲା।
ରେଖା	:	Principal କ'ଣ ମଦ ବୋତଲ ନେଇ ପହଞ୍ଚିଲେ ?
ବିକାଶ	:	ରେଖା !
ଅବିନାଶ	:	ତୁ ଚାଲ ମା। ଖାଇବା ବନ୍ଦୋବସ୍ତ କର। ମତେ ଭାରି ଭୋକ ହେଲାଣି।
		(ନିଜେ ରେଖାର ଚଉକି ଗଡ଼ାଇ ଚାଲିଗଲେ)
ବିକାଶ	:	ମତେ କ୍ଷମା କରିବେ ଅବିନାଶ ବାବୁ! ଆପଣଙ୍କୁ ଅପେକ୍ଷା କରେଇ ଦେଲି।
ଅବିନାଶ	:	ଠିକ୍ ଅଛି- ତୁମେ ଆସ। ଖାଇବା।

ବିକାଶ : ମୋର ଭୋକ ନାହିଁ। ଆପଣ ଖାଇ ନିଅନ୍ତୁ।

ରେଖା : ମୁଁ ଜାଣିଲାଦିନୁ, ତୁମକୁ କେବେ ଭୋକ ହୁଏନି, କିନ୍ତୁ ଖାଇବାଟା ଦରକାର, ଆସ।

ବିକାଶ : ମତେ ବିରକ୍ତ ନ କରି ଭଦ୍ରଲୋକଙ୍କର ଚର୍ଚ୍ଚା କର।

ରେଖା : ଭଦ୍ରଲୋକ କିଏ ! ସେ ମୋ ମଉସା। ଆଜିଠୁ ଏଇଠି ରହିବେ। ତୁମର କିଛି ଆପତ୍ତି ଅଛି ?

ବିକାଶ : ମୋର କୌଣସି ଆପତ୍ତି ନାହିଁ - ଏବଂ ତୁମେ ଯାହା କରିବାକୁ ଚାହଁ ମତେ ନ ପଚାରି କଲେ ଖୁସି ହେବି।

ରେଖା : ମୁଁ ଯଦି ଏ ଘରେ ନଆଁ ଲଗେଇ ଦିଏ ?

ବିକାଶ : ତାଳି ମାରି ନାଚିବି। ଆଉ ସେ ଆଲୁଅରେ ତୁମ ସୁନ୍ଦର ମୁହଁଟାକୁ ଦେଖିବି...

ଅବିନାଶ : (ରେଖାର ଚଉକି ଗଡ଼ାଇନେଲେ)
ତୁମେ ବିଶ୍ରାମ କର ବାବା। ... ଚାଲ୍ ମତେ ଗୀତ ଶୁଣେଇବୁ।

[ଅନ୍ଧାର - ବକାଶ ଲୁଗା ବଦଳାଇଛି। ଆଲୁଅ ଆସିଲା ବେଳକୁ ସେ ଠିଆ ହୋଇଛି Easel ଉପରେ ଆଉଜି। ଭିତରୁ ଗିଟାରର ଧିମା କରୁଣ ସ୍ୱର ଆସୁଛି... ଜଣାପଡ଼େ ସତେ ଯେମିତି ସେ କ୍ଳାନ୍ତ ହୋଇ ଆଉଜି ଯାଇଛି।
ପ୍ରବେଶ କଲା ସୁଧା ସେଇ ଅବାସ୍ତବ ପରିବେଶ ମଧ୍ୟରେ]

ସୁଧା : ଉଠ ବିକାଶ... ଆଉଜିଗଲେ କେମିତି ହେବ ?
ରାତିର ଶାଢ଼ୀ ପିନ୍ଧି ମୁଁ ଆସିଛି।
ମୋ ନାଁ ଅନ୍ଧାର
ମତେ ପାଇବାକୁ ହେଲେ
ରାତିସାରା ଖୋଜିବାକୁ ହେବ। - ଆରେ
ନିଦ ହୋଇ ଯାଇଚି ନା କ'ଣ ?

(ହାତମାରି)
ରାତି ହେଲେ ନିଦ ଯାଏ ବାଲି ଗଣିବାକୁ
ଅଶାନ୍ତ ପ୍ରେତାତ୍ମା ସାଥେ ପଶା ଖେଳିବାକୁ

ଜିତା ହରା ସରିନାହିଁ
ବାଲିରେ ହଜିଛି କାଠି
କଉଡ଼ି ବି ଚୁପ୍ ଆଜି
କେହି ନାହିଁ କେହି ନାହିଁ
ହଜିଲା ଜୁଆର ପାଖେ କଥା କହିବାକୁ ।

ବିକାଶ : ସୁଧା !

ସୁଧା : ମତେ ଛାଡ଼ି ବଂଚି ପାରୁଚ ?

ବିକାଶ : ମୋଟେ ନୁହେଁ - ତୁମେ ଆସ ସୁଧା ।

ସୁଧା : କେମିତି ଆସିବ କହ, ଗୋଡ଼ରେ ସେ ବେଡ଼ି ।
ଜଳିବାହିଁ ସାର ଖାଲି ଦୂରେ ପଡ଼ି ପଡ଼ି ।

ବିକାଶ : ମୁଁ କିଛି କରି ପାରୁନି ସୁଧା- ମୋ ପାଇଁ ଦିନ ଆସେ ରାତି ପରି, ଆଉ ରାତି ହୁଏ ଭୟାନକ ଦୁଃସ୍ୱପ୍ନ -

ସୁଧା : ବେଶ୍ ହେଇଛି, ଜୀବନଟା କେଡ଼େ ମଜା କହିଲ-

ବିକାଶ : ହଁ-ବେଶ୍ ଏକ ଉତ୍ତପ୍ତ ଅନ୍ଧାର-ଭଗବାନ... ମୋ ଜୀବନରେ କ'ଣ ଆଲୁଅ କେବେ ଆସିବନି !

ସୁଧା : ଆସିବ, ଚିତା ଜଳିବ । କିନ୍ତୁ ଯୋଉ ଭଗବାନଙ୍କୁ ଡାକିଲ ନା... ତାଙ୍କ ଆଡ଼କୁ ଆଲୁଅ ଯିବନି- କିଛି ଧୂଆଁ ଖାଲି ଯିବ ଆକାଶ ଆଡ଼େ ।

ବିକାଶ : ସୁଧା - ଆସ ସୁଧା - ମୋ ପାଖକୁ ଆସ ।

ସୁଧା : ମତେ ଛୁଅଁନା - ହାତ ମଇଳା ହେବ ଯେ - ସମାଜର କଣ୍ଟା ଗଳି ରକ୍ତ ଝରିବ ଯେ !

ବିକାଶ : ତୁମେ କେଉଁଠି ସୁଧା ?

ସୁଧା : ଦେଖି ବି ପାରୁନ ! ବାଃ ରେ ଆଖି
ମୁଁ ପରା ତୁମ ହାତ ପାଖରେ
କୋଟି କୋଟି ଆଲୋକବର୍ଷ ଦୂରରେ... ତୁମ ଆଖି ବୋଧେ ଆଉ ଦୂରତା ମାପି ପାରୁନି । ତୁମେ ଆଉ ଛବି ଆଙ୍କିବ କ'ଣ ?

ବିକାଶ : ମୁଁ ଆଉ ଆଂକି ପାରୁନି । ମୋ ଥର ଥର ହାତରୁ ତୂଳି ଖସି ପଡୁଛି । ମତେ ବଂଚାଅ ସୁଧା-

ସୁଧା : ବଂଚିବାକୁ ଚାହଁ!! ଜୀବନକୁ ହଜେଇ ଦେଲା ପରେ!! ମନେ ପଡୁନି, ସେଦିନ ମୁଁ ବି ଚିକ୍ରାରିଥିଲି - ମତେ ବଂଚାଅ, ମତେ ବଂଚାଅ- ମୋ ସ୍ୱରରେ ଝାଉଁବଣ ଥରି ଉଠିଥିଲା। ଢେଉ ବି ଡେଇଁଥିଲା ପାହାଡ଼ ଟପି। କାଇଁ - ସେଦିନ ତ ତୁମ ହାତରୁ ତୂଳି ଖସି ନ ଥିଲା!

ବିକାଶ : ମୋ କାନରୁ ସେ ଶବ୍ଦ ଲିଭିନି ସୁଧା।

ସୁଧା : ଲିଭିନି! ତେବେ ମୋ ଛବି ଅସଂପୂର୍ଣ୍ଣ କାହିଁକି ?

ବିକାଶ : ତୁମେ ଗଲାପରେ ମୋର ପତ୍ରଝଟା ଆସିଯାଇଛି।

ସୁଧା : ଥୁଣ୍ଟା ଡାଳ ହୋଇ ତୁମେ ରହ ବିକାଶ। ଆରଜନ୍ମରେ ମୁଁ ଆସି ବସିବି କଜଳପାତୀ ହୋଇ। ହାତ ବଢ଼େଇଲେ ଉଡ଼ିଯିବି। ହାତ ନ ବଢ଼େଇଲେ ଅଭିଶାପ ଦେବି।

ବିକାଶ : ଓଃ କି ସୁନ୍ଦର ଅଭିମାନ ତୁମର! ମତେ ଏଇଠି ଅଭିଶାପ ଦିଅ ସୁଧା। ଏ ଜନ୍ମରେ ମୋର ପ୍ରସାରିତ ହାତରେ ଆସି ଅଭିଶାପ ଦିଅ... ମୁଁ ଆରଜନ୍ମରେ ଅତି ଉଚ୍ଚା ଥୁଣ୍ଟାଗଛ ହୋଇ ଜନ୍ମ ନିଏ... ଉପରକୁ ଚାହିଁ ମୁଁ ଦେଖିବି ଆକାଶର ଶୂନ୍ୟତା, ଗ୍ରହଚନ୍ଦ୍ର ତାରାର ନିଷ୍ଫଳ ଗତି, ଆଉ ମାଟିରେ ଦେଖିବି କୁଢ଼ କୁଢ଼ ହାଡ଼ଗଦା ଉପରେ ଛିଟିଛିଟିକା ନାଲି ଦାଗ - ପରସ୍ତ ପରସ୍ତ ଅନ୍ଧାର ଭିତରେ ଦରନିଭା ମୁରୁଜର ଗାର...

ସୁଧା : ବାଃ ବାଃ... ତାଳି ମାରିବାକୁ ଇଚ୍ଛା ହୁଏ ବିକାଶ। ମୋ ଅଭିମାନଟା ଦେଖିଚ ତା'ହେଲେ- ଦେଖିଚ ଯଦି ମୋ ଚିତ୍ରଟା ଅଧା କାହିଁକି ରଖିଲ ? ମୋ ଆଖିର କଜଳ କାହିଁକି ବୁହାଇ ଦେଲ ? କୁହ ବିକାଶ... କୁହ (କାନ୍ଦିଛି ଏବଂ ଧୀରେ ଧୀରେ ଚାଲିଯାଇଛି)

ବିକାଶ : ସୁଧା...

(ସ୍ୱାଭାବିକ ଆଲୁଅରେ ବିକାଶ ସ୍ତବ୍ଧ ହୋଇ ଠିଆହେଲା। ଧୀରେ ତୂଳି ନେଇ ଆଙ୍କିବାରେ ଲାଗିଲା। ସତେ ଯେମିତି ପ୍ରେରଣା ପାଇଚି ସେ। ପଛପଟୁ ଅବିନାଶ ବାବୁଙ୍କର ଗିଟାର ଧ୍ୱନି ଧୀରେ ଧୀରେ ଭାସି ଆସୁଥାଏ... ଏବଂ ରେଖାର କରୁଣ ଗୀତର କେତୋଟି ଅସ୍ପଷ୍ଟ ସ୍ୱର...।

ମୁଁ ଯେ ଶ୍ରାବଣୀ ରାତିର
ମଉଳା ବାଉଳା ଜହ୍ନ
ମୁଁ ଯେ ଭରା ମେଘ ଅଭିମାନ।
ଭ୍ରାନ୍ତ ଶିଶିର ମୁଁ ଯେ ଝରିଛି କି ନିତିନିତି
ଶିଉଳି ପଥର ଦେହେ
ଅମାନିଆଁ ନିଆଁ ମୁଁ ଯେ ଜଳିଛି ବି ନିତିନିତି
ଦୂର ପରବତ ମୋହେ
ମୋ ଓଠେ ଅବୁଝା ଗୀତି
ମୋ ଦେହେ ଅକୁହା ତାତି
ନିଜ ଲୁହେ ମୁହଁ ଧୁଏ। (ଘୋଷା)

ଯା' ଲାଗି ହସିଲା କ୍ଷେତେ ବାଲିଚର ଗଲା ମାଡ଼ି
ଛାଇ ନେଉଟିଲା ଖାଲି
ଯେ ଫଗୁଣ ଅନାମିକା ମୋ ଗୋଲାପ କଲା ଫିକା
ଲୁଟି ନେଲା ସବୁ ନାଲି
ସେ କେବେ ଆସିବ ଯଦି ନିଭା ସଳିତାକୁ ତେଜି
ଶେଷ ଦୀପ ଦେବ ଜାଳି। (ଘୋଷା)

[ଗୀତ ମଧ୍ୟରେ ବିକାଶ ଉଦ୍‌ଭ୍ରାନ୍ତ ପରି ଆଙ୍କିଛି ଏବଂ ପଦଚାରଣ କରିଛି। ଅବଶ ହୋଇ ବସି ପଡ଼ିଛି ସୋଫା ଉପରେ। ଆଲୋକ ନିଷ୍ପ୍ରଭ।

ରାତି ପାହିବାର ସୂଚନା।

ଦରଜାରେ ଖଟ୍ ଖଟ୍ ଶବ୍ଦ। ସୋଫା ଉପରୁ ବକାଶ ଉଠି କବାଟ ଖୋଲିଛି ବିରକ୍ତିରେ।

ପ୍ରବେଶ କରିଛି ଜଣେ ଯୁବକ। ତା ହାତରେ ଗୋଟିଏ ବେଗ୍। ଲମ୍ବ ହୋଇ ବିକାଶର ଗୋଡ଼ତଳେ ପଡ଼ିଗଲା।]

ବିକାଶ : ଏ କ'ଣ! କିଏ ତୁମେ?

ଯୁବକ : ଆଜ୍ଞା ମୁଁ ଗୋଲାପ ଦାସ, ବାପ ନାଁ ରତନ ଦାସ, ମାଁ ନା ମନେ ନାହିଁ କିନ୍ତୁ ମୁଁ ବି.ଏ. ପାସ୍...

ବିକାଶ : ଏଠି କ'ଣ କାମ ?
ଗୋଲାପ : ଆଉ ତେବେ କାମ କେଉଁଠି ? କଲେଜରେ ତ ତଡ଼ିଦେଲେ ଭଲ ମାର୍କ ନାଇଁ ବୋଲି – ଏମ୍.ଏ. ପଢ଼ାମୋର ନୋହିଲା । ଗାଁରେ ତ କହିଲେ, ବି.ଏ. ପାସ୍ ବାବୁ ହଳ କ'ଣ କରିବୁ ? ଚାଷ ମାକ ମଧ ନୋହିଲା –
ବିକାଶ : କାହିଁକି, ଚାଷ କଲେ କ'ଣ ଲାଜ ଲାଗିବ ?
ଗୋଲାପ : ନାଇଁ ଆଜ୍ଞା, ବାପା କହିଲେ କି – ମୁଁ ପଢ଼ିଚି ପାଞ୍ଚ କିଲାସ, ମୋ ବାପା ଟିପ ବାଡ଼େଉଥିଲା । ତୁ ମୋର ଯୋଗ୍ୟ ପୁଅ, ବି.ଏ. ପାସ୍ ହେଲୁ, ଚାଷକଲେ କେମିତି ହବରେ ।
ବିକାଶ : ହେଲା ହେଲା... ମୋ ପାଖେ କ'ଣ କାମ ?
ଗୋଲାପ : (ପୁଣି ଗୋଡ଼ତଳେ ପଡ଼ି) ଆଜ୍ଞା ଚାକିରି.... ଚାକିରି ନ ଦେଲେ ଦଉଡ଼ି ଲଗେଇ ଦେବ (ବେକ ଦେଖାଇ)
ବିକାଶ : ଶୀଘ୍ର ଲଗେଇ ଦିଅ ।
ଗୋଲାପ : ଆଜ୍ଞା ! ମୁଁ ମରିଗଲେ ଆପଣଙ୍କୁ କ'ଣ ମିଳିବ ?
ବିକାଶ : ଖୁସି ହେବି । ଚାକିରି ନ ମିଳିଲେ ଯଦି ବଞ୍ଚିପାରିବ ନାହିଁ ତେବେ ମରିଯିବା ଭଲ ।
ଗୋଲାପ : ଠିକ୍ କହୁଥିଲେ ଆଜ୍ଞା, ଠିକ୍ କହୁଥିଲେ –
ବିକାଶ : କିଏ ଠିକ୍ କହୁଥିଲେ ?
ଗୋଲାପ : ଆଜ୍ଞା, ବାବୁ... ବାବୁ ଠିକ୍ କହୁଥିଲେ । ତେଜଭରା ଆଖି, ପ୍ରତି କଥାରେ ସାହିତ୍ୟ...
ବିକାଶ : କୋଉ ବାବୁ ?
ଗୋଲାପ : ରାକେଶ ବାବୁ– କାରଖାନାର ମେନେଜର । ସେ କୁଆଡ଼େ ଆପଣଙ୍କ ପିଲାଦିନର ସାଙ୍ଗ... ହଁ ହଁ ମନେ ପଡ଼ିଲା, ଆଉରି ମଧ କହୁଥିଲେ .. ହଁ ହଁ... (ବେଗ୍ ଖୋଲି, ଦୁଇଟି ମଦ ବୋତଲ ବାହାର କଲା ।) ଓହୋ ମୁଁ କେଡ଼େ ବୋକା– (ବୋତଲକୁ ବିକାଶର ପାଦତଳେ ରଖି ପୁଣି ମୁଣ୍ଡିଆ ମାରିଲା)
ବିକାଶ : (ଆଶ୍ଚର୍ଯ୍ୟରେ) ଏସବୁ କ'ଣ ? ତୁମେ କିଏ.. ମୁଁ କିଛି ବୁଝିପାରୁନି ।
ଗୋଲାପ : ଆଜ୍ଞା ଚାକିରୀ–ଖଣ୍ଡେ ଚାକିରୀ । ଆପଣ ମା' ବାପ – ଦୟା କରନ୍ତୁ ।

ବିକାଶ	:	ଏ ମଦ ବୋତଲ କ'ଣ?
ଗୋଲାପ	:	ଖାଣ୍ଟି Scotch ଆଜ୍ଞା-Chivas Regal
ବିକାଶ	:	Shut up-ମୁଁ ପଚାରୁଚି ଏ ମଦବୋତଲ ମୋ ପାଖରେ ରଖିବାର ଉଦ୍ଦେଶ୍ୟ କ'ଣ?
ଗୋଲାପ	:	ଆଜ୍ଞା ଚାକିରୀ ..ଚାକିରୀ
ବିକାଶ	:	(ଉତ୍ତେଜିତ ହୋଇ) ମାନେ ତୁମେ ମଦ ବୋତଲର ଲାଞ୍ଚ ଦେବାକୁ ଆସିଚ?
ଗୋଲାପ	:	ନାଇଁ ଆଜ୍ଞା ଭେଟି-
ବିକାଶ	:	(ତା ଛାତିକୁ ଧରି) କିଏ ପଠେଇଚି ତମକୁ ଏଠି?
ଗୋଲାପ	:	ବାବୁ ଚାକିରୀ-
ବିକାଶ	:	କିଏ ପଠେଇଚି-ସତ କୁହ ନଚେତ୍ କାଲିର ଆଲୁଅ ଦେଖିବନି।
ଗୋଲପ	:	ସତ କହିବି ....ମତେ ଛାଡ଼ି ଦିଅନ୍ତୁ....ରାଜେଶବାବୁ...
ବିକାଶ	:	ରାଜେଶ ପଠେଇଚି ତମକୁ! ମଦ ବୋତଲ ଦେବାକୁ କହିଚି?
ଗୋଲାପ	:	ହଁ, ବାବୁ କହିଲେ କି ବଡ଼ ବଡ଼ କଥା କୁହନ୍ତି, ଚିତ୍ର ଆଂକନ୍ତି, ଆଉ ରାତିରେ ...ମାତାଲ ହୁଅନ୍ତି....ଏଇ ଆମର ନୂଆ ମାଲିକ। ମଦ ବୋତଲ ଭେଟି ଦେଇ ପାଦ ଧରିଲେ ଚାକିରୀ ଥୁଆ....
ବିକାଶ	:	ରାଜେଶ ପଠେଇଚି! ମୁଁ କିଛି କହିବା ପୂର୍ବରୁ ତୁମେ ଚାଲିଯାଅ... ତିନି ସେକେଣ୍ଡ ସମୟ ଦେଲି-
ଗୋଲାପ	:	(ବୁଝି ନ ପାରି ଅନେଇଚି)
ବିକାଶ	:	ବାହାର ଯାଅ କହୁଚି...Yes...
		[ଗୋଲପ ଭରତରରେ ସ୍କୁଲ୍ ଯାଉଛି। ସେପଟରୁ ରେଖା ଆସିଛି।]
ରେଖା	:	କାହାକୁ ପାଟି କରୁଥିଲ? କିଏ ଆସିଥିଲା?
ବିକାଶ	:	ଦୁଇଗୋଡ଼ିଆ କୁକୁର...ଓଃ କି ଅପମାନ ନ ଦେଲା ମୋତେ...
ରେଖା	:	କ'ଣ ହେଲା ମୋତେ କୁହ।
ବିକାଶ	:	ମୁଁ ଲୁଗା ବଦଳାଇ ଆସୁଚି। (ଭିତରକୁ ଗଲା)
		[ରେଖା ବକାଶର Easel ପାଖକୁ ଯାଇ ଦେଖୁଥିଲା, ମୁହଁରେ ସଲଜ୍ଜ ଆନନ୍ଦ-
		ପ୍ରବେଶ କଲା ରାଜେଶ ପ୍ରାୟ ଦଉଡ଼ିଲା ପରି]
ରାଜେଶ	:	(ରେଖାକୁ ଦେଖି) ନମସ୍କାର! ବିକାଶ କାହିଁ?

ରେଖା : ଭିତରେ ଅଛନ୍ତି । କ'ଣ ହେଲା- ତୁମେ ଏତେ ବ୍ୟସ୍ତ ଦେଖାଯାଉଚ କାହିଁକି ?

ରାଜେଶ : ସବୁ ଗୋଳମାଳ ହୋଇଗଲା ରେଖା ଦେବୀ ! Tax Department କାଲି ରାତିରେ ସବୁ କାଗଜପତ୍ର Seize କରି ନେଇଗଲେ....

ରେଖା : ଏ କ'ଣ କହୁଚ ?

ରାକେଶ : କାଲି ରାତିରେ Raid କଲେ । ବର୍ତ୍ତମାନ ତ ଚାରିଆଡ଼େ ଧରପଗଡ଼ ଚାଲିଛି - ଆମେ ଆଉ କ'ଣ କରିପାରିବା ?

ରେଖା : କ'ଣ ହେବ... ଆମର କାଗଜପତ୍ର କ'ଣ ଠିକ୍ ନାହିଁ ?

ରାଜେଶ : ଠିକ୍ ତ ନିଶ୍ଚୟ ନାହିଁ । ଗତବର୍ଷ ପର୍ଯ୍ୟନ୍ତ ସେ ସବୁ ତୁମ ବାପା ବୁଝୁଥିଲେ । କ'ଣ ସବୁ ହେଇଚି ମୁଁ ଠିକ୍ କରି ଜାଣିନାହିଁ....ମୁଁ କିନ୍ତୁ ସେଥିଲାଗି ବିଶେଷ ଚିନ୍ତିତ ନୁହେଁ... ଆଜି ସକାଳୁ ଶ୍ରମିକମାନେ ଧର୍ମଘଟ ନୋଟିସ ଦେଇଛନ୍ତି ।

ରେଖା : ଧର୍ମଘଟ ! କାହିଁକି ?

ରାଜେଶ : କାହିଁକି ଆଉ କ'ଣ-ବିଭିନ୍ନ ପ୍ରକାରର ରାଜନୀତି । ତା ଛଡ଼ା ମାଲିକକୁ ନରମ ଦେଖିଲେ ସମସ୍ତେ ଚାହିଁବେ କିଛି ଲାଭ ଉଠେଇବାକୁ । ଘରଭଡ଼ା ଦିଅ, ମହଙ୍ଗାଭତ୍ତା ଦିଅ, ବୋନସ୍ ଦିଅ ।

ରେଖା : କ'ଣ କରାଯିବ ଏବେ ?

ରାଜେଶ : ବିକାଶ କାହିଁ ?

ରେଖା : ସେ କ'ଣ କରିପାରିବେ ଏଥିରେ ?

ରାକେଶ : ସେ କରିବନି ତ କିଏ ଆଉ କରିବ ? ମୁଁ ମନା କରୁଥିଲି ସେମାନଙ୍କର ଦାବୀ ଗ୍ରହଣ କରିବାକୁ...ଏବେ ବୁଝୁ ସେ ସବୁ...ମୁଁ ପାରିବିନି ।

ରେଖା : ଅବିନାଶ ମଉସା ଆସିଚନ୍ତି ରାଜେଶ । ତୁମେ ତାଙ୍କ ସଙ୍ଗେ ଏ ବିଷୟରେ କଥାଭାଷା କର ।

ରାଜେଶ : କେଉଁ ଅବିନାଶ ?

ରେଖା : ଅନେକ ଦିନ ତଳେ ସେ ବାପାଙ୍କର ଡାହାଣ ହାତ ଥିଲେ । କିନ୍ତୁ ପ୍ରାୟ ପନ୍ଦରବର୍ଷ ତଳେ କାରଖାନା ଛାଡ଼ି ଚାଲିଯାଇଥିଲେ ।

ରାଜେଶ : ଓଃ ମୁଁ ଶୁଣିଛି ତାଙ୍କ କଥା। ମୁଁ ତ ଏ ତିନିବର୍ଷ ହେଲା ଏଠି ଅଛି - ଦେଖିନାହିଁ ବି ତାଙ୍କୁ କିନ୍ତୁ ଅନେକ ପୁରୁଣା ଶ୍ରମିକ ତାଙ୍କ କଥା କୁହନ୍ତି।

ରେଖା : ତୁମେ ତାଙ୍କର ସାହାଯ୍ୟ ନିଅ ରାଜେଶ।

ରାଜେଶ : କିନ୍ତୁ ମୁଁ ଯାହା ଶୁଣିଛି ତାଙ୍କ ଉପରେ ଅନେକଙ୍କର ଭଲ ଧାରଣା ନାହିଁ।

ରେଖା : କାହିଁକି ?

ରାଜେଶ : ମୁଁ ଠିକ୍ ଜାଣେ ନା।

(ପ୍ରବେଶ କଲା ବିକାଶ)... ବହୁତ ଖରାପ ଖବର ବିକାଶ।

ବିକାଶ : ସେ ପାଖରୁ ଶୁଣି ପାରିଚି।

ରାଜେଶ : କ'ଣ କରିବା ଏବେ ?

ବିକାଶ : ଧର୍ମଘଟ କଥା ମୁଁ ବୁଝିବି। Tax କଥା ସରକାର ଯାହା କରିବେ। କିନ୍ତୁ...(ରହି) ରେଖା ତୁମେ ଭିତରକୁ ଯାଅ। ମୋର ରାଜେଶ ସଙ୍ଗେ କିଛି ବ୍ୟକ୍ତିଗତ କଥା ଅଛି।

ରେଖା : ମୁଁ ଥିଲେ ତୁମର କ'ଣ କ୍ଷତିହେବ ?

ରାଜେଶ : କଣ କରିବା ଏବେ ?

ବିକାଶ : ସବୁ କଥାରେ ଯୁକ୍ତି କରନା। ଭିତରକୁ ଯାଅ।

[ରେଖା ତମ୍ ତମ୍ ହୋଇ ଚାଲି ଯାଇଛି।]

ଦେଖ୍ ଭାଇ। ଗୋଟିଏ ଗାଁରେ ଜନ୍ମ। କଲେଜ ଜୀବନ ପର୍ଯ୍ୟନ୍ତ ଏକାଠି ପାଠପଢ଼ା। ତା ପରେ ପୁଣି ଅଚାନକ ଭାବରେ ତୋରମୋର ଦେଖା। ପୁରୁଣା ବନ୍ଧୁ ହିସାବରେ ଗୋଟିଏ କଥା ପଚାରିବି, ସତ କହିବୁ ?

ରାଜେଶ : ଏ କି ଅଦ୍‌ଭୁତ କଥା ! ଏ ବିପଦବେଳେ ତୋ ମନରେ ପୁଣି କିଛି ପଶିଯାଇଛି ନା କ'ଣ !

ବିକାଶ : ମୋ ମୁହଁକୁ ଚାହିଁ ମୋର ଗୋଟେ ସିଧା ପ୍ରଶ୍ନର ଉତ୍ତର ଦେବୁ ?

ରାଜେଶ : (ଚାହିଁଲା) ହଁ ଦେବି।

ବିକାଶ : ଆଜି ସକାଳେ ତୁ କୌଣସି ଲୋକକୁ ମୋ ପାଖକୁ ଚାକିରୀ ଲାଗି ପଠେଇଥିଲୁ ?

ରାଜେଶ	:	ଚାକିରୀ ଲାଗି ? ତୋ ପାଖକୁ ? ତୁ ଜାଣୁ କାଲି ରାତିର Raid ପରେ ମୁଁ କିପରି ବ୍ୟସ୍ତ –
ବିକାଶ	:	ଦେଖ୍ ମତେ ମିଛ କହିବୁନି ।
ରାଜେଶ	:	(ରହି) ମୁଁ ତତେ ମିଛ କହିବି, ଏ ସନ୍ଦେହ ତୋ ମନରେ କେମିତି ଆସିଲା ରେ ? ଘଟଣା କ'ଣ ?
ବିକାଶ	:	ସକାଳେ ଜଣେ ଲୋକ ଦୁଇଟି Scotch Bottle ଧରି ଆସିଲା, ଆଉ କହିଲା କି ରାଜେଶବାବୁ ପଠାଇଛନ୍ତି ତାକୁ ଚାକିରୀ ଦେବାପାଇଁ ।
ରାଜେଶ	:	ଆଉ ତୁ ବିଶ୍ୱାସ କରିଗଲୁ ?
ବିକାଶ	:	ବିଶ୍ୱାସ କରିଥିଲେ ତତେ ପଚାରନ୍ତି କାହିଁକି ?
ରାଜେଶ	:	ଲୋକଟାର ନାଁ କ'ଣ ?
ବିକାଶ	:	କ'ଣ ଗୋଲାପ ଦାସ ନା କ'ଣ କହିଲା ।
ରାଜେଶ	:	(ଚିନ୍ତିତ ହୋଇ) ବିକାଶ... ଶ୍ରମିକମାନଙ୍କର ଏଟା କିଛି ଚାଲ୍ ନୁହେଁ ତ ?
ବିକାଶ	:	କି ଚାଲ୍ !
ରାଜେଶ	:	ସେମାନେ ଭଲକରି ଜାଣନ୍ତି ଯେ ତୁ ଆଉ ମୁଁ ବହୁତ ଦିନର ପୁରୁଣା ବନ୍ଧୁ । ହୁଏତ ଆମ ଭିତରେ ଭେଦ ସୃଷ୍ଟି କରିବା ସେମାନଙ୍କର ଉଦ୍ଦେଶ୍ୟ-
ବିକାଶ	:	କିନ୍ତୁ ସେଥିରେ ସେମାନଙ୍କର ଲାଭ କ'ଣ ?
ରାଜେଶ	:	ଏତିକି ବୁଝି ପାରୁନୁ ? ଆମେ ଯଦି କଳି କରୁ, ମତେ ସେମାନେ ତାଙ୍କ ଦଳକୁ ଟାଣି ନେବା ସହଜ ହେବ । ବା ତା ଯଦି ନ ହୁଏ ମତେ ବାହାର କରି ଦେବାଟା ବି ସହଜ ହେବ...
ବିକାଶ	:	ବୁଝିଲି ।
ରାଜେଶ	:	ମୋ ମନରେ କିନ୍ତୁ ତୁ ବହୁତ ଦୁଃଖ ଦେଲୁ ରେ । ଏତେ ସହଜରେ ତୁ ମତେ ସନ୍ଦେହ କଲୁ ?
ବିକାଶ	:	(ହାତ ଧରି) ସନ୍ଦେହ କରିନି । ଖୋଲା ଖୋଲି ପଚାରିଲି କାରଣ ମୋ ମନରେ ଅନେକ ଦୁଶ୍ଚିନ୍ତା ପଶିଲା । ତୁ ମତେ ଭୁଲ୍ ବୁଝନା ।
ରାଜେଶ	:	ଆମକୁ ଏଥର ବେଶି ସତର୍କ ରହିବାକୁ ହେବ ।
ବିକାଶ	:	ସେମାନେ ଧର୍ମଘଟ ଆରମ୍ଭ କରିଛନ୍ତି ?

ରାଜେଶ	:	ହଁ, ଆଜି ସକାଳ ଛ'ଟାରୁ।
ବିକାଶ	:	କାଗଜପତ୍ର ସରକାର ନେଇଛନ୍ତି। ଧର୍ମଘଟ ଆରମ୍ଭ ହେଇଛି। ବିପଦ ତା'ହେଲେ ଘନେଇ ଆସିଲା। ଠିକ୍ ଅଛି... ରାଜେ. ମୁଁ ସେମାନଙ୍କର ନେତାମାନଙ୍କ ସହିତ କଥା ହେବାକୁ ଚାହେଁ।
ରାଜେଶ	:	କିଛି ଲାଭ ହେବନି। ତା'ଛଡ଼ା ସେମାନେ ଉତ୍ୟକ୍ତ ହୋଇ କିଛି କରିପାରନ୍ତି।
ବିକାଶ	:	ତଥାପି ମୁଁ ସେମାନଙ୍କ ସହିତ କଥା ହେବାକୁ ଚାହେଁ।... ଏକା।
ରାଜେଶ	:	ଆଚ୍ଛା, ମୁଁ ଚେଷ୍ଟା କରିବି ତାଙ୍କ ନେତାକୁ ପଠାଇବାକୁ।

(ପଛରୁ ଶୁଣାଗଲା)

ଆମର ଦାବୀ ପୂରଣ ହେଉ

ସର୍ବହରାର ଜୟ-

(ଆସ୍ତେ ବଢ଼ିଲା)

କୁଲି ମକୁରିଆ ଭୋକିଲା ପେଟରେ

ଜଳୁଛି ନିଆଁ

ଧ୍ୱଂସ ହେବ ରେ ଶୋଷଣର ସବୁ

ଚିମ୍‌ନି ଧୂଆଁ।

[ଶୋଭାଯାତ୍ରା ପଛପଟେ ଚାଲିଗଲା...]

ରାଜେଶ	:	ଶୁଣିଲୁ ତ! ମୁଁ ଯାଉଚି। ମୋର ଅନେକ କାମ ଅଛି।
ବିକାଶ	:	କିନ୍ତୁ ସେମାନଙ୍କର ନେତାକୁ ପଠେଇବୁ।
ରାଜେଶ	:	ମୁଁ ପଠେଇବି କଣ! ସେମାନେ ହୁଏତ ନିଜେ ଆସିବେ ତୋ ସାଙ୍ଗେ କଥା ହେବାକୁ। ସେମାନେ ଯଦି ଆସଚନ୍ତି, ମତେ ଡକାଇବୁ।
ବିକାଶ	:	ନା, ମୁଁ ଏକା କଥା ହେବି।
ରାଜେଶ	:	ମୁଁ ଆସୁଚି ତେବେ। (ଯାଇଛି)

[ଆସିଛନ୍ତି ରେଖା ଓ ଅବିନାଶ।]

ଅବିନାଶ	:	ଗୋଟେ କଥା କହିବି ବାବା-
ବିକାଶ	:	କୁହନ୍ତୁ।
ଅବିନାଶ	:	ଚାରୋଟି ଦିନ ଅପେକ୍ଷା କଲେ ଏ ଧର୍ମଘଟ ଭାଙ୍ଗିଯିବ।
ବିକାଶ	:	କେମିତି ?

ଅବିନାଶ	:	ପେଟ ପୋଡ଼ିଗଲେ ମନ ଆପେ ଆପେ ଥଣ୍ଡା ହୋଇଯିବ।
ବିକାଶ	:	ମୁଁ ତା ଚାହେଁନା। ମଣିଷ ଯସୀ ଉପାୟହୀନ ହୋଇ ଶରଣ ପଶେ, ସେ ନିଜକୁ ଘୃଣା କରିବ। ଆଉ ନିଜ ଆଖିରେ ଯେଉଁ ମଣିଷ ଘୃଣ୍ୟ, ତା'ର ବଞ୍ଚିବା ମରିବା ସମାନ। ମୁଁ ଚାହେଁ ସେମାନେ ମଣିଷପରି ବଞ୍ଚନ୍ତୁ।
ଅବିନାଶ	:	ସାହିତ୍ୟର ପୃଷ୍ଠା ଜୀବନ ନୁହେଁ ବାବା ! ଧନୀ ଗରିବ ନ ରହିଲେ ମଧ୍ୟ, ଯା' ମୁଣ୍ଡରେ ବେଶି ବୁଦ୍ଧି ସେ ଶାସନ କରିବ ଅଧାପାଠୁଆ ବା ପାଠୁଆ ମୂର୍ଖକୁ। ତା ଛଡ଼ା... ଏ ଦୁନିଆରେ ମଣିଷ ପରି ବଞ୍ଚିବାର ଅର୍ଥ କଷ୍ଟ ପାଇବା।
ବିକାଶ	:	ଜାଣେ। ତଥାପି କଷ୍ଟକୁ ସ୍ୱୀକାର କରି ବଞ୍ଚିବାକୁ ହେବ। ମୁଁ ବୁଝିପାରୁନି କାରଖାନାରେ କାମ କରି କ'ଣ ସେମାନେ ନିଜର ଦାବୀ ବାଢ଼ି ପାରନ୍ତେନି ? ତାଲା ପକାଇ ରାସ୍ତାରେ ବୁଲିଲେ ଦେଶର କ୍ଷତି କଥା କ'ଣ ସେମାନେ ଚିନ୍ତା କରିପାରୁନାହାନ୍ତି ?
ଅବିନାଶ	:	ମୁଁ ସବୁବେଳେ ସେୟା ଚାହିଁଥିଲି। ମୁଁ ଯେତେବେଳେ ମେନେଜର ଥିଲି, ମୁଁ ବି ଚାହିଁଥିଲି ମଣିଷର ସ୍ୱାଭାବିକ ଅଧିକାର ପା'ନ୍ତୁ ସବୁ କୁଲି ମୂଲିଆ ..କିନ୍ତୁ ଜାଣ ବାବା, ଦିନେ ମୁଁ ଏ ସହର ଛାଡ଼ି ଚାଲିଯିବାକୁ ବାଧ୍ୟ ହୋଇଥିଲି।
ବିକାଶ	:	କାହିଁକି ?
ଅବିନାଶ	:	(ରେଖାକୁ) କିଛି ଖରାପ ଭାବିବୁନି ମା... ଶ୍ରମିକମାନେ ଯେତେବେଳେ ଦେଖିଲେ ଯେ ମୋ କଥା ସବୁବେଳେ କାମ କରୁଚି, ସେମାନେ ଚାହିଁଲେ ମାଲିକ ଆଉ ମେନେଜର ଭିତରେ ଗୋଳମାଳ କରେଇବାକୁ....ଆଉ କ'ଣ କଲେ ଜାଣ ? ପ୍ରଚାର କଲେ ଯେ ମାଲିକର ସ୍ତ୍ରୀ ଆଉ ମୋ ଭିତରେ ସମ୍ପର୍କ ରହିଛି...
ରେଖା	:	ମଉସା !
ଅବିନାଶ	:	ହଁ ମା। ତୁ ତ ଛୁଆ ଥିଲୁ। ଯେଉଁ ଚିନ୍ତାରେ ତୋ ମା ମଲେ ଦୁଇବର୍ଷ ପରେ ଏବଂ ମୁଁ ଚାଲିଗଲି ଦୁଆର ଦୁଆର ବୁଲି ବଞ୍ଚିବାକୁ। ...ସେଇଥିଲାଗି କହୁଚି ବିକାଶ, ମୁହାଁମୁହିଁ ଯୁଦ୍ଧରେ ତାଙ୍କୁ ତୁମେ ପାରିବନି।

ବିକାଶ	:	ଆପଣ ତେବେ କ'ଣ କହୁଛନ୍ତି ?
ଅବିନାଶ	:	ତୁମର ଯଦି ଆପତ୍ତି ନ ଥାଏ ମୁଁ କୁଲିବସ୍ତିକୁ ଯିବି । ମୋର ଅନେକ ପୁରୁଣା ଲୋକ ବି ଅଛନ୍ତି । ତାଙ୍କୁ ନେଇ ମୁଁ କିଛି ବନ୍ଦୋବସ୍ତ କରିବି ।
ବିକାଶ	:	ଆପଣଙ୍କ ଯିବାରେ ମୋର କିଛି କହିବାର ନାହିଁ - କିନ୍ତୁ ଗୋଟିଏ ଅନୁରୋଧ । ସେମାନଙ୍କ ଭିତରେ ଫଟାଫଟି ନ କରି, ଦଳ ସୃଷ୍ଟି ନ କରି, ସେମାନଙ୍କୁ ବୁଝେଇବାର ଚେଷ୍ଟା କରନ୍ତୁ ।
ଅବିନାଶ	:	ଆଚ୍ଛା ମୁଁ ଯାଉଚି । କିନ୍ତୁ ତୁମେସବୁ ସତର୍କ ରହ । ଫେରି ଆସିଲେ ଅନ୍ୟ କଥା ।
		[ବାହାରକୁ ଗଲେ]
ରେଖା	:	(ବିକାଶ ଚାଲିଗଲାବେଳେ) ଶୁଣ !
ବିକାଶ	:	କ'ଣ ?
ରେଖା	:	ସର୍ବଭାରତୀୟ ଚିତ୍ର ପ୍ରତିଯୋଗିତାର ଶେଷ ତାରିଖ କେବେ ଜାଣିଛ ?
ବିକାଶ	:	କାହିଁକି ?
ରେଖା	:	ତୁମେ କଣ କିଛି ଦେବ ନାହିଁ ? ଏଥର ଏଇଠି ହେଉଚି । କାଲି ଦେଲେ ମଧ୍ୟ ଚଳିବ ।....Principal ଆଜି ସକାଳୁ ଫୋନ୍ କରିଥିଲେ ।...
ବିକାଶ	:	ଆଚ୍ଛା ଦେଖିବା । (ଭିତରକୁ ଗଲା)
		(ଅନ୍ଧାର)

[ବିକାଶ ଠିଆ ହୋଇଛି Easel ପାଖରେ ହାତରେ ତୂଳିନେଇ । ରେଖା ଆସିଲା ।]

ରେଖା	:	କିଏ ତୁମକୁ ଦେଖା କରିବାକୁ ଚାହାଁନ୍ତି-ସ୍ୱାମୀ-ସ୍ତ୍ରୀ ହେବେ ବୋଧେ ।
ବିକାଶ	:	ଏଇ ଖବର ତୁମେ ଚାକର ହାତରେ ପଠେଇ ପାରିଥାନ୍ତ । ନିଜେ କାହିଁକି ଆସିଲ ଏତେ କଷ୍ଟକରି -

ରେଖା	:	ଚାକର ଡାକିଲେ ତୁମକୁ ଖରାପ ଲାଗେ। ସେଇଥିପାଇଁ... ଆଉ ମୋ କଷ୍ଟ ତୁମକୁ କୋଉଦିନ ବାଧିବା ଆରମ୍ଭ କଲାଣି !
ବିକାଶ	:	ଓଃ... କହିଦିଅ ମୁଁ ଦେଖା କରିବିନି।
ରେଖା	:	ମୁଁ ଚେଷ୍ଟା କରିଥିଲି ସେଇକଥା କହିବାକୁ। କିନ୍ତୁ ସେମାନେ ଅତି ଭଦ୍ର ଜଣା ପଡୁଛନ୍ତି। Drawing Roomକୁ ଆସିବ ନା –
ବିକାଶ	:	ନା ସେମାନେ ଏଇଠିକୁ ଆସନ୍ତୁ।
		[ରେଖା ଯାଇଛି। ଭିତରପଟୁ ପ୍ରବେଶ କରିଛନ୍ତି ଜଣେ ପ୍ରାୟ ୪୦ ବର୍ଷର ସୌଖୀନ ଭଦ୍ରଲୋକ ଏବଂ ପଛରେ ପୂର୍ବରୁ ସୁଧାପରି ଦେଖାଯାଉଥିବା ଜଣେ ଭଦ୍ରମହିଳା। ବିକାଶ ସୁଧାକୁ ଦେଖି ଚମକି ପଡ଼ିଛି। ଅପଲକ ଆଖିରେ ଦେଖିଛି।]
ବିକାଶ	:	ସୁଧା !! (ଭଦ୍ରଲୋକ ଆଶ୍ଚର୍ଯ୍ୟ ହୋଇଛନ୍ତି ଏବଂ ଭଦ୍ରମହିଳା ମଧ୍ୟ ଚିହ୍ନି ନ ପାରିଲା ପରି ଚାହିଁଛନ୍ତି)
ଆଲୋକ	:	Excuse me ! ମୁଁ ଆଲୋକ ମହାପାତ୍ର ଆଉ ସେ ମୋ ସ୍ତ୍ରୀ ଅରୁଣା।
		(ନମସ୍କାର ପରେ)
ବିକାଶ	:	ବସନ୍ତୁ। (ତଥାପି ସୁଧାକୁ ଚାହୁଁଥାଏ) ତମେ... Sorry ଆପଣ ...ସୁଧା ନୁହଁନ୍ତି !
ସୁଧା	:	ନା...ଆପଣ ବୋଧେ Confuse କରୁଛନ୍ତି......ସୁଧା କିଏ ?
ବିକାଶ	:	I am sorry..... ଛାଡ଼ନ୍ତୁ। ହଁ ମୋ ପାଖେ କିଛି କାମ ଥିଲା ?
ଆଲୋକ	:	ହଁ ଆପଣଙ୍କ ପାଖେ ମୋର ଗୋଟେ ଜରୁରୀ କଥା ଅଛି।
ବିକାଶ	:	କୁହନ୍ତୁ।
ଆଲୋକ	:	ଶୁଣିଲି ଆପଣ ଖୁବ୍ ବିପଦରେ ପଡ଼ିଚନ୍ତି।
ବିକାଶ	:	ମତେ କ'ଣ ସେଇଆ ଶୁଣେଇବାକୁ ଆପଣ ସସ୍ତ୍ରୀକ ଆସିଛନ୍ତି !
ଆଲୋକ	:	(ହସି) ନା, ନା। ମୁଁ ବି ବ୍ୟବସାୟୀ। ଏସବୁ କାମ ଲାଗି ମୋର ପ୍ରାୟ ସମୟ ନାହିଁ। ..କାଲି ରାତିରେ Tax Department ଆପଣଙ୍କର ସବୁ କାଗଜପତ୍ର Seize କରିଛନ୍ତି।
ବିକାଶ	:	ହଁ।
ଆଲୋକ	:	ସେ ବିଷୟରେ ଆପଣ କ'ଣ କରୁଛନ୍ତି ?

ବିକାଶ	:	ସେଥିରେ ମୋର କ'ଣ କରିବାର ଅଛି ? କାଗଜପତ୍ରରେ ଯଦି କିଛି ଭୁଲ୍ ଥାଏ ତେବେ ସରକାର ତାଙ୍କର ପ୍ରାପ୍ୟ ନେବେ।
ଆଲୋକ	:	(ହସିଚି) ଦେଖୁଚି, ଆପଣଙ୍କ ନିଜ ବ୍ୟବସାୟ ଉପରେ କୌଣସି ଧାରଣା ନାହିଁ।
ବିକାଶ	:	ସତରେ ମୋର ଧାରଣା ନାହିଁ। ଗତବର୍ଷ ପର୍ଯ୍ୟନ୍ତ ମୋ ଶ୍ୱଶୁର ସବୁକଥା ବୁଝୁଥିଲେ। ତାଙ୍କର ହଠାତ୍ ମୃତ୍ୟୁପରେ ଅଚାନକ ମୋ ଉପରେ ସମସ୍ତ ଦାୟିତ୍ୱ ପଡ଼ିଛି...
ଆଲୋକ	:	ସବୁ ଜାଣେ, ତା' ବୋଲି କ'ଣ ଆପଣ କାରଖାନା ସମ୍ପର୍କରେ କୌଣସି ଖବର ନେବେ ନାହିଁ ?
ବିକାଶ	:	ସେ ସବୁ କଥା ମୋର ବନ୍ଧୁ ରାଜେଶ ବୁଝୁଛି।
ଆଲୋକ	:	ତା' ବି ଜାଣେ। କିନ୍ତୁ ବର୍ତ୍ତମାନ ଅବସ୍ଥାରେ ସେ କିଛି କରିପାରିବେ ନାହିଁ।
ବିକାଶ	:	ଆପଣ କ'ଣ କହିବାକୁ ଚାହାନ୍ତି ?
ଆଲୋକ	:	ବୁଝିପାରୁ ନାହାନ୍ତି ? ଆପଣଙ୍କ କାରଖାନା ହୁଏତ ନିଲାମ ହୋଇ ଯାଇପାରେ।
ବିକାଶ	:	(ସନ୍ଦେହରେ ଚାହିଁଚି) କେମିତି ଜାଣିଲେ ?
ଆଲୋକ	:	ଜାଣିବାଟା ବିଶେଷ କିଛି କଷ୍ଟ ନୁହେଁ। Tax Departmentରେ ମୋର ଅନେକ ଲୋକ ଅଛନ୍ତି।
ବିକାଶ	:	କିନ୍ତୁ, ନିଲାମ କାହିଁକି ହେବ ?
ଆଲୋକ	:	(ସୁଧାକୁ ଚାହିଁ) କହିବାକୁ ପଡ଼ିବ ଦେଖୁଚି। ...ଶୁଣନ୍ତୁ ତା ହେଲେ। ଆପଣଙ୍କ କାରଖାନା ଗତ ଦଶବର୍ଷ ଭିତରେ ଯେଉଁ ପରିମାଣରେ ଲାଭ କରିଛି, ସେ ଅନୁପାତରେ ଆପଣ Tax ଦେଇ ନାହାନ୍ତି। ବହୁତ ଦିନରୁ Departmentର ଆଖି ଥିଲା। ଆପଣଙ୍କ ଶ୍ୱଶୁର ବୋଧେ କିଛି ଅନ୍ୟ ବନ୍ଦୋବସ୍ତ କରି ଚାଲିଥିଲେ। ଏଥର କିନ୍ତୁ କେହି ରଖି ପାରି ନଥାନ୍ତେ। ହଁ, ଯେଉଁ ନୂଆ Assessment ହେବ ତା' ବୋଧେ ଆପଣ ଦେଇ ପାରିବେନି।
ବିକାଶ	:	କେତେ ହେବ ?
ଆଲୋକ	:	ଷାଠିଏ ଲକ୍ଷ।
ବିକାଶ	:	ଷାଠିଏ ଲକ୍ଷ !

ଆଲୋକ : ହଁ, ଆଉ ମୁଁ ଜାଣେ ଆପଣଙ୍କ ପାଖରେ ସେ ରକମର ଟଙ୍କା ନାହିଁ। ତେଣୁ -

ବିକାଶ : କାରଖାନା ନିଲାମ ହୋଇଯିବ।

ଆଲୋକ : ହଁ। କିନ୍ତୁ ମୁଁ ଆପଣଙ୍କୁ ସାହାଯ୍ୟ କରିପାରେ।

ବିକାଶ : କି ପ୍ରକାର ସାହାଯ୍ୟ ?

ଆଲୋକ : ଆପଣଙ୍କ କାରଖାନା ବଂଚେଇ ଦେଇପାରେ।

ବିକାଶ : ମାନେ ?

ଆଲୋକ : ମୁଁ ଆପଣଙ୍କୁ ଷାଠିଏ ଲକ୍ଷ ଦେଇପାରେ।

ବିକାଶ : କାହିଁକି ?

ଆଲୋକ : ଆଶ୍ଚର୍ଯ୍ୟ ! ମୁଁ ଆପଣଙ୍କୁ ରକ୍ଷା କରିବାକୁ ଚାହେଁ କିନ୍ତୁ ଆପଣ ପଚାରୁଛନ୍ତି କାହିଁକି ?

ବିକାଶ : ମୁଁ ଧ୍ୱଂସ ହେଲେ ଆପଣଙ୍କର କ୍ଷତି କେଉଁଠି ? ଆପଣ କାହିଁକି ଟଙ୍କା ଦେବାକୁ ଚାହାନ୍ତି ବିଶେଷ କରି ମୁଁ ଯେତେବେଳେ ଆପଣଙ୍କୁ ଚିହ୍ନେ ନାହିଁ, କି ଆପଣଙ୍କୁ ମାଗି ନାହିଁ ?

ଆଲୋକ : ଆପଣ ପ୍ରକୃତରେ ବଡ଼ ଭୋଳା ଲୋକ। ମୋର ନିଶ୍ଚୟ କିଛି ଉଦ୍ଦେଶ୍ୟ ଅଛି।

ବିକାଶ : କ'ଣ ?

ଆଲୋକ : ମୋ ପାଖରେ ହିସାବ ବାହାରେ ବହୁତ ଟଙ୍କା ଅଛି... ମାନେ, (ହସି) ସିଧା କଥାରେ ଅନେକ କଳାଟଙ୍କା। ମୁଁ ତାକୁ ଲୁଚେଇବାକୁ ଚାହେଁ -

ବିକାଶ : ଆପଣ କି ବ୍ୟବସାୟ କରନ୍ତି ?

ଆଲୋକ : ନା, ନା ଭୁଲ୍ ବୁଝନ୍ତୁନି। ମୁଁ କଳାବଜାରୀ ବା ଚୋର ନୁହେଁ। ମୋ ସ୍ତ୍ରୀ ନାଁରେ ଗୋଟିଏ କାରଖାନା ଅଛି ଆଉ ମୋର ଗୋଟେ ବଡ଼ ମନୋହରୀ ଦୋକାନ ଅଛି। ଅବଶ୍ୟ ବ୍ୟବସାୟ ଦୃଷ୍ଟିରୁ ଅନେକ ଏପାଖ ସେପାଖ ମୁଁ କରୁଛି ଏବଂ ସେ ଟଙ୍କାଟା ମୁଁ ଆପଣଙ୍କୁ ଦେବାକୁ ଚାହେଁ।

ବିକାଶ : କ'ଣ ଦାନ ?

ଆଲୋକ : ନାଁ, ଦାନ ନୁହେଁ। ପୂରାପୂରି ବ୍ୟବସାୟ। ମୋ ସ୍ତ୍ରୀ ଚାହାନ୍ତି ଆପଣଙ୍କ କାରଖାନାଟା ଯଦି ସୁବିଧା ହୁଏ କିଣିବାକୁ...

ବିକାଶ	:	ଦେଖନ୍ତୁ–
ଆଲୋକ	:	ଅବଶ୍ୟ ଆପଣ ଯଦି ଚାହାନ୍ତି। ନଚେତ୍ 50-50 ଅଂଶୀଦାର ହେବାରେ ଆମର ଆପତ୍ତି ନାହିଁ। ଆପଣ ଆମଠୁ ଟଙ୍କା ନେଇ Tax ଦେଲାପରେ ମୁଁ ମୋ ଦୋକାନଟା ବିକି ଦେବି ଏବଂ ସେଇ ବାହାନାରେ Registration ହୋଇଯିବ। କିମ୍ବା ଆପଣ ସଂପ୍ରସାରଣ କରିବା ବାହାନାରେ ଗୋଟିଏ ଅଂଶୀଦାର ସରକାରଙ୍କୁ ଜଣେଇ ଦେଇପାରନ୍ତି।
ବିକାଶ	:	(ଦଣ୍ଡେ ନୀରବ ରହିଛି)
ସୁଧା	:	କ'ଣ ଭାବୁଛନ୍ତି ?
ବିକାଶ	:	ଏଁ... (ରହି) କାରଖାନା ମୋର ନୁହେଁ। କାରଖାନା ରଖିବାକୁ ଚେଷ୍ଟା କରିବି ମୋ ସ୍ତ୍ରୀ ଲାଗି। କିନ୍ତୁ ଯଦି ଅସାଧୁ ଉପାର୍ଜନରେ ଏ କାରଖାନା ଗଢ଼ି ଉଠିଚି, ତେବେ ତା'ର ଧ୍ୱଂସରେ ମୁଁ ଦୁଃଖ କରିବିନି।
ଆଲୋକ	:	ମୋ କଥାର କ'ଣ ବିଚାର କରୁଛନ୍ତି ?
ବିକାଶ	:	ଆପଣଙ୍କ କଥା ଗ୍ରହଣ କରିପାରୁନି, କାରଣ ଆପଣଙ୍କ ଉଦ୍ଦେଶ୍ୟ ଭଲ ନୁହେଁ।
ଆଲୋକ	:	ଠିକ୍ ଅଛି। କିନ୍ତୁ କାଲି ଯେତେବେଳେ କାରଖାନା ନିଲାମ ହେବ, ସେତେବେଳେ ତ ମୁଁ ନିଲାମ ଧରିପାରେ –
ବିକାଶ	:	ଆପଣ କ'ଣ ଧମକ ଦେବାକୁ ଚାହାନ୍ତି ? କାରଖାନା ନିଲାମ ହେଲେ କିମ୍ବା ସମସ୍ତ ସମ୍ପତ୍ତି ଚାଲିଗଲେ ମୁଁ ଟିଳେ ହେଲେ ବିଚଳିତ ହେବିନି। ଯେଉଁ ସମ୍ପତ୍ତିର ମୂଳଦୁଆ ଅନ୍ୟାୟ ଉପରେ ଗଢ଼ି ଉଠିଛି ତାର ପତନ ମୁଁ ବରଂ ସ୍ୱାଗତ କରିବି।
ସୁଧା	:	ଏ କ'ଣ ଆପଣଙ୍କର ଶେଷ କଥା ?
ବିକାଶ	:	ହଁ।
ଆଲୋକ	:	ପରେ ପସ୍ତେଇବେ।
ବିକାଶ	:	ଆପଣଙ୍କୁ ଲୁହ ଦେଖାଇବାକୁ ଯିବିନି। ମୁଁ ଥିଲି Art କଲେଜରେ ଅଧ୍ୟାପକ– ଭଡ଼ାଘରେ ରହିବା ମୋର ଅଭ୍ୟାସ। ଏ ବର୍ଷକର ଅହେତୁକୀ ସମ୍ପଦ ଭିତରେ ଅଭ୍ୟାସଟା ବଦଳି ଯାଇନି – ଆପଣ ଯାଇପାରନ୍ତି।

ଆଲୋକ : ମନେ ରଖିବେ। ମୋ ଦ୍ୱାର ସବୁବେଳେ ଖୋଲା। ଯଦି ଆପଣଙ୍କ ମତ ବଦଳେ, ମୋତେ ଖବର ଦେବେ।

ବିକାଶ : ଧନ୍ୟବାଦ। ସେ ପ୍ରକାର ମତିଭ୍ରମ ହେବନି ବୋଲି ମୋର ବିଶ୍ୱାସ।

[ସେମାନେ ଚାଲିଗଲେ-ବିକାଶ ସୁଧାକୁ ଚାହିଁ ରହିଲା- ଦୂରରୁ ଶୁଭିଲା ଶ୍ରମିକମାନଙ୍କର କୋଳାହଳ ଏବଂ ସ୍ଲୋଗାନ]

ଶ୍ରମିକ ବନ୍ଧୁ କୁଲି ମଜୁରିଆ

ଏକ୍ ହୁଅରେ ଏକ୍ ହୁଅ

ପୁଞ୍ଜିପତରେ ଦିନ ସରିଲାଣି

ଶୁଖିବରେ ଆମ ରକ୍ତ ଲୁହ।

ଆମର ଦାବୀ

ମଣିଷର ଅଧିକାର

ଆମର ଦାବୀ

ବଂଚିବାର ଅଧିକାର

[ବ୍ୟସ୍ତ ହୋଇ ପ୍ରବେଶ କଲା ରେଖା]

ରେଖା : ସେମାନେ ଆମର ଘର ଭିତରେ ପଶିଲେଣି ବିକାଶ.... ପୋଲିସ୍‌କୁ ଫୋନ୍ କର।

ବିକାଶ : ଭୟ କରିବାର କିଛି ନାହିଁ। ଆସନ୍ତୁ ସେମାନେ।

[ବାହାରେ କୋଳାହଳ। ଘର ଭିତରକୁ ପଶି ଆସିଲେ ଦୁଇ ଚାରିଜଣ]

ସମସ୍ତେ : ଆମେ ମାଲଶକ ସାଙ୍ଗେ କଥା ହେବାକୁ ଚାହୁଁ...

ବିକାଶ : କଥା ହେବା ଲାଗି ମୁଁ ପ୍ରସ୍ତୁତ। କିନ୍ତୁ ସମସ୍ତଙ୍କ ସଙ୍ଗେ ନୁହେଁ। ତୁମର ପ୍ରତିନିଧି କିଏ ?

ଅନ୍ୟମାନେ : (ଗୁଣୁଗୁଣୁ ହେଲେ) - ଆମର ନେତା ଶଙ୍କର ବାବୁ।

ବିକାଶ : ବେଶ୍ ତାଙ୍କୁ ଛାଡ଼ି ଅନ୍ୟମାନେ ଚାଲିଯା'ନ୍ତୁ।

ଅନ୍ୟମାନେ : ଆମେ ଯିବୁନି। ଆମେ ସବୁକଥା ଶୁଣିବୁ।

ବିକାଶ : ତା'ହେଲେ କୌଣସି କଥାଭାଷା ହୋଇପାରିବ ନାହିଁ।

ଅନ୍ୟମାନେ : ଅଲବତ୍ ହେବ। ନଇଲେ ଆମେ ନିଆଁ ଲଗେଇ ଦେବୁ।

ବିକାଶ : ଲଗାଅ ନିଆଁ - ପେଟ୍ରୋଲ ଦରକାର ନା ଦିଆସିଲି ଚଳିବ ?

ଶଙ୍କର : ଭାଇମାନେ ! ତୁମେ ସବୁ ଯାଅ, ମୋ ଉପରେ ଭରସା ରଖ।

ଅନ୍ୟମାନେ : ଆମେ ଗେଟ୍ ପାଖରେ ଅପେକ୍ଷା କରିବୁ।

ବିକାଶ : ନା, ଗେଟ୍ ବାହାରେ।

ଶଙ୍କର : ଆଚ୍ଛା, ଯାଅ ତୁମେ ସବୁ (ଅନ୍ୟମାନେ Slogan ଦେଇ ବାହାରିଗଲେ।
ଆମର ଦାବୀ ପୂରଣ ହେଉ।
ଶଙ୍କର ଭାଇ ଜିନ୍ଦାବାଦ୍ ..)

ବିକାଶ : କାଲିର କଥାବାର୍ତ୍ତା ପରେ ତୁମର ଆଉ କିଛି କହିବାର ଅଛି ?

ଶଙ୍କର : ହଁ, ଅଛି।

ବିକାଶ : ବସ।

ଶଙ୍କର : ମୁଁ ଠିଆହୋଇ କହି ପାରିବି।

ବିକାଶ : ତୁମ ଇଚ୍ଛା, କୁହ କ'ଣ ତୁମର ଦାବୀ।

ଶଙ୍କର : ଆମେ ଚାହୁଁ ମଣିଷପରି ବଂଚିବାର ଅଧିକାର।

ବିକାଶ : ସେଥିରୁ ତୁମକୁ କିଏ ବଂଚିତ କରୁଛି ?

ଶଙ୍କର : ଆପଣ। ଆଉ ଆପଣଙ୍କ ପରି ପୁଞ୍ଜିପତି।

ବିକାଶ : ସୁନ୍ଦର କହୁଚ। କ'ଣ ନାଟକ ଫାଟକ କର କି ?

ଶଙ୍କର : ଆପଣ କଥା ଆଡ଼େଇ ଦେବାକୁ ବସିଛନ୍ତି। ଫାଲ୍‌ତୁ କଥା କହିବାକୁ ମୋର ସମୟ ନାହିଁ।

ବିକାଶ : ମୋର ବି ନାହିଁ। କିନ୍ତୁ ତୁମେ ନାଟକର ସଂଳାପ କହିଲା ପରି ଲାଗିଲା। ସିଧା କଥା କୁହ, ତୁମେ କ'ଣ ଚାହଁ।

ଶଙ୍କର : ଆମେ ଚାହୁଁ ରହିବା ପାଇଁ ଘର, ମହଙ୍ଗା ଭତ୍ତା, ଆଉ ଅଧିକା ମଜୁରୀ...

ବିକାଶ : ବାସ୍....ଏ ଗୁଡ଼ାକ ତ ମୁଁ ଶୁଣି ସାରିଛି ଏବଂ ତା ଲାଗି ସମସ୍ତ ବନ୍ଦୋବସ୍ତ କରି ସାରିଚି।

ଶଙ୍କର : ଆମେ ସେଥିରେ ସନ୍ତୁଷ୍ଟ ନୋହୁଁ। ଆପଣ ଜାଣନ୍ତି, ଭୋକିଲା ପେଟର ଦାଉ ? ଜାଣନ୍ତି ଆପଣ ଶୀତ କାକରରେ ଆମେ କେମିତି ଥରୁ ? ଜାଣନ୍ତି ଆପଣ ବର୍ଷା ହେଲେ ଆମ ଚାଳ କେମିତି ଚାଲୁଣୀ ପରି ହୁଏ ? ...କେମିଷ ଜାଣିବେ ? ଆପଣଙ୍କ କୁକୁର ମଧ୍ୟ ଆମଠୁ ଭଲରେ ରୁହେ।

ବିକାଶ : ହଁ କୁହ, ରହିଗଲ କାହିଁକି ? ଆମ ଲୁହ ସବୁଠୁ ବେଶି ଲୁଣିଆ- ଆମ ଝାଳ ଟୋପା ବରକୋଳି ପରି-

ଶଙ୍କର : ଆପଣ ମୋ ସାଙ୍ଗେ ଧର୍ମଘଟ ସଂପର୍କରେ କଥା ହେବେ ନା ମତେ ଥଟ୍ଟା କରିବେ ?

ବିକାଶ : ତୁମେ ମତେ ଥଟ୍ଟା କରିବା ଲାଗି ବାଧ୍ୟ କରୁଚ। ତୁମେ ଯାହା କହିଲ ପ୍ରତ୍ୟେକ ଯୁଗରେ, ପ୍ରତ୍ୟେକ ଦେଶରେ ଗରିବ ଲୋକ ସେହି କଥା କହି ଆସିଛି। ସେଥିରେ ନୂଆ କ'ଣ ଅଛି ?

ଶଙ୍କର : ଭୋକଟା ନିହାତି ପୁରୁଣା ବାବୁ - ଖରା, ବର୍ଷା, ଶୀତ, କାକର ବହୁତ ଦିନରୁ ଆମକୁ ମାରୁଛି। ନୂଆ କଥା ଆମେ କ'ଣ କହିବୁ ?

ବିକାଶ : ଏକଥା କହିବ ଯେ ଆମ ଦେଶରେ ଶତକଡ଼ା ସତୁରୀ ଗରିବ ଖଟିଖିଆ। ଆମକୁ କଠିନ ପରିଶ୍ରମ କରି ଉତ୍ପାଦନ ବଢ଼େଇବାକୁ ହେବ ଏବଂ ଉତ୍ପାଦନ ବଢ଼ିଲା ପରେ ଆମେ ଅଧିକା ମଜୁରୀ ନେବୁ, ଆସ୍ତେ ଆସ୍ତେ ଉପରକୁ ଯିବୁ।

ଶଙ୍କର : ଖାଇପିଇ ବଞ୍ଚିଲେ ସିନା ପରିଶ୍ରମ କରିବୁ - ବଜାରରେ ତ ଚାଉଳ ମିଳୁନି - ସବୁ ଜିନିଷର ଦାମ୍ ଅଧିକା।

ବିକାଶ : ସେଇଥିଲାଗି ତ ମୁଁ କହିଲି ସବୁ ଜିନିଷ ତୁମକୁ ଶସ୍ତା ଦରରେ ଯୋଗେଇ ଦିଆଯିବ। ତୁମେ ସେଥିରେ ରାଜି ନୁହଁ କାହିଁକି ?

ଶଙ୍କର : ନା, ଆମକୁ ଅଧିକା ଟଙ୍କା ଦରକାର।

ବିକାଶ : ଟଙ୍କା କ'ଣ ଝୋଳ କରିବ ? ଟଙ୍କା ବଦଳରେ ତୁମେ ଦରକାରୀ ଜିନିଷ କାହିଁକି ନ ନେବ ?

ଶଙ୍କର : ଆମକୁ ଟଙ୍କା ଦିଅନ୍ତୁ। ଆମେ ଆମର ଜିନିଷ କିଣିବୁ।

ବିକାଶ : କହିବି, ତୁମେ କାଇଁକି ଟଙ୍କା ଚାହଁ ? ଟଙ୍କା ନେଲେ ତୁମେ ଆଉ ଟିକେ ବେଶି ମଦ ଖାଇବ। ବେଶି ଗଞ୍ଜେଇ ଟାଣି ଖଞ୍ଜଣି ମାଡ଼ କରିବ ରାତିସାରା। ସକାଳୁ ଭଙ୍ଗାଦେହରେ ଯାଇ କାରଖାନାର ଲୁହା ମେସିନ୍ ପାଖେ ଦାନ୍ତ ଦେଖେଇ ଠିଆହେବ। ଦିନସାରା ବେଶି ବେଶି ବିଡ଼ି ଟାଣି କାଶିବ। ଆଉ ଥରେ କହି ଦେଉଛି ଶୁଣ - ଶୀତଲୁଗା ମଶାରୀଠୁ ଆରମ୍ଭ କରି କିରାସିନି ପର୍ଯ୍ୟନ୍ତ ମୁଁ ତୁମକୁ ଶସ୍ତା ଦରରେ ଯୋଗେଇ ଦେବି କିନ୍ତୁ ଟଙ୍କା ଆକାରରେ ମୁଁ ତୁମକୁ କିଛି ଦେବିନି।

ଶଙ୍କର : ଆମେ ତାହେଲେ ହରତାଳ କରିବୁ। ଅନଶନ କରିବୁ। କାରଖାନାରେ ତାଲା ପକାଇଦେବୁ।

ବିକାଶ : କର। ସେଇଆ ହିଁ ଶିଖିଚ ତମେ ସବୁ। ଗୋଟେ ହାତ ଯଦି କଟିଯାଇଛି, ଆରହାତଟା ବ୍ୟବହାର ନ କରି ତୁମେ କାଟି ଦେବାକୁ ଚାହଁ। ଅନ୍ୟର ଭରାଥାଳିକୁ ଅନେଇ ତମେ ଚିତ୍କାର କରିବା ଜାଣ। କିନ୍ତୁ ଥାଳ କେମିତି ଭରିବ ତା' ଲାଗି ଚେଷ୍ଟା ନାହିଁ। ଯେଉଁ କାରଖାନା ତୁମ ପେଟକୁ ଦାନା ଯୋଗାଏ, ଦେଶର ଉତ୍ପାଦନ ବଢ଼ାଏ, ଅର୍ଥନୀତିକୁ ସବଳ କରେ, ତାକୁ ବନ୍ଦ କଲେ ତମ ଅବସ୍ଥା ବଦଳି ଯିବନି ବରଂ ବେଶି ଖରାପ ହେବ।

ଶଙ୍କର : ଆଉ ଅଧିକା କ'ଣ ଖରାପ ହେବ- ଏବେ ତ ଛାତ ନାଇଁ କି ଭାତ ନାଇଁ। ହେଇ ହେଇ ପ୍ରାଣଟା ଚାଲିଯିବ। କିନ୍ତୁ ତା ପୂର୍ବରୁ ଆମେ ଆପଣଙ୍କୁ ବି ଛାଡ଼ିବୁନି।

ବିକାଶ : ବାଃ ସୁନ୍ଦର ଯୁକ୍ତି ! ଆଗାମୀ ଇତିହାସ ଯେତେବେଳେ ଲେଖାହେବ ଲୋକେ ପଢ଼ିବେ ଆଉ ଗୋଟିଏ ଯଦୁବଂଶର ଇତିହାସ। ଭୋକନିଶାରେ ଗୋଟିଏ ଦେଶ ଧ୍ୱଂସ କରିଥିଲା ନିଜକୁ, ଭାତକୁ ଆଉ ଭାତହାଣ୍ଡିକୁ। ମାରିଦେବା, ଜାଳିଦେବା ଛଡ଼ା ଅନ୍ୟ ଶବ୍ଦ ତୁମ ଅଭିଧାନରେ ନାହିଁ ? ତୁମେ କ'ଣ ଭାବ ଧମକ ଦେଇ ମୋ ମୁଣ୍ଡ ନୁଆଁଇବ ?

ଶଙ୍କର : ଆପଣମାନେ ଆମକୁ ଆଉ କିଛି ଶିଖେଇ ନାହାନ୍ତି। ଟିକିଏ କଥାରେ କହନ୍ତି- ଚାକିରି ଚାଲିଯିବ। କାରଖାନା ବନ୍ଦ ହୋଇଯିବ। ଆମେ ଆଉ କୋଉ ଭାଷା କହିବୁ ?

ବିକାଶ : ମନରେ ଏତେ ଘୃଣା କାହିଁକି ପୂରେଇଛ ଶଙ୍କର ? ଆମକୁ ଏତେ ଅଲଗା କାହିଁକି ଭାବୁଛ ? ତୁମେ ଆଉ ମୁଁ, ମୁଣ୍ଡ ଆଉ ଦେହ ପରି କେହି କାହାକୁ ଛାଡ଼ି ବଂଚି ପାରେ ନା। ଆସ- ହାତ ବଢ଼ାଅ। ଦୁହେଁ ମିଶି ପରିଶ୍ରମ କରିବା, ତାପରେ ଦେଖିବ କ'ଣ ହେବ।

ଶଙ୍କର : ଆପଣ ପ୍ରାସାଦରେ ରହି କାର୍‌ରେ ବୁଲିବେ ଆଉ ଆମେ ଗଛତଳେ ଖାଲିପେଟରେ ରହିବୁ- ଏଥିରେ ଆମ ଭିତରେ ସହଯୋଗ କେମିତି ହେବ ?

ବିକାଶ	:	ହଁ, ମୁଁ ପ୍ରାସାଦରେ ରହିବି, ଭଲ ଖାଇବି, କାର୍‌ରେ ବୁଲିବି, କାରଣ ମୁଁ ମାନସିକ ପରିଶ୍ରମ କରେ, ଯୋଜନା କରେ, ତୁମପାଇଁ ନିଜପାଇଁ, ଦେଶପାଇଁ ଚିନ୍ତା କରେ। ତୁମେ କାହିଁକି ଭାବ ଯେ ମୁଁ ବି କୁଡ଼ିଆରେ ରହିଲେ ସବୁ ଠିକ୍ ହୋଇଯିବ? ଏକଥା କାହିଁକି ଭାବୁନ ଯେ ତୁମ ଗଛତଳ ଦିନେ କୁଡ଼ିଆ ହଉ, କୁଡ଼ିଆ ହଉ ଖପରଲି ଘର, ତାପରେ ଗଢ଼ିଉଠୁ ପ୍ରାସାଦ। ମୁଁ କଥା ଦେଉଛି, ସମସ୍ତଙ୍କ ଲାଗି ଘର କରିଦେବି। ଭଡ଼ାନେଇ ଲାଭପାଇଁ ନୁହେଁ। ସେ ଘର ହେବ ତୁମର, ତୁମେ ଭଡ଼ାପାରି କିସ୍ତିଦେଇ ସେ ଘର କିଣିନେବ।
ଶଙ୍କର	:	ଏମିତି କଥା କହି ଆପଣ ଆମକୁ ଠକି ଦେବାକୁ ବସିଛନ୍ତି।
ବିକାଶ	:	କଥାରେ ଯଦି ତୁମେ ଠକିଯାଅ, ତାହେଲେ ତୁମକୁ ଠକିବା ବଡ଼ ସହଜ।
ଶଙ୍କର	:	କେତେ ମାଲିକ୍ ଏମିତି କହିଲେଣି, ହାତୀ ଦେବୁ ଘୋଡ଼ା ଦବୁ। କିଏ କ'ଣ ଦେଇଛି? ଆପଣ କହୁଛନ୍ତି ଆମକୁ ଘର ଦେବେ- ଆମେ ବଞ୍ଚିଥିଲା ଭିତରେ ପାଇବୁ ତ?
ବିକାଶ	:	ଛ' ମାସରେ ପାଇବ।
ଶଙ୍କର	:	ଆମକୁ ଟଙ୍କା ଦେଉନାହାନ୍ତି ଆମେ ନିଜେତିଆରି କରିବୁ?
ବିକାଶ	:	ତୁମ ହାତକୁ ଟଙ୍କା ଦେବି ନାହିଁ। କାରଣ ତୁମେ ଦେହର ଭାଷା ଛଡ଼ା ଅନ୍ୟ କଥା ବୁଝନା - ଏବଂ ହାତରେ ଟଙ୍କା ପଡ଼ିଲେ ଦେହର ଭାଷା ଛନ୍ଦହରା ହୁଏ।
ଶଙ୍କର	:	ଆପଣ ତେବେ ଆମର କୌଣସି ଦାବୀ ପୂରଣ କରିବେ ନାହିଁ?
ବିକାଶ	:	ତୁମର ଦାବୀ କ'ଣ ତୁମେ ନିଜେ ଜାଣନା।
ଶଙ୍କର	:	ଆପଣ ଯୁଦ୍ଧ ଚାହାନ୍ତି? ଆମେ ଲଢ଼େଇ ପାଇଁ ପ୍ରସ୍ତୁତ। ଆମ କଥାଭାଷା ବିଫଳ ହେଲା। ମୁଁ ଆସୁଚି।
ବିକାଶ	:	ଶୁଣ!
ଶଙ୍କର	:	(ଅଟକି) କ'ଣ?
ବିକାଶ	:	ଲଢ଼େଇ କ'ଣ ଜାଣ? କାହା ବିରୁଦ୍ଧରେ ତୁମର ଲଢ଼େଇ? ଆରେ ଲଢ଼େଇ କରିବ ତ ଭୋକ ବିରୁଦ୍ଧରେ କର, ଦାରିଦ୍ର୍ୟ

		ବିରୁଦ୍ଧରେ କର। ଆମ ଭିତରେ ଲଢ଼େଇ ଶୋଭା ପାଏନା; କାରଣ ଏଥିରେ କ୍ଷତି ଉଭୟଙ୍କର।
ଶଙ୍କର	:	ଆମେ ମଲାବେଳେ କାହାର ଲାଭକ୍ଷତିରେ ଆମର ଯାଏ ଆସେ ନାହିଁ।
ବିକାଶ	:	କାରଣ, ତୁମେ ବଂଚିଛ କେବଳ ନିଜପାଇଁ - ବା ଅତି ବେଶିରେ ନିଜ ପରିବାର ପାଇଁ। କେବେ ଜାଣିବାକୁ ଚାହିଁଚ, ତୁମ କାମଦ୍ୱାରା ଦେଶ ଓ ଜାତିର ଲାଭ ହୁଏ କି କ୍ଷତି ହୁଏ?
ଶଙ୍କର	:	ଦେଶ, ଜାତି ଆମକୁ ଟେକ ଧରି ନାହାଁନ୍ତି। ଆମ ପୁଅ ଝିଅ ନଙ୍ଗଳା ହୋଇ ବୁଲିଲାବେଳେ ଦେଶ ଆମର କ'ଣ କରେ?... ସଂଗ୍ରାମ ଲାଗି ଆମେ ତିଆର ଅଛୁ। ନମସ୍କାର।
		[ରେଖା ବିକାଶ ପାଖକୁ ଆସି କରୁଣଭାବେ ଚାହିଁଛି। ଦୂରରୁ ଶୁଣାଗଲା ପୁଣି ସେଇ Slogan।
		ବିକାଶ ତୂଳି ନେଇ ଚିତ୍ର ଆଙ୍କୁଚି... ଖଟ୍ ଖଟ୍ ଶବ୍ଦ - ବିକାଶ କବାଟ ଖୋଲିଛି ଏବଂ ପ୍ରବେଶ କରିଛି ସୁଧା।]
ବିକାଶ	:	ସୁଧା... ନା ଅରୁଣା? କିଏ ତୁମେ?
ସୁଧା	:	ସୁଧା।
ବିକାଶ	:	ତେବେ ସଂଧ୍ୟାବେଳର ଅଭିନୟଟା କାହିଁକି କଲ?
ସୁଧା	:	ଆଉ କ'ଣ କହିଥା'ନ୍ତି- ହଁ, ମୁଁ ସୁଧା, ବିକାଶ ଚୌଧୁରୀର ପୂର୍ବତନ ପ୍ରେମିକା? ମୋ ମୁଣ୍ଡରେ ସିନା ତୁମେ ସିନ୍ଦୂର ଲଗେଇ ପାରିଲନି-ହେଲେ ସିନ୍ଦୂରଟା ତ ଲାଗିଛି!
ବିକାଶ	:	ଆଉ ଆଜି ରାତିରେ ଅନ୍ଧାରରେ ସିନ୍ଦୂର କଳା ପଡ଼ି ଯିବନି ତ?
ସୁଧା	:	ନା ସେ ଭୟ ନାହିଁ। ରଙ୍ଗଟା ଖୁବ୍ ଗାଢ଼ା।
ବିକାଶ	:	(ପାଖକୁ ଯାଇ) କିଛି ବଦଳିନି ଦେଖୁଚି- ସେଇ ଆଖି, ସେଇ ଅଭିମାନ-
ସୁଧା	:	କିଛି ବଦଳେନି ବିକାଶ - ଖାଲି କୋକେଇ ସଜାହେଲେ ବଦଳେ ଲୁଗାପଟା - (ସାମାନ୍ୟ ଘୂରି) ବେଶ୍ ଖୁସିରେ ଅଛ ଦେଖୁଚି-କାରଖାନା ନିଲାମ ହେବା ଉପରେ - ସ୍ତ୍ରୀ Wheel Chairରେ-ଆଉ କ'ଣ ସବୁ ଆଙ୍କିଚ? ବର୍ଷେ ହେଲା ତୁମର କୌଣସି ଚିତ୍ର କେଉଁଠି ଦେଖି ନାହିଁ -

ବିକାଶ	:	ତୁମେ କ'ଣ ଜାଣି ନ ଥିଲ ଏହା ହେବ ବୋଲି ?
ସୁଧା	:	(ନୀରବ)
ବିକାଶ	:	ଚୁପ୍ ରହିଲ ଯେ !
ସୁଧା	:	ନା... ଭାବୁଚି....
ବିକାଶ	:	କ'ଣ ?
		[ଆଲୋକ ନୀଳ ହେଲା, ସାମାନ୍ୟ ମଳିନ ମଧ୍ୟ ଏବଂ ପଛରୁ Tape recorderରୁ ଆସିଲା ।
ସୁଧା	:	ମୁଁ ଆଉ ଦୌଡ଼ି ପାରିବିନି ବାଲିରେ...
ବିକାଶ	:	ଠିକ୍ ଅଛି, ମୁଁ ତୁମକୁ ଟେକିନେବି ।
		[ସୁଧାର ଖିଲ୍ ଖିଲ୍ ହସ ।]
ସୁଧା	:	ମତେ ଏମିତି ସବୁବେଳେ ଟେକି ଧରିବ ନା ! ମୁଁ ଚାଲିଲେ ମତେ ଲାଗେ ଏ ମାଟି ଗୋଡ଼ି ମୋତେ କଥା କହୁଛନ୍ତି ।
ବିକାଶ	:	ତୁମ ପାଦ ତଳେ ଚାଲିବାକୁ ହେଇନି ସୁଧା... ମଲାପର୍ଯ୍ୟନ୍ତ ମୁଁ ତୁମକୁ ଟେକିନେଇ ଚାଲିପାରିବି...
ସୁଧା	:	(ହସିଚି ଖିଲ୍ ଖିଲ୍ ହୋଇ) ଏତେ ଗର୍ବ କର ନା ବିକାଶ- ଦେଇ ପାରିବ ମୋ ପାଦରେ ଅଳତା, ହତାଶିଆ ବନପକ୍ଷୀ ମୁଖେ ଦି'ପଦ କବିତା ପାରିବ ?
ବିକାଶ	:	ମୋ ରକ୍ତରେ ତୁମ ପାଦ ମୁଁ ରଙ୍ଗୀନ୍ କରିଦେବି ସୁଧା –
ସୁଧା	:	(ହସିଚି) ତୁମ ରକ୍ତରେ ରଙ୍ଗୀନ୍ ପାଦକୁ ମୁଁ କେଉଁଠି ରଖିବି ବିକାଶ ! ମାଟିକୁ ଛୁଇଁବା ମନା ଆକାଶ ତ ଅପହଂଚ ପବନ ତ ସହିବନି ମୋ ପାଦର ସୂର୍ଯ୍ୟଶିଖା ଅନ୍ଧାର ତ ପୋଛିନେବ ସବୁ । ତେବେ – ନିଆଁ କିଛି ଦିଅ ମତେ ନାଲିଦାଗ ହଜିବନି ନାଲିଆ ଶିଖାରେ-
ବିକାଶ	:	ଚୁପ୍ କର । ତୁମ ପାଦକୁ ଛାତିରେ ଯାକି ମୁଁ ଚାଲିବି...

ସୁଧା	:	ମୋ ପାଦଭାର ତୁମ ଛାତି ସହିବ ତ !.....
		(ପୁଣି ହସିଚି ଖିଲ୍ ଖିଲ୍ ହୋଇ)
		[ଆଲୁଅ ସ୍ୱାଭାବିକ ହେଲା।
		ସୁଧା ବିକାଶକୁ ଚାହିଁ ଜୋର୍‌ରେ ହସିଲା - ବିକାଶ ବି ହସିଲା]
ବିକାଶ	:	କ'ଣ ଭାବୁଚ ?
ସୁଧା	:	ଏଇ... ମଣିଷଟା କେଡ଼େ ବୋକା ସତେ ! ଯାହା କହେ ତା' କରିପାରେ ନା। ଯା' ଚାହେଁ ତା' ପାଏନା; କିନ୍ତୁ ପାଇବାର ବିଶ୍ୱାସ ନ ହରେଇ ଦଉଡ଼ୁ ଥାଏ- ଦଉଡ଼ୁ ଥାଏ - ଦଉଡ଼ୁ ଥାଏ... (ହସିଲା)
ବିକାଶ	:	(ସୁଧାକୁ ଧରି) ବର୍ତ୍ତମାନ ଦଉଡ଼ି ପାରିବି ମୋ ସାଙ୍ଗେ ? ଏ ଢିମା ପଥର ରାସ୍ତାରେ ମୁଁ ଏକା ପାରୁନି ସୁଧା !
ସୁଧା	:	ହୋସ୍‌ରେ ଆସ ବିକାଶ। ମୁଁ ବି ମୁହୂର୍ତ୍ତକ ଲାଗି ହଜି ଯାଇଥିଲି। ...ହଁ, ମୋର ଗୋଟେ କଥା ରଖିବ ?
ବିକାଶ	:	କି କଥା ?
ସୁଧା	:	ମୋ ସ୍ୱାମୀଙ୍କ ସାହାଯ୍ୟ ତୁମେ ଗ୍ରହଣ କର।
ବିକାଶ	:	ମୁଁ କାହାରିଠୁ ସାହାଯ୍ୟ ନେବା ଚାହେଁ ନା।
ସୁଧା	:	ସବୁବେଳେ ଜିଦ୍ କରନି। ସବୁ ସମ୍ପତ୍ତି ଚାଲିଗଲେ ପଙ୍ଗୁ ସ୍ତ୍ରୀକୁ ନେଇ ତୁମେ କ'ଣ କରିବ ?
ବିକାଶ	:	ସମ୍ପତ୍ତି ଚାଲିଗଲେ ମୋ ଆଖିରୁ ମିଛର ପରଦା ଉଭେଇ ଯିବ। ସେତେବେଳେ ରେଖାର ଚଉକି ଠେଲି ମୁଁ ଚାଲି ପାରିବି ରାସ୍ତାରେ। ଦରକାର ପଡ଼ିଲେ କୁଲି କାମ କରି ତା ମୁହଁରେ ଆହାର ଦେବି।
ସୁଧା	:	କିନ୍ତୁ ତୁମର କି ଅଧିକାର ଅଛି ରେଖାର ଭାଗ୍ୟକୁ ଖିନ୍‌ଭିନ୍ କରି ଫିଙ୍ଗି ଦେବାକୁ ?
ବିକାଶ	:	ଅଧିକାର କିଏ ଦେଲା ଜାଣିନି। ଭାଗ୍ୟ କିଏ ଖିନ୍‌ଭିନ୍ କରେ ତା' ବି ବୁଝେନି। ଯଦି ଭଗବାନ କରୁଛନ୍ତି- ଆକାଶକୁ ଚାହିଁ ଅଭିଶାପ ଦେବା ମଧ୍ୟ ମୁଁ ଚାହେଁନା। ଧ୍ୱଂସ ଯଦି ବିକାଶ ଚୌଧୁରୀର ଭାଗ୍ୟ, ସେ ତାକୁ ଗ୍ରହଣ କରି ପାରିବ। ଯନ୍ତ୍ରଣା ଯଦି ମୋ

		ଜୀବନର ଏକମାତ୍ର ପର୍ବ, ମୁଁ ତାକୁ ପାଳନ କରିବି ମନର ସମସ୍ତ ଏକାଗ୍ରତା ଦେଇ-
ସୁଧା	:	ଜୀବନଟା ଏମିତି ନଷ୍ଟ କରିବା ଅପେକ୍ଷା ସଜାଡ଼ି ନେଲେ ତୁମର ପୌରୁଷ ରହିବ ବିକାଶ !
ବିକାଶ	:	ପୌରୁଷ ! କି ପୌରୁଷ ସୁଧା ! ମୁଁ ଯାହା କହେ କେହି ବୁଝେନା। ନିଜ ଘରେ ନିଜର ତତଲା ନିଃଶ୍ୱାସରେ ମୁଁ ଜଳେ। କୁଲି ବସ୍ତିରେ ଶୁଭେ "ବିକାଶ ଚୌଧୁରୀ ମୁର୍ଦ୍ଦାବାଦ" - ଭଦ୍ର ସମାଜ କହେ ବିକାଶ ଚୌଧୁରୀ ଶେଷ ହୋଇଗଲା। - ଆକାଶ ବି ଗମ୍ଭୀର। ଆଉ ମୋର ତାରା ସବୁ କୁଆଡ଼େ ହଜି ଯାଇଛନ୍ତି ସେ ଭରାମୁହଁ ଭିତରେ। କିନ୍ତୁ ମୁଁ ଚାଲିବି ସୁଧା- ଏକା ଚାଲିବି ଯେଉଁ ପର୍ଯ୍ୟନ୍ତ ନିଃଶ୍ୱାସ ଚାଲିଛି।
ସୁଧା	:	ମୁଁ ଯଦି ହାତ ବଢ଼ାଏ, ମୋ ହାତ ଧରିବନି ?
ବିକାଶ	:	ତୁମ ହାତ ତ ବହୁତ ଦୂରରେ। ଦିଗନ୍ତ ସେପାରି ସମୁଦ୍ରରେ ଭାସୁଥିବା ବୋଇତର ପାଲପରି - ନା ସୁଧା, ତୁମେ ବରଂ ଖୁସିରେ ରହ। ଦୂରୁ ତୁମ ହସ ଶୁଣି ମୁଁ ବେଶ୍ ବଞ୍ଚି ପାରିବି। ଆମ ଦୁହିଁଙ୍କ ଭିତରୁ କିଏ ହେଲେ ଜଣେ ତ ଭଲ ରହିବା ଉଚିତ - ମୁଁ ଦୁଃଖ ସହି ପାରିବି ସୁଧା। ତୁମର ବି ଯଦି କିଛି ଦୁଃଖ ଅଛି ମତେ ଦିଅ। ମୋ କାନ୍ଧରେ ବହୁତ ବଳ। ଦୁଃଖ ଯେତେ ବଢ଼ିବ, ମୋ ବେକଟା ସେତେ ସିଧା ହେବ।
ସୁଧା	:	(କାନ୍ଦିଛି) ସବୁଦିନ ତୁମେ ଅବୁଝା। ମୋ ଛୋଟ କଥା ଶୁଣ। ତୁମେ ଟଙ୍କା ନେଇ Tax ଦେଇଦିଅ।
ବିକାଶ	:	ତୁମଠୁ କାଇଁକି ଟଙ୍କା ନେବି ସୁଧା ? ବିକାଶକୁ ବଂଚେଇଛି କହିବାର ଗର୍ବ ମୁଁ କାହାକୁ ଦେବିନି।
ସୁଧା	:	ହଉ। ତୁମ ଇଚ୍ଛା। ...ମୁଁ ତା'ହେଲେ ଫେରିଯିବି ? (ଘୁରିଛି) ଅନେକ କଥା କହିବି ବୋଲି ଆସିଥିଲି... ହଉ ...ହଁ ମୁଁ ଆସିଲା ପୂର୍ବରୁ ତୁମେ ଛବି ଆଙ୍କୁଥିଲ ବୋଧେ - ଦେଖିବି କ'ଣ ଆଙ୍କୁଚ !
ବିକାଶ	:	(ପ୍ରାୟ ଚମକି) ନା।
ସୁଧା	:	ସବୁ କଥାରେ ତୁମ ମନା ମୁଁ ମାନିବିନି।

(ଇଜେଲ ପାଖକୁ ଯାଇ, ଉପରର ଆବରଣ ଟେକି ଦେଖିଛି ଏବଂ ଚିକ୍‌ରାର କରିଛି। Canvasରେ ଦେଖାଯାଇଛି Wheel Chairରେ ସୁଧା ବସିଥିବା ଚିତ୍ର।)

ନା, ନା, ନା - (ବିକାଶର ଛାତିରେ ଆଘାତ କରିଛି) ତୁମେ ମୋତେ ପଙ୍ଗୁ କରି ବସେଇ ପାରିବ ନାହିଁ। ମୁଁ ଉଡ଼ନ୍ତା ଚଢ଼େଇ ଥିଲି ବିକାଶ - ତୁମ ପଞ୍ଜୁରୀରେ ଯଦି ରଖି ପାରିଲନି... କାହିଁକି ବସେଇବ ମତେ ଅଥର୍ବ କରି ?

(ଦଉଡ଼ି ଯାଇ ତୂଳି ନେଇ ଚିତ୍ରରେ ସୁଧା ମୁହଁ ଉପରେ x ଚିହ୍ନ ଟାଣି ଦେଲା)

ବିକାଶ : ସୁଧା–ଏ ଆଘାତ ମୁଁ ସହି ପାରିବିନି। (ସୁଧାର ଗଳା ଧରିଛି)। I will kill you !

(କିନ୍ତୁ ହାତ ଧୀରେ ଧୀରେ ଶିଥିଳ ହୋଇଯାଇଛି।)

ସୁଧା : ଗଳା ଚିପି ମାରିବାର ସାହସ ନାହିଁ ନା - ଆସ (ବିକାଶର ହାତ ନେଇ ଗଳାରେ ରଖିଚି) ତୁମେ ମାରିଦେଲେ ବହୁତ ଖୁସି ହେବ ବିକାଶ– ଉଁ ଚୁଁ କରିବିନି– ଆସ... କାପୁରୁଷ !

ଆଚ୍ଛା, କ୍ଷମା ଦେଲି। (ଚିତ୍ର ପାଖକୁ ଯାଇ) ବର୍ତ୍ତମାନ ଠିକ୍ ଦେଖାଗଲା। ଚକଲଗା ଚଉକିରେ କିଏ ବସେ ଜାଣ ? ମଲାପକ୍ଷୀ। ...ମୁମୂର୍ଷୁ ଆକାଶର ରାହୁଗ୍ରସ୍ତ ଚନ୍ଦ୍ର। ଆସୁଚି-

(ଚାଲିଗଲା)

[ବିକାଶ ପ୍ରାୟ ମୂକ। ବସିଗଲା ହତାଶ ହୋଇ]

[ରେଖା ଆସିଛି।]

ରେଖା : କ'ଣ ହେଲା ? କିଏ ଆସିଥିଲା ?
ବିକାଶ : ସ୍ୱପ୍ନ ! କିଏ ସେ ?
ବିକାଶ : ମୋ ଦୁଃଖ ପରି ସୁନ୍ଦର। ମୋ ନିଃଶ୍ୱାସ ପରି ଚଞ୍ଚଳ।
ରେଖା : ଆଉ ମୋ ବାସ୍ତବ ପରି ନିଶ୍ଚୟ ଅଚଳ।
ବିକାଶ : (ଦୀର୍ଘଶ୍ୱାସ ନେଇ) ହଁ।
ରେଖା : ବହୁତ ରାତି ହେଲାଣି, ଶୋଇପଡ଼।
ବିକାଶ : ମତେ ନିଦ କୁଆଡୁ ଆସିବ ରେଖା ! ସେ ବି ତୁମ ଗୋଡପରି ଭାଙ୍ଗି ଯାଇଛି।

(କବାଟରେ ଖଟ୍ ଖଟ୍ ଶବ୍ଦ)

ରେଖା : ଏତେ ରାତିରେ କିଏ! ତୁମେ କବାଟ ଖୋଲନି ବିକାଶ।

ବିକାଶ : (ଉଠି) କିଛି ଭୟ ନାହିଁ- ତୁମେ ଯାଅ ବିଶ୍ରାମ କର। ମୁଁ ଦେଖେ କିଏ।

ରେଖା : ନା ମୁଁ ରହିବି ଏଠି। ମୋ ମନଟା କାହିଁକି କେମିତି କେମିତି ଲାଗୁଛି।

(ବିକାଶ କବାଟ ଖୋଲିଲା-ପ୍ରବେଶ କଲା ଶଙ୍କର)

ଶଙ୍କର : (ଧଇଁସଇଁ ହୋଇ) ଆପଣ କୁଆଡ଼େ ଚାଲଯା'ନ୍ତୁ ବାବୁ। କୁଲିମାନେ ଖୁବ୍ ରାଗିଛନ୍ତି। ଆପଣଙ୍କୁ ସେମାନେ ମାରିଦେଇ ପାରନ୍ତି।

ବିକାଶ : କ'ଣ ଡରେଇବାକୁ ଆସିଚ ନା ଧମକ ଦେବାକୁ?

ଶଙ୍କର : ମୁଁ ଅନେକ ବୁଝେଇଲି, ହେଲେ ମୂର୍ଖଗୁଡ଼ାକ ବୁଝୁ ନାହାନ୍ତି ବାବୁ!

ବିକାଶ : ଯାଅ କହିଦିଅ, ମାରିବାକୁ ଯଦି ଚାହାଁନ୍ତି ଖୋଲା ଆଲୁଅରେ ଆସି ମାରନ୍ତୁ।

ରେଖା : ସେମିତି କହନି। (ବିକାଶ ପାଖକୁ ଆସି) ଶଙ୍କର, ତୁମେ ସେମାନଙ୍କୁ ବୁଝେଇ ଦିଅ।

ଶଙ୍କର : ବାବୁ ଚାହିଁଲେ ସବୁ ଠିକ୍ ହୋଇଯିବ।

ବିକାଶ : ମୋ ପାଖରେ ଆଉ କି କାମ ଅଛି?

ଶଙ୍କର : (ପାଖକୁ ଆସି, ଧିମା ଗଳାରେ) ମୋ ଉପରେ କୁଲିମାନଙ୍କର ବହୁତ ବିଶ୍ୱାସ ଅଛି। - ହେଲେ ସେମାନେ ବିଗିଡ଼ି ଯାଇଛନ୍ତି ଟିକେ। ପୁରୁଣା ମାଲିକ ଥିଲାବେଳେ ମୁଁ ହିଁ ସବୁ ମିଳାମିଶା କରିଛି... ଆପଣ ଚାହିଁଲେ ସବୁ ଠିକ୍ ହୋଇଯିବ?

ବିକାଶ : ମାନେ?

ଶଙ୍କର : ଆପଣ ମତେ ଟଙ୍କା ୨୫ ହଜାର ଦେଇ ଦିଅନ୍ତୁ, ମୁଁ ସବୁ ତୁଟେଇ ଦେବି।

ବିକାଶ : (ଚାପଡ଼ା ମାରିଛି) ଟଙ୍କା ୨୫ ହଜାର ନେଇ ତୁମେ ନିରୀହ ମଜୁରିଆଙ୍କ ସାଙ୍ଗେ ବେଇମାନି କରିବ? ଏଇଥିଲାଗି ତୁମେ ନେତା ହୋଇଛ? ତୁମ ପରି ଆବର୍ଜନା ହିଁ ଆଜି ଭୋକିଲା ମଣିଷର ଅଧଃପତନ ଲାଗି ଦାୟୀ।

ଶଙ୍କର : ଯାର ଫଳ ଭଲ ହେବନି ବାବୁ। ଚାପଡ଼ାର ଜବାବ ଆମେ ଛୁରୀରେ ଦେବୁ।

ବିକାଶ : କିଏ କହୁଛି ଏ କଥା ? ଶଙ୍କର କହୁଛି ନା କୁଲି ମଜୁରିଆର ନେତା କହୁଛି ?

ଶଙ୍କର : ଶଙ୍କରକୁ ଆପଣ ଜାଣି ନାହାନ୍ତି। ତା ଇସାରାରେ ଦୁଇ ହଜାର ଲୋକ ଉଠ୍‌ବସ୍ କରନ୍ତି।

ବିକାଶ : ଶଙ୍କରକୁ ମୁଁ ନୁହେଁ, ସେମାନେ ବି ଜାଣି ନାହାଁନ୍ତି - କାରଣ ପେଟ ପୋଡ଼ିଗଲାବେଳେ ତୁମେ ପିଠିରେ ଛୁରୀ ମାର। (ପୁଣି ଧରିଚି) ଚାଲ ଆଜି। ମୁଁ ନିଜ ହାତରେ ତୁମ ମୁଖା ଖୋଲିଦେବି ସେମାନଙ୍କ ପାଖରେ। (ଶଙ୍କରକୁ ଠେଲି ଗଲାବେଳେ)

ରେଖା : ଏ କ'ଣ ବିକାଶ ! ତୁମେ ଯାଅନା କୁଆଡ଼େ। ଯାଅନା-

ବିକାଶ : ଚିନ୍ତା କରନି ରେଖା ! ଏମାନେ ମୋର କିଛି କରି ପାରିବେନି। ମୋ ଜୀବନ ନେବାଲାଗି ତାଙ୍କ ପାଖରେ ଅସ୍ତ୍ର ନାହିଁ।
(ଶଙ୍କରକୁ ନେଇ ଯାଇଛି)

ରେଖା : ତୁମେ ଯାଅନ ବିକାଶ-ମୋ କଥା ଶୁଣ - ଯାଅନା - ଭଗବାନ ! ମୁଁ କ'ଣ କରିବି-ମଉସା, ମଉସା !
(ଅବିନାଶ ଆସିଛନ୍ତି)

ରେଖା : ସେ ଶଙ୍କରକୁ ନେଇ କୁଲି ବସ୍ତିକୁ ଚାଲିଗଲେ ମଉସା।

ଅବିନାଶ : କୁଲି ବସ୍ତିକୁ ! କାହିଁକି ?

ରେଖା : ଶଙ୍କର ଦଲାଲ୍ ସାଜି ଆସିଥିଲା ୨୫ ହଜାର ଟଙ୍କା ନେଇ ଧର୍ମଘଟ ଭାଙ୍ଗି ଦେବାକୁ। ଏ କିନ୍ତୁ ତା କଥା ନ ଶୁଣି ତାକୁ ନେଇଗଲେ ତା'ର ଅସଲ ରୂପ କୁଲିମାନଙ୍କୁ ଦେଖାଇ ଦେବାକୁ। ତୁମେ ତାଙ୍କୁ ଫେରାଇ ଆଣ ମଉସା।

ଅବିନାଶ : ବିକାଶକୁ କ'ଣ ତୋଠୁ ମୁଁ ବେଶି ଜାଣେ ! ଯେ ତୋ କଥାରେ ଅଟକିଲାନି, ମୋ କଥାରେ କ'ଣ ଫେରିବ ? କିନ୍ତୁ ମୋର ବିଶ୍ୱାସ, ତାର କିଛି ହେବନି।

ରେଖା : ମୂର୍ଖ କୁଲିଙ୍କୁ କ'ଣ ବିଶ୍ୱାସ ମଉସା ! ଟିକିଏ କଥାରେ ଏପାଖ ସେପାଖ କରିଦେବେ। ଯାଙ୍କର ତ ସବୁବେଳେ ଏକଜିଦିଆ କଥା-ତୁମେ କିଛି କର ମଉସା !

ଅବିନାଶ	:	ଧୈର୍ଯ୍ୟ ଧର ମା। ମୁଁ ରାଜେଶକୁ ଡକାଏ- କିଛି ବନ୍ଦୋବସ୍ତ କରିବା ...(ଚିତ୍ର ଉପରେ ନଜର ପଡ଼ିଲା) ଏ ଚିତ୍ରକୁ ଏମିତି କିଏ କଲା ?
ରେଖା	:	(ପାଖକୁ ଯାଇ) ସେ ନିଜେ ବୋଧେ କରିଥିବେ। ଏ ଚିତ୍ର ଆରମ୍ଭ ହେଲାଦିନୁ ମତେ ଖଟକା ଲାଗିଥିଲା। Wheel Chairରେ ମୋ ଛଡ଼ା ଯିଏ ବସିବ ତା' ମୁହଁ ଯେତେ ସୁନ୍ଦର ହେଲେ ମଧ୍ୟ ଭୁଲ୍ -ଅମାବାସ୍ୟା ରାତିର କଳାଜହ୍ନ ପରି।
ଅବିନାଶ	:	ତଥାପି ଏ ଛବିଟା ମତେ କାହିଁକି ଭାରି ଭଲ ଲାଗୁଛି ରେ-
ରେଖା	:	ଯାକୁ ହିଁ ପଠେଇବା ମଉସା। ପ୍ରତିଯୋଗିତାର କାଲି ଶେଷ ତାରିଖ। ତୁମେ ସକାଳୁ ନେଇ Art Galleryରେ ଦେଇଦେବ।
ଅବିନାଶ	:	କିନ୍ତୁ ଯାର ତ କିଛି ନାଁ ଦିଆଯାଇନି !
ରେଖା	:	ମୁଁ ତାର ନାଁ ଦେବ କଳାଜହ୍ନ।
ଅବିନାଶ	:	ବେଶ୍ ନାଁ ଟିଏ। ଚାଲ୍, ତୁ ବିଶ୍ରାମ କରିବୁ। ମୁଁ ରାଜେଶକୁ ଖବର ଦେବି।
		(ଚିତ୍ରଟିକୁ ଉଠାଇ ନେଇ ରେଖାର ଚୌକି ଠେଲି ଚାଲିଗଲେ)
		(ଅନ୍ଧାର)
		[ଆଲୁଅ ଆସିଲା ପରେ ଦେଖାଗଲା ଅବିନାଶ ଇତସ୍ତତଃ କରୁଛନ୍ତି।]
ଅବିନାଶ	:	ଏ ଘରର ଦିନେ ଏ ଦଶା ହେବ ବୋଲି କିଏ ଜାଣିଥିଲା ? କା'ର ନଷ୍ଟ ଆତ୍ମା ଏଠି ଘୂରି ବୁଲୁଛି କେଜାଣି !
		(ପ୍ରବେଶ କଲା ସୁଧା - ବ୍ୟସ୍ତହୋଇ)
ସୁଧା	:	ବିକାଶ ବାବୁ କାହାନ୍ତି ?
ଅବିନାଶ	:	କାଲି ରାତିଠାରୁ ଆମେ କୌଣସି ଖବର ପାଇନାହୁଁ। କୁଲିବସ୍ତିକୁ ଯାଇଥିଲେ ସେ-
ସୁଧା	:	ଜାଣେ ! ସେଠି କ'ଣ ସେ ନାହାନ୍ତି ? ଆପଣ ପୋଲିସ୍‌କୁ ଖବର ଦେଇଛନ୍ତି ନାଁ ନାହିଁ ?
ଅବିନାଶ	:	ସେ ସବୁ ସରିଛି। ଆପଣ କିଏ ଜାଣିପାରେ କି ?
ସୁଧା	:	ମୋ ପରିଚୟ ଜରୁରୀ ନୁହେଁ - ଜାଣନ୍ତି ଆପଣ Factoryର ନିଲାମ ନୋଟିସ ଆସି ଯାଇଚି ?

ଅବିନାଶ : ହଁ, କୌଣସି ବିପଦ ଛାଡ଼ି ଯାଇନି।

ସୁଧା : ଆପଣ ଟିକେ ରେଖା ଦେବୀଙ୍କୁ ଡାକିବେ -

ଅବିନାଶ : ସେ ତ ନ ଖାଇ ନ ପିଇ ପଡ଼ିଛି - ତାତି ଭରି ରହିଛି ଦେହରେ।

ସୁଧା : ମୋର ନିହାତି ଦରକାର - ମିନିଟ୍‌କ ଲାଗି ମୁଁ ଦେଖା କରିବାକୁ ଚାହେଁ।

ଅବିନାଶ : ଆଚ୍ଛା ପଠେଇ ଦଉଚି।

(ସୁଧା Easelକୁ ଖାଲି ଦେଖିଛି - ମନରେ ଭାବାନ୍ତର। ରେଖା ଆସିଛି।)

ସୁଧା : କ୍ଷମା କରିବେ, ଆପଣଙ୍କୁ ବିରକ୍ତ କଲି।

ରେଖା : (ଚାହିଁ ରହିଛି) ଆପଣଙ୍କୁ ମୁଁ ଦେଖିଚି କେଉଁଠି - ହଁ ଆପଣ - (ଅଟକି ଗଲା) ବିକାଶର...

ସୁଧା : ହଁ, ମୁଁ ତାଙ୍କ ରଙ୍ଗ ତୂଳିର ନାୟିକା - କିନ୍ତୁ ଥିଲି - ବର୍ତ୍ତମାନ ମୁଁ ଶ୍ରୀମତୀ ମହାପାତ୍ର।

ରେଖା : ଭାଗ୍ୟର କି ଉପହାସ ଦେଖନ୍ତୁ! ଅତୀତ ମୂକଚିତ୍ର, ବର୍ତ୍ତମାନ ଅଥର୍ବ-ଭବିଷ୍ୟତ ବୋଧେ-

ସୁଧା : ଅନ୍ଧ। ସେଇଥିଲାଗି ମୁଁ ଆପଣଙ୍କ ପାଖକୁ ଆସିଛି। ଆପଣ ଚାହିଁଲେ ଭବିଷ୍ୟତଟା ବଂଚିଯିବ।

ରେଖା : ମୁଁ କିଛି କଲେ ଯଦି ହେବ, ତେବେ କୁହନ୍ତୁ, ମୁଁ ସବୁ କରିବାକୁ ପ୍ରସ୍ତୁତ ଅଛି।

ସୁଧା : କାରଖାନା ନିଲାମ ହେବ କାଲି ଦଶଟାରେ। କିନ୍ତୁ ଏବେ ବି ସମୟ ଅଛି - ଆପଣ ଚାହିଁଲେ ବିକାଶ ମୋଠୁ ଟଙ୍କା ଗ୍ରହଣ କରିବେ।

ରେଖା : (ମୁହଁକୁ ଚାପି ଧରିଚି)

ସୁଧା : ଦୁଃଖ କରିବାର ବେଳ ଆଉ ନାହିଁ।

ରେଖା : କାରଖାନା ଚାଲିଯିବାରେ ମୋର ଦୁଃଖ ନାହିଁ। ମୋର କ'ଣ ହେବ ଏ ସମ୍ପତ୍ତି ? ଏବଂ ସେ ମଧ୍ୟ କେବେ ସ୍ୱୀକାର କରି ନ ଥିଲେ ଏ କାରଖାନା, ଏ କୋଠାବାଡ଼ି। ସମ୍ପତ୍ତି ହରେଇବାର ଦୁଃଖ ନାହିଁ - ଦୁଃଖ ଏତିକି ଯେ ଲୋକେ ମୋ ସ୍ୱାମୀର ନିନ୍ଦା

କରିବେ। କହିବେ ଅପାରଗ - ଚଳେଇ ନ ପାରି ସବୁ ହରେଇ ଦେଲା। ମୁଁ ସେକଥା ମୋଟେ ସହି ପାରିବିନି-

ସୁଧା : ଆପଣଙ୍କର ଆଉ ମୋର ଦୁଃଖ ପ୍ରାୟ ଏକା। ତେଣୁ ଆପଣ ଚେଷ୍ଟା କରନ୍ତୁ-ମୋ ଚେଷ୍ଟା ବିଫଳ ହୋଇଛି।

ରେଖା : କିନ୍ତୁ ମୋ କଥା ସେ ରଖିବେ ବୋଲି ମୋର ବିଶ୍ୱାସ ନାହିଁ। ସେ ଯଦି କହନ୍ତି ତାଙ୍କ ସମ୍ମାନରେ ଆଞ୍ଚ ଆସିବ ମୁଁ ତାଙ୍କୁ ବାଧ କରିବି ନାହିଁ।

ସୁଧା : ସମୟ କାହାର ଜିଦ୍ ରଖିଲାନି ରେଖା - ତାଙ୍କୁ ମଧ ଟିକେ ନଇଁବାକୁ ହେବ। ...କିନ୍ତୁ ସେ ଗଲେ କୁଆଡ଼େ? ପୋଲିସ କ'ଣ କଲା ଏ ଯାକେ?

ରେଖା : କୌଣସି ଖବର ନାହିଁ।

[ଅବିନାଶ ପ୍ରବେଶ କଲେ ପ୍ରାୟ ଦୌଡ଼ି ଦୌଡ଼ି]

ଅବିନାଶ : ଶୁଣିଲୁଣି ମା - ବିକାଶ ପ୍ରତିଯୋଗିତାରେ ପ୍ରଥମ ହୋଇଛି -

ରେଖା : ଭଗବାନ! (ଖୁସିରେ ଗଦ୍ ଗଦ୍ ହେଲା।)

[ସୁଧା ମଧ ଉପରକୁ ହାତ ଟେକିଲା- ଖୁସିରେ ଆଖି ଛଳଛଳ]

ଅବିନାଶ : ମୁଁ ଯାଉଛି ରେ-ଖାଲି Phone ପରେ Phone ଆସୁଛି ବିଭିନ୍ନ ଜାଗାରୁ - ଅନେକ ଲୋକ ବିକାଶକୁ ଖୋଜୁଛନ୍ତି - ମୁଁ ଯାଉଚି Phone ପାଖେ ବସିବି।

(ଗଲେ)

ସୁଧା : ରେଖାକୁ ଆବେଗରେ ଧରିଛି) ତୁମେ କେଡ଼େ ଭାଗ୍ୟବତୀ ଭଉଣୀ! ଯେଉଁ ଗର୍ବ ଦିନେ ମୋର ହେବ ବୋଲି ମୁଁ ସ୍ୱପ୍ନ ଦେଖିଥିଲି ସେଟା ତୁମର ପ୍ରାପ୍ୟ ଥିଲା। ମୁଁ ଈର୍ଷା କରୁନାହିଁ - ଆଜି ମୁଁ ବହୁତ ଖୁସି-ବହୁତ ଖୁସି -

ରେଖା : କିନ୍ତୁ ମୋ ଭାଗ୍ୟ ଦେଖ! ସେ ଆସିଲେ ଠିଆ ହୋଇ ତାଙ୍କୁ ସ୍ୱାଗତ କରିବାର ବି ବଳ ନାହିଁ-

ସୁଧା : ଭାଗ୍ୟ ତା ନୁହେଁ ରେଖା! ମତେ ଦେଖୁନ। ଲକ୍ଷ ଲକ୍ଷ ଟଙ୍କା, ଗୋଡ଼ରେ ବହୁତ ବଳ- କିନ୍ତୁ ଜୀବନଟା ଖାଲି କୁହୁଳା ଧୂଆଁ... ଛାଡ଼। ଆଜି ଆମ ପାଇଁ ଏକ ଗର୍ବର ଦିନ, ଖୁସିରେ ନାଚିବା କଥା ଆଜି...

[ବାହାରେ ଦୂରରୁ ଟମ୍‌ଟମ୍‌ର ଶବ୍ଦ ଏବଂ ବିକାଶ ଚୌଧୁରୀଙ୍କ କାରଖାନା ନିଲାମ ହେବାର ଡାକରା- "କାଲି ଦଶଟାରେ ବିକାଶ ଚୌଧୁରୀଙ୍କ କାରଖାନା ନିଲାମ ହେବ। ଯେଉଁମାନେ ନିଲାମ ଧରିବାକୁ ଚାହାଁନ୍ତି, କାରଖାନା ପାଖକୁ କାଲି ଦଶଟାବେଳେ ଆସନ୍ତୁ....]

[ରେଖା ଏବଂ ସୁଧା ଉଭୟେ ନୀରବ। ଘର ଭିତରେ ଏକ ଭୟାବହ ଶୂନ୍ୟତା]

ରେଖା : ନା, ମୁଁ ତାଙ୍କର ଏତେବଡ଼ ଅପମାନ ସହି ପାରିବିନି-

ସୁଧା : ମୁଁ ଆସୁଚି ଭଉଣୀ! ସାରା ରାତି ମୁଁ Phone ପାଖେ ଅପେକ୍ଷା କରିବି। ଯେତେବେଳେ ଖବର ଦେବ ମୁଁ ଆସିବି। କିନ୍ତୁ କାରଖାନା ବଞ୍ଚେଇବାକୁ ହେବ।

ରେଖା : ହଁ କାରଖାନା ରହିବ। ଦରକାର ପଡ଼ିଲେ ମୁଁ ତାଙ୍କ ସହିତ ଝଗଡ଼ା କରିବି।

[ସୁଧା ଯାଉଥିଲା। ସେ ପାଖରୁ ବିକାଶ ଆସିଛି, ମୁଣ୍ଡରେ ତାର ପଟି ବନ୍ଧା ହୋଇଛି।- ସୁଧା କରୁଣ ଭାବେ ଦେଖି ଚାଲିଗଲା]

ରେଖା : କ'ଣ ହେଲା! ମୁଣ୍ଡ କେମିତି ଫାଟିଲା ?

ବିକାଶ : ନା ଫାଟିନି। ପ୍ରାୟଶ୍ଚିତର କେଇବୁନ୍ଦା ରକ୍ତ ଦେବାକୁ ପଡ଼ିଲା ଏ ନୀରକ୍ତ କାଙ୍ଗାଳମାନଙ୍କ ଲାଗି।

ରେଖା : ତୁମେ କାଲିଠୁ କିଛି ଖାଇ ନ ଥିବ- ଓଃ କେଉଁଠି ଥିଲ - କ'ଣ କଲେ ସେମାନେ। ଦୁଶ୍ଚିନ୍ତାରେ ମୋ ମନପ୍ରାଣ ଥରି ଉଠୁଥିଲା।

ବିକାଶ : କରିବେ କ'ଣ! ଯେଉଁମାନେ ପରିଶ୍ରମରେ ବିଶ୍ୱାସ ନ କରି ହାତ ପତେଇବାକୁ ଲଜ୍ଜା କରନ୍ତି ନାହିଁ-ସେଇମାନେ ହିଁ ଦିଅନ୍ତି ଆମ ମଥାରେ ବିଜୟର ଲାଲଟୀକା।

ରେଖା : (ହାତଧରି ଖୁସିରେ) ପ୍ରକୃତରେ ଆଜି ତୁମ ମଥାରେ ବିଜୟର ଟୀକା ଲାଗିଛି ବିକାଶ। ଜାଣ, ତୁମେ All India Competitionରେ First ହୋଇଚି। ମତେ ଲାଗୁଛି ମୋ ଗୋଡ଼ ପୁଣି ଯୋଡ଼ି ହୋଇ ଯାଇଚି।

ବିକାଶ : ହଁ, କିଏ ଜଣେ ତ First ହୋଇଥାନ୍ତା - ମୁଁ ହୋଇଗଲି। କିନ୍ତୁ ଚିତ୍ର ପଠେଇଲା କିଏ ? ନାଁ କ'ଣ ଦିଆହେଲା ?

ରେଖା	:	ମୁଁ ପଠେଇଥିଲି–ଆଉ ନାଁ ବି ଦେଇଥିଲି ମୁଁ।
ବିକାଶ	:	ପୁରସ୍କାରଟା ତା' ହେଲେ ତୁମର। ଯଦି କିଛି ଗୌରବ ଥାଏ, ତା' ବି ତୁମର।
ରେଖା	:	ଏତେଦିନ ପରେ ଆଜି ତୁମ ମୁହଁରୁ ପଦେ କଥା ଶୁଣିଲି। ସତେ ବିକାଶ! ପୁରସ୍କାର ଦେବ ମୋତେ!
ବିକାଶ	:	ହଁ।
ରେଖା	:	ପ୍ରତିଜ୍ଞା କର।
ବିକାଶ	:	ପ୍ରତିଜ୍ଞା କରିପାରିବିନି। ପ୍ରତିଜ୍ଞା ନ ରଖି ପାରିବାର ଗ୍ଲାନି ଅପେକ୍ଷା ତୁମକୁ କଥା ଦେଇ ନ ରଖି ପାରିବାର ଦୁଃଖ ବେଶୀ ବାଧିବ ମତେ। କୁହ – ମୁଁ ପ୍ରଥମେ ଶୁଣେ, ତୁମେ କଣ ଚାହଁ?
ରେଖା	:	ଶୁଣିବ! ....(ରହି) ମୋ କାରଖାନା ବଞ୍ଚେଇ ଦିଅ ବିକାଶ।
ବିକାଶ	:	(ଭାଙ୍ଗି ପଡ଼ିଛି) ପାରିବିନି ରେଖା!
ରେଖା	:	କେବେ କିଛି ମାଗିନି ତୁମକୁ। ଆଜି ମାଗୁଛି। ମୋ କାରଖାନା ବଞ୍ଚାଅ – ମତେ ଏତିକି ଦିଅ ବିକାଶ।
ବିକାଶ	:	କେବେ ତ କିଛି କହି ନ ଥିଲ ଆଜି ଏ କଥା କାହିଁକି କହୁଚ–ମୁଁ କାରଖାନା ରଖିପାରିବିନି; କିନ୍ତୁ ଏଥିପାଇଁ ମୁଁ ଦାୟୀ ନୁହେଁ – ଦାୟୀ ତୁମ ବାପା।
ରେଖା	:	ବାପା ଆଜି କଥା କହିବାକୁ ନାହାନ୍ତି। ଯିଏ ଦାୟୀ ହେଉ ନା କାହିଁକି – ଲୋକେ ତୁମକୁ ହିଁ ଛି' ଛି' କରିବେ। କାଗଜରେ ତୁମ ନାଁ ହିଁ ବାହାରିବ–ତୁମେ କିଛି କର।
ବିକାଶ	:	କ'ଣ କରିବି? ମୁଁ କାହାପାଖେ ହାତ ପତେଇ ପାରିବିନି। ମୁଁ କାହାର ଦୟା ଗ୍ରହଣ କରିପାରିବିନି।
ରେଖା	:	ମୋର ସବୁ ଗହଣା ନିଅ – ଏ ଘର ବିକିଦିଅ – କିନ୍ତୁ କାରଖାନା ନିଲାମ ହେବାର ଅପବାଦରୁ ରକ୍ଷାକର।
ବିକାଶ	:	କାରଖାନା ନିଲାମ ହେବା ଆଉ ଘର ବିକିବା ଏକା ଅପମାନ ରେଖା। ତା'ଛଡ଼ା ତୁମକୁ ମୁଁ କେବେ ସିନ୍ଦୂର ଟିକେ ଆଣି ଦେଇନି। ତୁମ ଗହଣା ବିକିବାର କି ଅଧିକାର ଅଛି ମୋର?
ରେଖା	:	ତୁମେ ଥିଲେ ମୋର ସବୁ ଅଛି। ତୁମର ଇଜ୍ଜତ ଗଲେ ମୁଁ ରହିପାରିବିନି।

ବିକାଶ	:	ଏ ଇଜ୍ଜତ ବୋଧେ ମିଛ ରେଖା। ଆସ, ପୁଣି ଫେରଯିବା ଆମେ ଆମ ଭଙ୍ଗା ଭଡ଼ାଘରକୁ। ତୁମ ଚୌକି ଠେଲି ମୁଁ ଚାଲିବି ନିର୍ଜନ ରାସ୍ତାରେ। ଦିଗ୍‌ବଳୟର ଅରୁଣିମା ଦେଖି ଆମେ ଖୁସି ହେବା। ଗଛର ଝରାପତ୍ରରେ ମୁଁ ରଙ୍ଗ ବୋଳିବି, ଆଉ ତୁମେ ଲେଖିବ ପତ୍ରର ଇତିହାସ।
ରେଖା	:	ନା। କାରଖାନା ବଞ୍ଚେଇ ଦିଅ। ତା'ପରେ ଆମେ ଚାଲିଯିବା।
ବିକାଶ	:	ମତେ କୌଣସି ଉପାୟ ଦେଖାଯାଉନି।
ରେଖା	:	ଉପାୟ ଅଛି। ତୁମେ ସୁଧା ପାଖକୁ ଯାଅ।
ବିକାଶ	:	ରେଖା! – ଏ କଥା ତୁମେ କହି ପାରୁଚ?
ରେଖା	:	ହଁ। ମୋ ପରି ସେ ବି ଚାହଁ ବସିଚି ତୁମର ଅପମାନ ନ ହେଉ ବୋଲି।
ବିକାଶ	:	ଓ – ମୁଁ ଆସିଲା ବେଳକୁ ସୁଧା ଏଠି ଥିଲା। ତୁମ ମୁଣ୍ଡରେ ବି ସେ ସେଇକଥା ପୂରେଇ ଦେଇଛି। ...ଆଉ ତୁମେ ଚାହଁ ମୁଁ ସୁଧା ପାଖକୁ ଯାଇ ହାତଯୋଡ଼ି କହିବି – ସୁଧା, ମୋ ଇଜ୍ଜତ ତୁମ ହାତରେ। ଷାଠିଏ ଲକ୍ଷ ଟଙ୍କାର ଭିକ୍ଷା ଦେଇ ମତେ ବଞ୍ଚେଇ ଦିଅ –
ରେଖା	:	ଭିକ୍ଷା କାହିଁକି ମାଗିବ! ତୁମେ ଭିକ ମାଗିଲେ କ'ଣ ମତେ ଭଲ ଲାଗିବ! ତୁମେ ତା'ଠୁ ରଣ ଆଣ।
ବିକାଶ	:	ତୁମେ କିଛି ଜାଣନା। ସେଦିନ ସେ ଆସିଥିଲା ତା ସ୍ୱାମୀ ସହିତ। ତା'ର ଅସଲ ଇଚ୍ଛା କାରଖାନାର ଅଂଶୀଦାର ହେବାକୁ।
ରେଖା	:	ନିଲାମ ଲାଗି ଢେଣ୍ଡୁରା ବାଜି ସାରିଲାଣି (ହାତ ଧରିଛି) ସାତପୁରୁଷର କାରଖାନା ଚାଲିଯିବ – ବିକାଶ ଚୌଧୁରୀର ମୁଣ୍ଡ ତଳକୁ ହୋଇଯିବ – ନା–ନା–ନା – ମୋ କାରଖାନା ମତେ ଦିଅ ବିକାଶ–ମୋ କାରଖାନା ମତେ ଦିଅ – (କାନ୍ଦିଛି)
ବିକାଶ	:	ଚାଲିଯାଉ – ମୁଁ ସୁଧା ପାଖରେ ମୁଣ୍ଡ ନୁଆଁଇ ପାରିବିନି ଟଙ୍କା ଲାଗି–
ରେଖା	:	ସେ କଥା କେହି ଜାଣିବେନି ବିକାଶ। ତୁମକୁ କରିବାକୁ ହିଁ ହେବ।

ବିକାଶ : ବିକାଶ ଚୌଧୁରୀ ସୁଧା ପାଖରେ ମୁଣ୍ଡ ନୁଆଁଇଲେ ଧେଣ୍ଡୁରା ବାଜିବନି- କିନ୍ତୁ ଏ ବେକାର ଜୀବନ ବଞ୍ଚେଇବା କ'ଣ ଦରକାର- ଯଦି ମତେ ସୁଧା ପାଖରେ ହାତ ପତାଇବାକୁ ହେବ ? ନା ମୁଁ ପାରିବିନି-

[କହି ଆଗେଇ ଗଲାବେଳେ ରେଖା ତା ହାତ ଛାଡ଼ିନି ଏବଂ ଟାଣିହୋଇ Chairରୁ ତଳେ ପଡ଼ିଯାଇଛି]

ରେଖା : (ତଳେ) ମୁଁ ତୁମ ପାଦ ଧରୁଛି ବିକାଶ। ମୋ ଗର୍ବକୁ ଚୂନା କରି ଦିଅନା। ତୁମର ସ୍ତ୍ରୀ ହୋଇ ଯଦି ମୁଁ ମୁଣ୍ଡ ନୁଆଁଇବି ତେବେ ବଞ୍ଚିବି କାହିଁକି ! ଲୁହ ଝରେଇବାକୁ ମୁଁ ପ୍ରସ୍ତୁତ ତୁମଲାଗି; କିନ୍ତୁ ମୁଣ୍ଡ ନୁଆଁଇବା ଲାଗି ନୁହେଁ - ଓଃ...

[ତାକୁ କଷ୍ଟ ହେଉଛି। ବିକାଶ ଟେକି ନେଇ ଚଉକିରେ ବସାଇଲା]

ବିକାଶ : ତମେ ଶାନ୍ତ ହୁଅ ରେଖା- ମୁଁ... ମୁଁ ଯିବି ତୁମ ପାଇଁ। କିନ୍ତୁ କୌଣସି ସର୍ତ୍ତ ନ ଥାଇ ଧାର ମାଗିବାକୁ।

[ଅବଶନାଶ ଆସିଲେ]

ଅବିନାଶ : କ'ଣ ହେଲା ! - ତୁମେ ଆସି ଯାଇଚ ବାବା ? ଆରେ, ମୁଣ୍ଡରେ ପଟି କାହିଁକି ? ଆସ - ବହୁତ ଲୋକ ତୁମକୁ ଅଭିନନ୍ଦନ ଜଣେଇବା ଲାଗି ଖୋଜୁଛନ୍ତି - Phoneରେ ମତେ ବ୍ୟସ୍ତ କରି ସାରିଲେଣି।

ବିକାଶ : ସମସ୍ତଙ୍କୁ ମୁଁ ଫେରିନି ବୋଲି କହନ୍ତୁ ମଉସା। ରେଖା ତଳେ ପଡ଼ିଗଲା। ତା' କଥା ଟିକିଏ ବୁଝନ୍ତୁ। ମୁଁ ଆସୁଚି।

ଅବିନାଶ : ପୁଣି କୁଆଡ଼େ ଯିବ ଏତେ ରାତିରେ ?

ବିକାଶ : ମୁଣ୍ଡ ଟେକିବା ଲାଗି, ମୁଣ୍ଡ ନୁଆଁଇବାକୁ - (ଯାଇଛି)

ଅବିନାଶ : କ'ଣ ହେଲା ମା- କ'ଣ ହେଲା ?

ରେଖା : ମୋ କାରଖାନା ରହିବ ତ ମଉସା ! ମୋ ସ୍ୱାମୀର ମୁଣ୍ଡ ନଇଁଯିବନି ତ - କୁହ... କୁହ... ଅନାଗତ ସାଥିରେ ଲୁଚକାଳି ଖେଳିବାକୁ ମୁଁ ସବୁବେଳେ ପ୍ରସ୍ତୁତ ଥିଲି। ଏବେ କିନ୍ତୁ ପରିବେଶ ରହିବ କି ନାହିଁ ଚିନ୍ତା। ମୋ ଚଉକିର ଚକ ଛିଣ୍ଡି ନ ଯାଉ-ମତେ ନେଇଚାଲ ମଉସା।

(ଅନ୍ଧାର)

[ଆଲୋକ ସ୍ତିମିତ। ମଞ୍ଚ ଖାଲି- ପ୍ରବେଶ କରିଛି ବିକାଶ ହତାଶ ଭାବେ। ଆସି ବସିଛି ଚୌକିରେ ମୂର୍ତ୍ତି ପରି। ପ୍ରବେଶ କଲା ସୁଧା]

ସୁଧା : ଅନ୍ଧାରରେ କାହିଁକି ବସିଚ ?

ବିକାଶ : ନିଜକୁ ଦେଖିବ ବୋଲି।

ସୁଧା : କାଲି ରାତିସାରା ମୁଁ ଅପେକ୍ଷା କରିଥିଲି ତୁମେ ଆସିବ ଭାବି।

ବିକାଶ : ତୁମ ଘର ବାଟ ପାଇଲିନି ସୁଧା। ଅନ୍ଧାରରେ ବୁଲିବୁଲି ରାତିର ସୀମା ଟପି ପାରିଲିନି।

ସୁଧା : ଟିକିଏ ବାଉଳା ହୋଇ ପାରିଲନି - ଅନ୍ଧାରରେ ବାଉଳା ହୋଇଥିଲେ ମୋ ଘର ସିଧା ପାଇଥାନ୍ତ। ...ତୁମକୁ ଖୋଜି ଖୋଜି ମୁଁ ଏ ସହରକୁ ଆସିଥିଲି। ତୁମ ବୁଡ଼ିଲା ବୋଇତକୁ ରକ୍ଷା କରିବି ବୋଲି ଅନେକ ଚେଷ୍ଟା କଲି- କିନ୍ତୁ ନିଜ ହାତରେ ତୁମେ କାତ ଫିଙ୍ଗି ଦେଲ।

ବିକାଶ : ତୁମେ କାଇଁକି ଭାବୁଚ ମୋର ସବୁ ବୁଡ଼ିଗଲା ବୋଲି ! କାରଖାନା ଯିବାର କଥା ଚାଲିଗଲା- ଫେରେଇ ଆଣିବାର ଚେଷ୍ଟା ବି କରିବନି। କିନ୍ତୁ ମୁଁ ରହିବି - ରେଖାକୁ ହସେଇବି। ବହୁତ ଅବହେଳା କରିଚି ତାକୁ। ରେଖା ତ ମା ହୋଇ ପାରିବନି - ମୁଁ ହେବି ତାର ପୁଅ-ସେ ହେବ ମୋର ଝୁଆ- ଦୁଇ ଛୋଟପିଲା ପରି ଆମେ ଖେଳିବୁ। ମେଘ ଦେଖିଲେ ମୁଁ ଖଟେଇ ହେବି ଆକାଶକୁ। ବର୍ଷା ହେଲେ ଦଉଡ଼ିବି ରେଖାକୁ କାନ୍ଧରେ ପକେଇ ମୟୂରୀର ନାଚ ଦେଖିବାକୁ। ଆଉ ସହର ଛକରେ ଆମେ ହସିବୁ ତୁମର ବ୍ୟସ୍ତତା ଦେଖି। ରେଖା ଗାଇବ ଆଉ ମୁଁ ତାର ଛବି ଆଙ୍କିବି। ତା ହାତକୁ ଧରି ତାକୁ ଚାଲି ଶିଖେଇବି - ସେ ନିଶ୍ଚୟ ଚାଲିବ... ତା'ପରେ ଦଉଡ଼ିବ - ଦୁହେଁ ମିଶି ଦଉଡ଼ି ଦଉଡ଼ି ଆମେ ଯିବୁ ପୃଥିବୀର ହିସାବ ଖାତାରୁ ନାଁ କାଟିଦେଇ ଅନ୍ତରୀକ୍ଷରେ ଭାସି ବୁଲିବାକୁ - ଆଉ ସେଇଠୁ ଦେଖିବୁ ଆମେ ତୁମର କମଳା-ପୃଥିବୀଟା କେମିତି ଘୂରୁଚି କୋଟି କୋଟି ଲୋକଙ୍କର ହସକାନ୍ଦକୁ ପିଠିରେ ପକେଇ-ଆଉ ଆମେ ହସିବୁ, ହସିବୁ ଭଗବାନଙ୍କ କାନ ଅତଡ଼ା ପଡ଼ିଲା ପର୍ଯ୍ୟନ୍ତ -

[ସୁଧା ବିକାଶକୁ ଧରିଛି]

ସୁଧା : ତୁମେ ଅସୁସ୍ଥ ବିକାଶ।

ବିକାଶ : କିଏ କହିଲା ମୁଁ ଅସୁସ୍ଥ ? କିଛି ମୋର ହେଇନି -

ସୁଧା : ଶୁଣ-(ଚାବି ବାହାର କରି) ମୋର କୌଣସି କଥା ତୁମେ କେବେ ରଖିନାହଁ। ଆଜି ବି ରଖିବନି ମୁଁ ଜାଣେ - ତଥାପି କହୁଛି...

ବିକାଶ : ମତେ ବରଂ କିଛି ଅନୁରୋଧ ନ କରିବାଟା ଭଲ ଜାଣିଚ ତ କିଛି କେବେ ରଖେନି-

[ଅବିନାଶ ପ୍ରବେଶ କରିଛନ୍ତି ରେଖାର ଅସାଡ଼ ଦେହକୁ ଧରି]

ଅବିନାଶ : ଆସିଗଲା ! - ତୁମକୁ ସ୍ୱାଗତ କରିବାକୁ ମଧ୍ୟ ଏ ଘରେ ଆଉ କିଛି ନାହିଁ। ଏଇ ନିଅ ଭେଟି-ରେଖାର ମଲା ଦେହର ହାର- ଅବଶ୍ୟ ଟିକିଏ ଥଣ୍ଡା ହୋଇ ଯାଇଚି। (ବିକାଶର ପାଦତଳେ ରଖିଦେଲେ। ବିକାଶ ଭାଙ୍ଗିପଡ଼ିଛି ସୁଧା ବି) କାନ୍ଦିବାକୁ ଆଜି ତୁମର ଲୁହ ଅଛି କି ନା ଜାଣେନା-ମୋ ଆଖିରେ କିନ୍ତୁ ନାହିଁ। ସେ ଶୁଖିଯାଇଛି ପନ୍ଦରବର୍ଷ ତଳୁ।

ବିକାଶ : ଏ କେମିତି ହେଲା ମଉସା !

ଅବିନାଶ : ଜାଣି ନ ଥିଲ ହେବ ବୋଲି ? ଆରେ, ସେ ମୋ ଝିଅରେ ! ଭାଙ୍ଗିଯିବା ଜାଣେ; କିନ୍ତୁ ଅପମାନ ସହି ପାରିବନି।

ବିକାଶ : ମଉସା !

ଅବିନାଶ : ସେ ସବୁ କଥାରୁ ଆଉ କିଛି ମିଳିବନି ବକାଶ। ମୋର କହିବା ଲାଗି ଧୈର୍ଯ୍ୟ ନାହିଁ, କି ବଳ ନାହିଁ କି କୌଣସି ଆବଶ୍ୟକତା ମଧ୍ୟ ନାହିଁ। ରେଖା ମୋ ଝିଅ... କିନ୍ତୁ ସେ ତ ଏବେ କାହାର ନୁହେଁ.... କାହାର ନୁହେଁ। ମୁଁ ଯାଉଚି ବାବା। ଲୋକେ ଦୁଃଖ କହି କାନ୍ଦନ୍ତି.... ମୁଁ ଦୁଃଖଟାକୁ କହି ବି ପାରିବିନି - କହିଲେ ତୁମେ ସବୁ ପଚାରିଲା ଆଖିରେ ଅନେଇବ। ...ହୁଏତ ତୁମର କିଛି ଦୋଷ ନାହିଁ- ହଉ ଆସୁଚି।

ବିକାଶ : ମଉସା !

ଅବିନାଶ : ମୋର ଆଉ ଏଠି କ'ଣ ଅଛି ବାବା ! ମୋ କାହାଣୀ ତ ସରିଲା। ଆଉ ଯାହା ବାକି ଅଛି ଆଉ କେଉଁଠି ଲେଖା ହେବ। ଏଠି ନୁହେଁ।

[ଚାଲିଗଲେ]

ବିକାଶ : (ରେଖାକୁ ଆଉଁସି ଦେଇଛି) ହଲିଲା ପାଣିରେ ମୁହଁ ଦେଖି ମୁଁ ସବୁବେଳେ ପବନକୁ ଅଭିମାନ କରିଥିଲି ରେଖା। କିନ୍ତୁ କାହିଁକି ଚାଲିଗଲ ତୁମେ? କାହିଁକି ଚାଲିଗଲ?

ସୁଧା : ଅଧୀର ହୁଅନି। ତୁମକୁ ବଞ୍ଚିବାକୁ ହେବ। ଏଇ ନିଅ କାରଖାନା ଚାବି। ତୁମରି ନାଁରେ ମୁଁ ନିଲାମ ଧରିଛି।

ବିକାଶ : (ହସିଛି) ଚାବି ମୋର କ'ଣ ହେବ? ଏ ଚାବିରେ କ'ଣ ତୁମେ ଖୋଲି ପାରିବ? ଖୋଲି ପାରିବ ରେଖାକୁ? ତା ମନର ହସ ଦେଖେଇ ପାରିବ ମତେ.. ତୁମ ପାଖରେ ଥାଉ ସୁଧା - ଯଦି ପାର ସେ ଗରିବ କୁଲିଗୁଡ଼ାଙ୍କୁ ଟିକିଏ ଭଲରେ ରଖ।

[ଯାଉଥିଲା]

ସୁଧା : ଶୁଣ- ତୁମେ ଏକା ଯାଇ ପାରିବନି। ମୁଁ ତୁମ ସଙ୍ଗେ ଯିବି।

ବିକାଶ : ତୁମେ କୁଆଡ଼େ ଯିବ ମୋ ସାଙ୍ଗେ?

ସୁଧା : ତୁମେ ଏକା ଚାଲି ପାରିବନି ବିକାଶ-ମୁଁ ବି ପାରୁନି- ମୁଖାପିନ୍ଧା ଜୀବନ ମୋତେ ଭଲ ଲାଗୁନି।

ବିକାଶ : ସେଇ ମୁଖା ପିନ୍ଧି ବଞ୍ଚ ସୁଧା। ମୁଖା ଖୋଲିଗଲେ ହୁଏ ତ ନିଜ ମୁହଁକୁ ତୁମେ ଚିହ୍ନି ପାରିବନି।

(ରେଖାକୁ କରୁଣ ଭାବେ ଦେଖିଚି - ହାତ ରଖିଚି)

ମୋର ଗୋଟେ କାମ କରିଦେବ ସୁଧା - ରେଖାର ସବୁ ଗହଣା ତାକୁ ପିନ୍ଧେଇ ଦେବ- ହଁ, ଏ ଘରଟା ତୁମେ ନିଅ ସୁଧା - ପାରିବ ଯଦି ଏଇଠି ରୁହ -

[ଯାଉଛି]

ସୁଧା : ବିକାଶ! (ହାତଧରି) ମୁଁ ଯିବି ତୁମ ସାଙ୍ଗେ--

ବିକାଶ : ତୁମେ ପାରିବନି ସୁଧା - ମୁଁ ଏକା ଚାଲିବି, ଭଗବାନଙ୍କ ଏକାଦଶ ଅବତାର ପରି। ଧ୍ୱଂସ ପରେ ରାସ୍ତାହୀନ ପାଦହୀନ ଚାଲି - ଶବ୍ଦରୁ ନିଃଶବ୍ଦକୁ - ନିଃଶବ୍ଦରୁ ମହାଶୂନ୍ୟତାକୁ...

[ଚାଲିଗଲା]

[ସୁଧା ନଇଁପଡ଼ି ମୁଣ୍ଡିଆ ମାରିଲା ବେଳେ ପରଦା]

ନାଟକ

ମଲା ଆକାଶ

ମିଶ୍ରରାଗର ଉପତ୍ୟକାର ଶେଷଦୃଶ୍ୟ ପର୍ଯ୍ୟନ୍ତ
ଅପେକ୍ଷା କରିବାର ଶପଥକୁ
ଯେ ସମ୍ମାନ କରେ
– ତା'ରି ହାତରେ

ପ୍ରଥମ ଅଭିନୟ ରଜନୀ
୧୮ ଜୁନ୍ ୧୯୭୬, ଜୟପୁର

ଅମର	:	ରାମଦାସ
ବସନ୍ତୁ	:	ଭାସ୍କରଚନ୍ଦ ପାତ୍ର
ରାଜୁବାବୁ	:	ପ୍ରମୋଦକୁମାର ଦାସ
ଅଜୟ	:	ତ୍ରିପାଠୀ
ସୁଧୀର	:	ସୀତାନାଥ ଦାସ
ବିକ୍ରମ	:	ଦାଶରଥି ମହାପାତ୍ର
ଗୌତମ	:	ବାଳକୃଷ୍ଣ ଦାସ
ଗୋପା	:	ଅସୀମା ରାୟ
ଅରୁଣା	:	ଚନ୍ଦନା ରାୟ
ବାବୁଲୁ	:	ଫୁଲକୀ
ମଞ୍ଚ ପରିଚାଳନା	:	କେଦାର ଆପ୍‌ଟ, ନୃସିଂହ ମହାପାତ୍ର, ଖଲ୍ଲୀ ପାଢ଼ୀ, ଅମ୍ବିକା ମିଶ୍ର
ଆଲୋକ ଓ ଶବ୍ଦ ଗ୍ରହଣ	:	ଓଡ଼ିଶା ସଙ୍ଗୀତ ନାଟକ ଏକାଡେମୀ
ସଙ୍ଗୀତ	:	ଅଶୋକ ପାଢ଼ୀ ଓ ଅନ୍ୟମାନେ।
ସ୍ମାରକ	:	ବଦ୍ରି ନାରାୟଣ ପାଢ଼ୀ, ଅମ୍ବିକା ମିଶ୍ର
ପ୍ରଯୋଜନା	:	ଗଞ୍ଜାମ କଳାପରିଷଦ, ବ୍ରହ୍ମପୁର
ନିର୍ଦ୍ଦେଶକ	:	ପ୍ରଫୁଲ୍ଲକୁମାର ମହାନ୍ତି

ପରଦା ଉଠିଲା ପରେ ପୂରା ଅନ୍ଧାର ଭିତରେ ପ୍ରଥମେ ଆଖିରେ ପଡ଼େ ଗୋଟିଏ ଦୋଳି, ମଞ୍ଚର ପ୍ରାୟ ମଧ୍ୟଭାଗରେ। ମଞ୍ଚର ଏକ୍‌ଦମ୍ ଶେଷ ଭାଗରେ ଅର୍ଥାତ୍ ଦୂରରେ ଥିବା ଏକ ପୁରାତନ ପ୍ରାସାଦର (ଅତି କମ୍‌ରେ ଦୁଇ ମହଲା) ଦୁଇଟି ଖଣ୍ଡେ ଝରକାରୁ ସାମାନ୍ୟ ଆଲୋକ ଦେଖାଯାଏ। ମଞ୍ଚର ବାମ କିମ୍ବା ଡାହାଣ ପାଖରେ ଏକ ପୁରୁଣା ସିମେଣ୍ଟ ବେଞ୍ଚ ଯାହାର ଅଧେ ଭାଙ୍ଗିଗଲାଣି, ଏହାଛଡ଼ା ମଞ୍ଚ ଉପରେ ଅନ୍ୟ କିଛି ଦେଖାଗଲା ପରି ଉପକରଣ ନାହିଁ।

ଦୃଶ୍ୟଟି କୌଣସି ଅତି ପୁରୁଣା ଧନୀ ପରିବାରର ପ୍ରାସାଦ ପଛପଟ ବିନଷ୍ଟ ବଗିଚାର ଭ୍ରମ ଆଣୁଛି ମନରେ। ଫୁଲ କୁଣ୍ଡ ସବୁ ଇତସ୍ତତଃ ହୋଇ ପଡ଼ିଛନ୍ତି। ଅନାବନା ଗଛ, ପ୍ରାୟ ଦରମଳା ଘାସ ଏବଂ ଅନ୍ଧାର- ଏତକ ମଞ୍ଚର ପ୍ରଥମ ସ୍ଥିତି। ତା ପରେ ସ୍ପଷ୍ଟ ହେବ ଆକାଶର କିଛି ଅଂଶ ଏବଂ ଚାରିପଟର ଖୋଲା ଜାଗା। ଦୁଇପଟରେ Wings ନ ରହିଲେ ଭଲ। ଯଦ୍ଧ ଅନ୍ୟ କୌଣସି ବନ୍ଦୋବସ୍ତ ନ ହୋଇପାରେ ରହିଲେ କ୍ଷତି ନାହିଁ।

ମୋଟ ଉପରେ ଦୃଶ୍ୟଟି ମନରେ କାରୁଣ୍ୟ କିମ୍ବା ହତାଶ ଭାବ ଆଣେ ନାହିଁ। ଏପରି ଲାଗେ ସତେ ଯେପରି ଗୋଟିଏ ବିରାଟ ଗାମ୍ଭୀର୍ଯ୍ୟପୂର୍ଣ୍ଣ ଐତିହ୍ୟ ଯତ୍ନ ଅଭାବରୁ ପ୍ରାୟ ବିନଷ୍ଟ।

ପ୍ରବେଶ କଲେ ଦୁଇ ଜଣ ଲୋକ। ଜଣେ ବେଶ୍ ଗମ୍ଭୀର ଏବଂ ଭଦ୍ର ଦେଖା ଯାଉଛନ୍ତି। ବୟସ ୩୫। ପରିଧାନ ଧୋତି ପଞ୍ଜାବୀ। ତାଙ୍କ ନାମ ଅମର। ଅନ୍ୟ ଜଣକ ପ୍ରାୟ ନିର୍ଲିପ୍ତ ମନୋଭାବର। ତାଙ୍କ ହାତରେ ଗୋଟିଏ ଛୋଟ Box ଏବଂ wire)

ଅମର : ତୁମେ ଶୀଘ୍ର କାମ ଆରମ୍ଭ କର। ଯେତେଟା Fuse ଦରକାର ଦିଅ, କିନ୍ତୁ ମୁଁ ଚାହେଁ ଗୋଟିଏ ଶବ୍ଦରେ ଏ ସମୁଦାୟ ଘର ଯେପରି ଧୂଳିସାତ୍ ହୁଏ।

ଗୌତମ	:	ବେଶି ଡେରି ହେବନି ବାବୁ। ତିଆରି କଲାବେଳେ ସିନା ସମୟ ଲାଗେ, ଭାଙ୍ଗିଲା ବେଳକୁ ଡେରି ହୁଏନା।
ଅମର	:	ଆଉ କେହି ଲୋକ ଦରକାର ନାହିଁ ?
ଗୌତମ	:	ନା। ମୋ ପାଖରେ ସବୁ ଅଛି। (Boxରୁ ଗୁଡ଼ାଏ ଜିନିଷ ବାହାର କଲା। ଅମର ଚାରିଆଡ଼େ ନଜର ପକାଇଲା।) ଗୋଟେ କଥା କହିବି ବାବୁ !
ଅମର	:	କଣ ?
ଗୌତମ	:	ଏତେ ବଡ଼ ପୁରୁଣା ଘର, ନ ଭାଙ୍ଗି ମରାମତି କଲେ କଣ ହ'ନ୍ତାନି ?
ଅମର	:	ତୁମର ସେଥିରେ ମୁଣ୍ଡ ଖେଳାଇବା ଦରକାର ନାହିଁ। ତୁମକୁ ଯାହା କୁହାଗଲା କର।
		(ଗୌତମ ତାର ପ୍ରଭୃତି ନେଇ ମଞ୍ଚ ପଛପଟକୁ ଗଲାବେଳେ)
ଗୌତମ	:	ଘର ଭାଙ୍ଗିବା ପାଇଁ ଆପଣ ଅନୁମତି ଆଣିଛନ୍ତି ତ, ନଚେତ୍ -
ଅମର	:	ସେ ସବୁ ଠିକ୍ ଅଛି। ରାତି ୯ରୁ ସକାଳ ୪ ଭିତରେ ସବୁ କାମ ଶେଷ ହେବାକୁ ପଡ଼ିବ।
ଗୌତମ	:	(ଯାଉ ଯାଉ) ଡରିବାର କିଛି ନାହିଁ ତ !
ଅମର	:	ମାନେ !
ଗୌତମ	:	ଆଜ୍ଞା ! ପୁରୁଣା ଘର କିନା.... କିଛି...
ଅମର	:	ଭୂତ ! (ହସିଲା) ନା, ନା, ଭୂତ ସବୁ ବାହାରେ ଅଛନ୍ତି ଦଶବର୍ଷ ହେଲା ଏଠି ଆଉ ଭୂତ ନାହାନ୍ତି। ହଁ ତୁମକୁ ଯଦି ଡର ଲାଗେ ଡାକିବ, ଆମେ ସବୁ ତ ସେପଟେ ଅଛୁ, ଆଉ ଯଦି ଏକାଲାଗେ ଚୌକିଦାର ବିକ୍ରମ୍ ସିଂକୁ ସାଙ୍ଗରେ ନିଅ।
		(ଗୌତମ ଗଲାପରେ ଅମର ଦୋଳି ପାଖରେ ଆସି ଠିଆହେଲା, ଚାରିଆଡ଼କୁ ଦେଖିଲା, ସତେ ଯେମିତି ତା'ର ଅନେକ କଥା ମନେ ପଡ଼ି ଯାଉଛି।
		ହାତରେ ଗୋଟିଏ ଲମ୍ବା ଟର୍ଚ୍ଚ ନେଇ ପ୍ରବେଶ କଲେ ଜଣେ ଭଦ୍ରବ୍ୟକ୍ତି। ସୌମ୍ୟ ଯୁବକ, ବୟସ ୩୫/୩୬, ତାଙ୍କ ନାମ ବସନ୍ତ। ସାମାନ୍ୟ ଅସୁସ୍ଥ ପରି ଜଣା ଯାଉଥାନ୍ତି।)
ଅମର	:	ଏତେ ଡେରି କାହିଁକି ହେଲା ?

ବସନ୍ତ	:	(ନ ବୁଝି ପାରିଲା ପରି ଚାହିଁଲା)
ଅମର	:	କଣ ହେଲା ?
ବସନ୍ତ	:	କିଛି ନାହିଁ ।
ଅମର	:	ମୁହଁ ଏମିତି ଫୁଲିଲା ପରି ଦିଶୁଛି କାହିଁକି ? (ପାଖକୁ ଯାଇ) କଣ ହେଲା କହ ।
ବସନ୍ତ	:	ନା ହୋଇନି କିଛି । ମୁଁ ଖାଲି ବୁଝି ପାରୁନି ।
ଅମର	:	କଣ ?
ବସନ୍ତ	:	ଆଜି ତୁମ ବାହାଘର ନା !
ଅମର	:	ହଁ, ଦୀର୍ଘ ଦଶ ବର୍ଷର ଅପେକ୍ଷା ଓ ପ୍ରସ୍ତୁତି ପରେ ହୁଏତ କିଛି ଉନ୍ମାଦନା କିମ୍ବା ଆନନ୍ଦ ନାହିଁ, କିନ୍ତୁ ପୁରୁଣା ଦିଗ୍‌ବଳୟରେ କିଛି ନୂଆ ରଙ୍ଗ ଲାଗିବ-ହୁଏତ ଜୀବନରେ କିଛି ପୂର୍ଣ୍ଣତାର ଆଶା ଆସିବ-
ବସନ୍ତ	:	ଆଉ ଜିଦ୍‌ଟା ବି ରହିବ ।
ଅମର	:	ଜିଦ୍ ! ... ... ହଁ ତୁମମାନଙ୍କ ମତରେ ଜିଦ୍ ଆଉ ମୋ ଜାଣିବାରେ ସତ୍ୟପ୍ରତି ସମ୍ମାନ !
ବସନ୍ତ	:	ପୃଥିବୀରେ ଆଗରୁ କେହି ଏପରି ସତ୍ୟକୁ ସମ୍ମାନ ଦେଇଥିଲା ନା ତୁମେ ପ୍ରଥମ କରିବ ? ମତେ ଲାଗୁଛି ତୁମେ ଯେପରି ପ୍ରଥମ କରି ସତ୍ୟକୁ ହାତରେ ମୁଠେଇଛ ।
ଅମର	:	(ଚାହିଁ) କଣ ମତେ ରଗେଇବାର ଚେଷ୍ଟା କରୁଛ ? ଜାଣତ ରାଗେନା କେବେ - କାରଣ ମଣିଷ ରାଗେ ଆତ୍ମବିଶ୍ୱାସ କମିଗଲେ । ମୁଁ ଆଜି ଯାହା କରିବାକୁ ଯାଉଛି ଘଟଣା-ପ୍ରବାହର ବ୍ୟତିକ୍ରମ ହୋଇପାରେ- କିନ୍ତୁ ଅନେକ ସମୟରେ ବ୍ୟତିକ୍ରମହିଁ ପରମ୍ପରାକୁ ଠିକ୍ ବାଟରେ ନିଏ ।
ବସନ୍ତ	:	ସୁନ୍ଦର ବ୍ୟତିକ୍ରମ । ପୁଅ ପଠେଇଛି ବାପକୁ ଜେଲକୁ ହତ୍ୟା ଅଭିଯୋଗରେ-
ଅମର	:	ବସନ୍ତ !
ବସନ୍ତ	:	ସତ୍ୟର ସମ୍ମାନ କରୁଛି କେବଳ । କାନକୁ ଖରାପ ଲାଗିଲା ନା କଣ ? କେତେ ଜଣ ଏମିତି ଭାଗ୍ୟବାନ୍ ବାପ ଥାନ୍ତି ପୁଅ କାନ୍ଧରେ ଟେକା ହେବା ପୂର୍ବରୁ ଜେଲର ଅନ୍ଧାରୁଆ କୋଠରୀ ଭିତରେ ସମୟର ଧୀର ଘୁମନ୍ତ ପାଦଶବ୍ଦକୁ ଗଣିଗଣି ଶିହରୀ ଉଠନ୍ତି-

ଅମର : ଆଉ କଣ ଗୋଟାଏ ନିରୀହା ସ୍ତ୍ରୀର ରକ୍ତର ଦାଗ ମୁଣ୍ଡରେ ଉପରେ ରଖି ଆମ ଆଗରେ ଘୂରିଥାନ୍ତେ। ପୁଅର ଉନ୍ନତିରେ ହସିଥାନ୍ତେ - ଝିଅର ସୌଭାଗ୍ୟରେ ଖୁସିର ପ୍ରଦର୍ଶନୀ ଖୋଲିଥାନ୍ତେ !

ବସନ୍ତ : ପୁଅ ହୋଇ ତୁମେ ଏକଥା କହି ପାରୁଛ ? ଗୋଟିଏ ବଂଶର ଆଭିଜାତ୍ୟ ମୁହଁରେ ତୁମେ କାଳି ବୋଳିଦେଲ। ଯେଉଁ ଘରର ଚାକର ଦିନେ ମୁଣ୍ଡଟେକି ଗର୍ବରେ ଚାଲୁଥିଲା, ସେହି ଘରର ଜ୍ୱାଇଁ ହୋଇ ମଧ୍ୟ ମତେ ମୁହଁ ଲୁଚାଇବାକୁ ପଡୁଛି...

ଅମର : ଏଥର ଗୋଟାଏ କାମକର। ମୁହଁରେ ଗୋଟିଏ ମୁଖା ପିନ୍ଧି କପାଳ ଉପରେ ଲେଖିଦିଅ - "ମୁଁ ଲଜ୍ଜିତ-" ଲୋକେ ତୁମ ଆଡ଼କୁ ଆଉ ଚାହିଁବେ ନାହିଁ।

ବସନ୍ତ : ହୁଁ... ରାୟ ବଂଶର ଜାମାତା ହୁଏତ ଦିନେ ତା' କରିପାରେ। କିନ୍ତୁ ତୁମେ କଣ ପିନ୍ଧିବ ? ତୁମ ମୁହଁରେ ତ ଆଗରୁ ମୁଖା ଲାଗିଛି- ଅବଶ୍ୟ ତୁମ ମୁଖାଟା ଜୀବନ୍ତ ଚମଡ଼ାର।

ଅମର : ମୋର ମୁଖା ଦରକାର ନାହିଁ। ସେହି ଜୀବନ୍ତ ମୁଖାଟିକୁ ତ ଆଜି ଖୋଲୁଛି।

ବସନ୍ତ : ବାଃ... ମୁଖା ଖୋଲିବା ଲାଗି ଏତେ ଭୟ !

ଅମର : ଭୟ !

ବସନ୍ତ : ଭୟ ନୁହେଁ ତ ଆଉ କଣ ? ଦୁଇଶହ ବର୍ଷର ପୁରୁଣା କୋଠାକୁ ତୁମେ ଆଜି ଭାଙ୍ଗିବ-ଆଉ ତା ସହିତ ଆଜି ଭୁଷୁଡ଼ି ପଡ଼ିବ ଅନେକ କାହାଣୀ। ଶତାବ୍ଦୀର ଗନ୍ଧରେ ମତୁଆଲା ଅନେକ ସୁରଭି ଆଜି ଲୁଚିଯିବ ବିସ୍ଫୋରଣର ଶବ୍ଦ ଭିତରେ। ମନର ଭୟ ଲୁଚେଇବା ପାଇଁ ତୁମର ଏତେ ଶବ୍ଦ ଦରକାର ?

ଅମର : ଶବ୍ଦଟା ଭୟ ଲୁଚାଇବା ପାଇଁ ନୁହେଁ - ଆସନ୍ତା କାଲିର ସ୍ୱାଗତ ଲାଗି ଏକ ଇସ୍ତାହାର।

ବସନ୍ତ : ବାହାଘରର ଶଙ୍ଖ ପୂର୍ବରୁ ଏକ ଭୟାନକ ମାଙ୍ଗଳିକ ?

ଅମର : ହଁ ସେଇମିତି କିଛି, ମୁଁ ଚାହେଁ ମୋ ବାହାଘର ହେଉ ଏକ ନୂଆ ମୂଳଦୁଆର ଆରମ୍ଭ। ଘୃଣା ଓ ଅତ୍ୟାଚାରର ଶେଷ ପରେ ଶୁଭ ଶଙ୍ଖ ବାଜିଉଠୁ ପବନର ନୂଆ ଆଲୋଡ଼ନ ସୃଷ୍ଟିକରି।

ବସନ୍ତ	:	କିନ୍ତୁ ବିସ୍ଫୋରଣ ପରେ ଯେଉଁ ଧୂଳିପଟଳ ଉଠିବ, ସେଥିରେ ତୁମ ଦେହ ମୁହଁ ଧୂସର ହୋଇ ଯିବନି ତ ! ଶଙ୍ଖ ଶବ୍ଦ ବେତାଳିଆ ହେବନି ତ ?
ଅମର	:	ନାଁ, ସେ ଶଙ୍ଖ ବାଜିବ ଜୀବନକୁ ଆହ୍ୱାନ ଜଣେଇ, ବଞ୍ଚିବାର ଆଚରିତ ଛଳନାକୁ କର୍ମ ମୁଖର କରି ।
ବସନ୍ତ	:	ମନରେ ଆଜି ଅନେକ ହିଂସା ହୁଏ ଅମର । ଏକା ବୟସ, ଏକାପରି ଶିକ୍ଷା–କିନ୍ତୁ ହେଲା କଣ ? ତୁମର ଭଉଣୀକୁ ବାହା ହୋଇ ମଧ୍ୟ କିଛି ଘଟିଲାନି ।
ଅମର	:	ମାନେ !
ବସନ୍ତ	:	ମାନେ ତୁମ ବାହାଘର ଆଉ ମୋ ବାହାଘର ଭିତରେ କେତେ ଫରକ । ତୁମ ବାହାଘରରେ ଦୁନ୍ଦୁଭି ବାଜିବ ସାତ ପୁରୁଷର ଇତିହାସ ଭରା ଘରର ଫାଟିବା ଶବ୍ଦରେ । ମନ୍ତ୍ର ଉଚ୍ଚାରଣ ନ ଶୁଭି, ଶୁଭିବ କେତୋଟି ଚାପା କଣ୍ଠର ନିରର୍ଥକ କୋହ । ...କିନ୍ତୁ ମୋର କଣ ହୋଇଥିଲା ? ସେହି ପୁରୁଣା ବାଦ୍ୟ, ବନ୍ଧୁବାନ୍ଧବଙ୍କ କୋଳାହଳ, ଖା' ପିଆର ନିତିଦିନିଆ ଆନନ୍ଦ–
ଅମର	:	ତୁମେ କଣ କହିବାକୁ ଚାହଁ ଯେ ମୁଁ ଭୁଲ୍ କରୁଛି ?
ବସନ୍ତ	:	କାଶୀ ବିଦ୍ୟାପୀଠର ଦର୍ଶନ ଛାତ୍ର, ଓଡ଼ିଶାର ଜଣେ ନାମୀ ପ୍ରକାଶକ କ'ଣ କେବେ ଭୁଲ୍ କରିପାରେ ?
ଅମର	:	ଆଘାତ ଦେବା ଯଦି ତୁମର ଉଦ୍ଦେଶ୍ୟ, ମୁଁ ତା'ଲାଗି ପ୍ରସ୍ତୁତ ଅଛି । କିନ୍ତୁ ଖୋଲାଖୋଲି କଥାଟା କହିଲେ ବହୁତ ଖୁସୀ ହେବି ।
ବସନ୍ତ	:	ଶୁଣିବାକୁ ଧୈର୍ଯ୍ୟ ଅଛି ?
ଅମର	:	ଅଛି ।
ବସନ୍ତ	:	ଯେଉଁ ଘର ତୁମେ ତିଆରି କରିନାହଁ, ତାକୁ ଭାଙ୍ଗିବାରେ ତୁମର କି ଅଧିକାର ଅଛି ।
ଅମର	:	ଭାଙ୍ଗିବା–ଗଢ଼ିବା ଅଧିକାରର ସୀମା ଭିତରେ ସବୁବେଳେ ନ ଥାଏ । ମୁଁ ଆଜି ଯାହା କରୁଛି ତୁମେ ତାକୁ ଭାଙ୍ଗିବା କହିପାର । ମୁଁ କିନ୍ତୁ ଭାବେ ସେ ମୁଁ ଭାଙ୍ଗୁଛି ଗଢ଼ିବା ପାଇଁ ! ଅନେକ ବର୍ଷ ଧରି ଏ ଘର ଭିତରେ ଅନେକ ଅନ୍ୟାୟ ଅତ୍ୟାଚାର ଘଟି ଯାଇଛି । ମୁଁ ଚାହେଁ ନୂଆ ଜୀବନର ଆରମ୍ଭ ହେଉ ନୂଆ ମୂଳଦୁଆ ଉପରେ ।

ଏକଥା ଠିକ୍ ଯେ ଏ ଘର ମୁଁ ତିଆରି କରି ନାହିଁ-କିନ୍ତୁ ମୁଁ ଏଠି ବଢ଼ିଛି, ଅଙ୍ଗେ ଅଙ୍ଗେ ନିଭେଇଛୁ ମିଛ ଆଭିଜାତ୍ୟର ଅତ୍ୟାଚାର-

ବସନ୍ତ : ତୁମେ ଏଠି ରହି ନୂଆ ଜୀବନ ଗଢ଼ିପାର।

ଅମର : ଅସମ୍ଭବ। ଏ ଘରର ପ୍ରତ୍ୟେକ କୋଠରୀରେ ମୁଁ ଦୀର୍ଘଶ୍ୱାସ ଶୁଣେ। ମାଟି ଗୋଡ଼ି ଉପରେ ମୁଁ ଦେଖେ କଳଙ୍କର କାହାଣୀ। ଏଠି ରହିପାରିଲିନି ବୋଲି ତ ଦଶ ବର୍ଷ ହେଲା ମୁଁ ଭଡ଼ାଘରେ ରହୁଛି।

ବସନ୍ତ : ଏ ଘର ଭାଙ୍ଗିଗଲେ ସବୁ ଠିକ୍ ହୋଇଯିବ ? ଅତ୍ୟାଚାର ଶେଷ ହୋଇଯିବ ? ସତ୍ୟ, ଧର୍ମ, ନ୍ୟାୟ, ଫେରି ଆସିବ ?

ଅମର : ହୁଏତ କିଛି ନ ହୋଇପାରେ - କିନ୍ତୁ ନାରୀ ଧର୍ଷଣ ହେବନାହିଁ, ହତ୍ୟା ହେବନାହିଁ। ମୁଁ ଆଉ ଗୋପା ମିଶି ଚେଷ୍ଟା କରିବୁ ଛଳନାହୀନ ଜୀବନ ଗଢ଼ିବାକୁ।

ବସନ୍ତ : ଅମର, ମୁଁ ଦର୍ଶନ ଶାସ୍ତ୍ର ପଢ଼ିନାହିଁ, କି ଲେଖକମାନଙ୍କର ଗହଣରେ ସମୟ କାଟେନି। ମୁଁ ଜଣେ Architect। କିନ୍ତୁ ଲୋକେ କହନ୍ତି ଠିକାଦାର। କିନ୍ତୁ ମୁଁ ବୁଝୁଛି ଯେ ଯେଉଁ ଘୃଣାକୁ ଭାଙ୍ଗି ତୁମେ ନୂଆ କିଛି କରିବାକୁ ସ୍ଥିର କରିଛ, ତା' ପଛରେ ବି ଘୃଣା ରହିଛି।

ଅମର : ବସନ୍ତ !

ବସନ୍ତ : ହଁ ଘୃଣା। ନିଜକୁ ବଡ଼ କରି ଦେଖାଇବାର ଗର୍ବ, ଗଢ଼ିବାର ଯଦି ଇଚ୍ଛା ଥା'ନ୍ତା, ଭାଙ୍ଗିବା କଥା ତୁମ ମନରେ ପଶି ନ ଥାନ୍ତା।

ଅମର : ବାଜେ ଯୁକ୍ତି କରନା, ତୁମେ ଜାଣ ଦଶବର୍ଷ ହେଲା ମୁଁ କେମିତି ବଞ୍ଚିଛି।

ବସନ୍ତ : ଜାଣେ ପ୍ରତ୍ୟେକ ମୁହୂର୍ତ୍ତ ତୁମେ ଅନ୍ୟମାନଙ୍କ ଲାଗି କଟେଇଛ। ପ୍ରକାଶକ ହିସାବରେ ତୁମର ନିଜର ପ୍ରାପ୍ୟ ଛଡ଼ା ଅନ୍ୟମାନଙ୍କର ଟଙ୍କାକୁ ତୁମେ ଠିକ୍ ସ୍ଥାନରେ ପହଞ୍ଚାଇଛ। କୌଣସି ଅନ୍ୟାୟ କରିନାହିଁ, ସେଇଥିଲାଗି ତ କହୁଛି, ତୁମଠୁ ମୁଁ ଏ ପ୍ରକାର କାମ ଆଶା କରି ନ ଥିଲି।

ଅମର : ଆଉ କ'ଣ ଆଶା କରିଥିଲ। ଏ ଘରର ସମସ୍ତ ଯେମିତି ନିଜକୁ ଠକି ବଞ୍ଚିଥିଲେ ମୁଁ ବି ସେମିତି ରହିଥାନ୍ତି ! ଆଭିଜାତ୍ୟର ଦ୍ୱାହି ଦେଇ ଆହାର-ନିଦ୍ରା-ମୈଥୁନର ନିଷ୍ଫଳ ଗତି ଭିତରେ ପେଶି ଦେଇଥାନ୍ତି ମଣିଷ ପଣିଆକୁ- ?

ବସନ୍ତ : ନା, ତୁମ ବ୍ୟକ୍ତିତ୍ୱର ଜ୍ୱଳନ ଅଛି ଏବଂ ତାକୁ ତୁମେ ଦେଖେଇ ଦେଇ ସାରିଛ। ନିଜର ବାପକୁ ଖୁଣି ଆସାମୀ କରି ଠିଆ କରେଇ ଦେଇ ପାରିଛ। କିନ୍ତୁ ଫଳ କ'ଣ ହେଲା? ଦୁଃଶ୍ଚିନ୍ତାରେ ମା' ମଲେ, ସମସ୍ତେ ଦୂରେଇ ଗଲେ, ଆଉ ଲୋକେ କହିଲେ- ରାୟ ବଂଶରେ କଳଙ୍କ ଲଗେଇ ଦେଲା ଅମର-

ଅମର : ଓଃ... ଗତ ଦଶବର୍ଷ ଭିତରେ ଅନେକ ଥର ଶୁଣିଛି ଏ କଥା। ମୁଁ ବି ରକ୍ତ ମାଂସର ମଣିଷ ବସନ୍ତ। ନିଜର ବାପାଙ୍କୁ ଜେଲ୍ ପଠେଇଲା ବେଳେ ମୋ ଆଖିରୁ ଲୁହ ନୁହେଁ ରକ୍ତ ଝରିଛି। ...ତାପରେ ଦୁଇ ବର୍ଷ ପର୍ଯ୍ୟନ୍ତ ମା'ର ଘଣାଭରା ଆଖି ତଳେ ମୁଁ ଜଳିଛି ଖାଲି ନିଦାଘ ମରୁଭୂମିରେ ପରକଟା ଚଢ଼େଇପରି। କିନ୍ତୁ ମନରେ ଖାଲି ଗୋଟାଏ ବିଶ୍ୱାସ ରହିଛି ଯେ ମୁଁ ଭୁଲ୍ କରିନି ଅନ୍ୟାୟ କରିନି।

ବସନ୍ତ : ମୁଁ ବି କହୁନି ଯେ ତୁମେ ଭୁଲ୍ କରିଛ - କିନ୍ତୁ ଯେଉଁ ଆଦର୍ଶକୁ ତୁମେ ସମ୍ମାନ କର ତା' ଭିତରେ କଣ କ୍ଷମାର ସ୍ଥାନ ନାହିଁ? ତୁମ ବିଷୟରେ ଲୋକେ କଣ କହନ୍ତି ଜାଣ? - ତୁମେ ଚାଲି ଗଲା ବେଳେ ଦୂରରୁ ଆଙ୍ଗୁଠି ଦେଖେଇ କହନ୍ତି- ଅମର ମା' ପେଟରେ ଥିଲାବେଳେ ବି ଚିତ୍କାର କରିଥିଲା- ନ'ମାସ ହୋଇଗଲା, ମୋତେ ଶୀଘ୍ର ଜନ୍ମ କର- ଆଉ ସେ ପିଲା କ'ଣ ତା' ବାପାକୁ କ୍ଷମା ଦେଇଥାନ୍ତା?

ଅମର : ଯେଉଁମାନେ ଏ କଥା କହନ୍ତି, ମୁଁ ତାଙ୍କୁ କ୍ଷମା ଦିଏ। କାରଣ ବଞ୍ଚିବା ଭିତରେ ସେମାନେ ଜୀବନକୁ ଭୁଲି ଯାଇଛନ୍ତି। ପାପ ବୋଝରେ ଅଣ୍ଟା ନଇଁଗଲେ ମଧ୍ୟ ଚାଲିବାର ଅଭିନୟ କରନ୍ତି। ପ୍ରେମ ଓ ଘୃଣାର ମିଶ୍ରରାଗକୁ ରସିକ ଭଙ୍ଗୀରେ ଗାଇ ଦିନ ଗଡ଼େଇ ଚାଲନ୍ତି ହାଲିଆ ହୋଇ ତିନିଗଜ ମାଟି ମାପିଲା ପର୍ଯ୍ୟନ୍ତ। ....ସେ କଥା ବହୁତ ଶୁଣିଛି ବସନ୍ତ। ମୋ କାମ ଲାଗି ମୁଁ କାହାର ସମର୍ଥନ ଚାହେଁନା। ସମାଜର ସ୍ୱୀକୃତି ଚାହେଁନା।

ବସନ୍ତ : ସମାଜକୁ ଛାଡ଼ି ତୁମେ ବେଶ୍ ବଞ୍ଚିପାର ମୁଁ ଜାଣେ। କିନ୍ତୁ ସେ ବଞ୍ଚିବାଟା ବିପ୍ଳବୀର ଅହଂକାର - ଉପନ୍ୟାସ ପୃଷ୍ଠାର ଜୀବନ। ସେଥିରେ ଖରା ବର୍ଷାର ଶିହରଣ ନ ଥାଏ।

ଅମର	:	ତୁମର ଭୁଲ୍ ସେଇଠି। ମୁଁ ସମାଜରୁ ଦୂରେଇ ଯାଇନି କି ଯିବିନାହିଁ। ସମାଜ କହିଲେ ତୁମେ କ'ଣ ବୁଝ ମୁଁ ଜାଣେନା - ମୁଁ ବୁଝେ ସମାଜ ଗୋଟିଏ ସାମଗ୍ରିକ ଉତ୍ସବ - ଅନେକ ସ୍ୱର ମିଶି ସେଠି ଝଙ୍କାର ସୃଷ୍ଟି ହୁଏ। ଆଉ ତା'ର ତାଳ, ଲୟ ଠିକ୍ ରଖିବାକୁ ହେଲେ ଆମକୁ କିଛି ନିୟମ ମାନିବାକୁ ହେବ। ସେ ନିୟମ ହୁଏତ ଉପରୁ ଆସେନା- ଆସେ ନିଜ ବିବେକରୁ।
ବସନ୍ତ	:	ତା' ହେଲେ ଏ ଘର ଭାଙ୍ଗିବାର ଆହ୍ୱାନ କଣ ତୁମ ବିବେକରୁ ଆସିଛି ?
ଅମର	:	ହଁ। ଯେଉଁ ବିବେକର ଶୃଙ୍ଖଳା ଏ ଘର ଭିତରେ ଭାଙ୍ଗିଯାଇଛି ତାକୁ ସଜାଡ଼ିବାକୁ ହେଲେ ପୁଣି ଆରମ୍ଭ କରିବାକୁ ହେବ ସମତଳ ଭୂଇଁରୁ।
ବସନ୍ତ	:	ତୁମ କଥା ଯଦି ସତ ହୁଏ ତା' ହେଲେ ଏ ପୃଥିବୀର ସମସ୍ତ ଘର ଭାଙ୍ଗି ଦେବାକୁ ପଡ଼ିବ। କାରଣ ଜୀବନ ସବୁଠି ବେତାଳିଆ।
ଅମର	:	ମୋର ଶକ୍ତି ଥିଲେ ମୁଁ ସବୁ ଘର ଭାଙ୍ଗି ଦେଇ ଗଢ଼ିଥା'ନ୍ତି ପୁଣି ଏକ ଅଲଗା ପୃଥିବୀ। ତେଣୁ ଖାଲି ନିଜକୁ ଠିକ୍ କରୁଛି।
ବସନ୍ତ	:	ନିଜକୁ ଠିକ୍ କରିବାର ଅର୍ଥ ଯଦି ପରିବାରର ଧ୍ୱଂସ ହୁଏ, ଭିଟାମାଟିର ପତନ ହୁଏ ତା' ହେଲେ 'ଠିକ୍'ର ଅର୍ଥ ବିଷୟରେ ମୋ ମନରେ ସନ୍ଦେହ ହୁଏ ଅମର। ...ଦଶବର୍ଷ ଜେଲ୍ ଭୋଗିଲା ପରେ ତୁମ ବାପା ଆଜି ମୁକ୍ତି ପାଇଛନ୍ତି। ତୁମେ ତାଙ୍କୁ ଦେଖା କରିବାକୁ ବି ଯାଇନାହଁ। ତାଙ୍କୁ ଜେଲ ପଠେଇ ପାରିଲ, କିନ୍ତୁ ମୁକୁଳିଲା ଦିନ ଆଣିବା ପାଇଁ ଯାଇପାରିଲା ନାହିଁ ?
ଅମର	:	ତାଙ୍କର ସ୍ୱାଗତ ଲାଗିତ ଆଜି ମୁଁ ଏ ସବୁ କରୁଛି।
ବସନ୍ତ	:	ଓଃ, ବାପାଙ୍କର ସ୍ୱାଗତ ଲାଗି ଆଜି ତୁମର ବାହାଘର ଆଉ ସାତପୁରୁଷର ଘରଭଙ୍ଗା... ବାଃ... ଯେଉଁ ଝିଅର ମା'ର ହତ୍ୟା ଅଭିଯୋଗରେ ବାପା ଯାଇଥିଲେ ଜେଲ୍‌କୁ ଆଜି ତା'ରି ସାଙ୍ଗରେ ତୁମ ବାହାଘର ଦେଖି ବହୁତ ଖୁସି ହେବେ ସେ। ଜେଲ୍‌ର ଅନ୍ଧାରରୁ ଆସି ନିଜ ଘରର ଫଟା ଶବ୍ଦ ସହିତ ବୋହୂର ମୁହଁ ଦେଖି ଖୁସିରେ ହୁଏତ ପାଗଳ ହୋଇ ଯାଇ ପାରନ୍ତି।

ଅମର	:	ସେ ନିଶ୍ଚୟ ଖୁସି ହେବେ, କାରଣ ସେ ମୋ ବାପା । ଜେଲ୍ ଗଲାଦିନ ମୁଁ ତାଙ୍କ ମୁହଁରେ ଲୁହ ଦେଖିନି- ବରଂ ଦେଖିଛି ଅନୁତାପର ଲଜ୍ଜା । ଆଜି ସେଇଥି ଲାଗି ତାଙ୍କୁ ଆଣିବାକୁ ଗଲିନି । ହୁଏତ ମତେ ଦେଖିଲେ ତାଙ୍କୁ ସଂକୋଚ ଲାଗିପାରେ । ସେ ଯେତେବେଳେ ନିଜେ ପ୍ରସ୍ତୁତ ହେବେ ମୋ ପାଖକୁ ଆସିବାକୁ, ଆସିବେ । ଆଉ ମୋର ବିଶ୍ୱାସ ସେ ଆସିବେ ଆଜି ରାତିରେ ।
ବସନ୍ତ	:	ମୁଁ ବି ଜାଣେ ସେ ଆସିବେ-ତେଣୁ ଏ ଘରଟା ନ ଭାଙ୍ଗିଲେ କଣ ଚଳିବନି ?
ଅମର	:	ମୁଁ ବାରମ୍ୱାର କହୁଛି ଯେ, ମୁଁ ଘର ଭାଙ୍ଗୁନି ପ୍ରତିଶୋଧ ନେବାପାଇଁ । କିମ୍ୱା ଅହଂକାରର ତୃପ୍ତି ଲାଗି । ମୁଁ ଚାହେଁ ମୋ ବାପା ଫେରି ଆସି ରହିବେ ପୁରାପୁରି ନୂଆଁ ବାତାବରଣରେ, ତାଙ୍କରି ହାତରେ ମୁଁ ନୂଆ ଘରର ଶୁଭ ଦେବି । ଆଉ ତୁମେ ତିଆରି କରିବ ଆମ ପାଇଁ ଗୋଟିଏ ଛୋଟିଆ ସୁନ୍ଦର ଘର ।
ବସନ୍ତ	:	ମୁଁ ପାରିବିନି । ଏ ବିରାଟ ଘର ଭୁଶୁଡ଼ି ପଡ଼ିବା ମୁଁ ଦେଖି ପାରିବିନି । (ଯାଉଥିଲା)
ଅମର	:	ଶୁଣ ବସନ୍ତ ଆଜି ଯଦି ତୁମେ ମୋତେ ଛାଡ଼ି ଯାଅ ଦୁଃଖ କରିବିନି! ସମସ୍ତେ ମତେ ଛାଡ଼ି ଯାଇଛନ୍ତି । ମୋ ଭଉଣୀ ମଧ୍ୟ ମତେ ଘୃଣା କରେ (କେବଳ ତୁମେ ମୋ ସହ ସମ୍ପର୍କ ରଖିଛ) - ଶଳା -ଭିଣୋଇର ନୁହେଁ ମଣିଷ-ମଣିଷର ସମ୍ପର୍କ । ମୁଁ ଭାବିଥିଲି ମୁଁ ଯାହା କରୁଛି ତାହାଲାଗି ତୁମେ ମତେ ସାହସ ଦବ । ନିଷ୍କଳଙ୍କ ଜୀବନ ଆରମ୍ଭ କରିବା ଲାଗି ଉତ୍ସାହ ଦବ । -
ବସନ୍ତ	:	କି ଉତ୍ସାହ! କି ସାହସ! କଣ ଦେବି ମୁଁ? ତା ଛଡ଼ା ନିଷ୍କଳଙ୍କ ଜୀବନ କଣ ମୁଁ ବୁଝେନା । ମୁଁ ଜାଣେ ଯେ ନିଜ ଅଗଣାର ସାଇତା ପଥରରେ ବି ଶିଉଳି ଲାଗେ । ନିରୀହ ଗଛରେ ବି ଉଇହୁଙ୍କା ହୁଏ-
ଅମର	:	ମଣିଷ ପଥର କି ଗଛ ନୁହେଁ । ଟିକିଏ ସଜାଗ ହେଲେ ଜୀବନଟା ସୁନ୍ଦର ହେବ ।
ବସନ୍ତ	:	ହଉ ସୁନ୍ଦର କରି ଗଢ଼ । ମୁଁ ଦୂରରୁ ଦେଖିବି ।

ଅମର : ତୁମେ ରୁହ ବସନ୍ତ। ମୋ ପାଇଁ କହୁନି। ବାପା ଆସିବେ, ତୁମକୁ ଆଉ ରୁନୁକୁ ଦେଖିଲେ ହୁଏତ ତାଙ୍କ ମନର ଦୁଃଖ କମିଯିବ।

ବସନ୍ତ : ମୁଁ ଯାଉନି। ମୁଁ ସେ ପାଖେ ବେଦୀ ପାଖରେ ବସିବି।

ଅମର : ନା ଏଇଠି ରୁହ। ଏ କାମ ସରିଗଲେ ସେ ପଛକୁ ଯିବା।

ବସନ୍ତ : (ଦଣ୍ଡେ ଚାହିଁ ପାଖକୁ ଆସିଲା) ଅମର, ଲୋକେ ମୋ ପାଖକୁ ଆସନ୍ତି ଘରର ନକ୍‌ସା ପାଇଁ। ଖଣ୍ଡେ ସୁନ୍ଦର ଘର କରି ଦେବାର ଅନୁରୋଧ ନେଇ। ଧୀରେ ଧୀରେ କାନ୍ଥ ଉଠିଲା ବେଳେ ତାଙ୍କ ମନରେ ଆନନ୍ଦର ତରଙ୍ଗ ଖେଳେ- ଆଉ ତୁମେ ଚାହଁ ମୁଁ ଦେଖିବି ଏତେ ବଡ଼ ଘରର ପତନ...

ଅମର : ମେସିନ୍ ଧରି ପାହାଡ଼ ଫଟେଇଛ ଆଉ ଏ ପୁରୁଣା ଘର ଭାଙ୍ଗି ପଡ଼ିବା ଦେଖି ପାରିବନି ?

ବସନ୍ତ : ପାହାଡ଼ ଫାଟିଲା ବେଳେ ମୋ କାନରେ ଶିଶୁର ଦରୋଟି ଶୁଭେନା, ଅମର, ଭାଗବତ ଶୁଭେନା - କିନ୍ତୁ ଏ ମାଟିରେ ଚାଲିଲେ ମତେ ମଣିଷର ମୁହଁ ଦେଖାଯାଏ। କାନରେ ପଡ଼େ ଦରଦୀ ମଣିଷର ଭାଷା। ତୁମେ ନିଜକୁ ଏତେ ପବିତ୍ର କାହିଁକି ମନେ କରୁଛ ? ଏ ଘରକୁ ମାଟିରେ ମିଶେଇ ଯଦି ନୂଆଘର କରିବ, ନିଜ ଦେହରେ ବହୁଥିବା କଳଙ୍କିତ ରକ୍ତକୁ ଆଗେ ସଫା କରୁନା- ରାୟ ବଂଶର ସମସ୍ତ କଳଙ୍କ, ସମସ୍ତ ଗର୍ବ, ସମସ୍ତ ଗୌରବ ନେଇ ତୁମର ଜନ୍ମ। କଳଙ୍କ ଯଦି ପୋଛିବ ଆଗ ନିଜ ରକ୍ତରୁ ଆରମ୍ଭ କର।

ଅମର : ତୁମେ କ'ଣ କହୁଛି ମୁଁ ବୁଝୁଛି ବସନ୍ତ। ରକ୍ତକୁ ଧୋଇବାର ଅର୍ଥ ଆତ୍ମହତ୍ୟା। ସେ କଥା ବି ଚିନ୍ତା କରିଥିଲି। ରାୟ ବଂଶର ରକ୍ତ କଥା ମତେ ଅଜଣା ନାହିଁ। ତୁମେ ତ ଜାଣ ଏ ଥିଲା ନଳିନୀ ରଞ୍ଜନ ରାୟଙ୍କ ମଜଲିସ ଘର। କାନ ଡେରି ଶୁଣିଲେ, ଆଜି ବି ତୁମେ ଶୁଣିବ ନୂପୁରର ଧିମା ଆୱାଜ, ସଙ୍ଗୀତର ଛନ୍ଦେ ଛନ୍ଦେ ଧର୍ଷିତା କୁମାରୀର ଚିତ୍କାର। ତାଙ୍କ ପରେ ମୋ ବାପା ରହିଲେ ଏଠି, କାରଣ ନଳିନୀ ରଞ୍ଜନଙ୍କ ନିଜ ଘର ମଧ୍ୟ ବିକା ସରିଥିଲା ଉଚ୍ଛୁଳା ମଦର ଫେଣ ଭିତରେ ଦେହବିକା ରମଣୀଙ୍କ ନାଚଲାଗି..... ମୁଁ କଣ ଜାଣିନି ମୋ ରକ୍ତର ଇତିହାସ ! କିନ୍ତୁ

ନିଜ ମନର ସଂସ୍କାରରେ ମୁଁ ଧୋଇଛି ମୋ ରକ୍ତ। ଆଉ ସେଇଥିଲାଗି ମୁଁ ଚାହେଁ ମୋ ବାପା ଆରମ୍ଭ କରନ୍ତୁ ନୂଆ ଜୀବନ। (ପଛପଟୁ ଫଡ୍ ଫଡ୍ ହୋଇ ଅନେକ ପାରା ଉଡ଼ିଗଲେ, ଦୁହେଁ ଚାହିଁଲେ)

ବସନ୍ତ : କଣ ହେଲା ?

ଅମର : ପାରା ଗୁଡ଼ାଏ ଉଡ଼ିଗଲେ।

ବସନ୍ତ : ସେମାନଙ୍କର ବସା ଭାଙ୍ଗିଗଲା ତା ହେଲେ।

ଅମର : ନୂଆଘର ଖୋଜିବାକୁ ବେଶି କଷ୍ଟ ହେବନି ତାଙ୍କୁ-
(ଦଉଡ଼ି ଦଉଡ଼ି ପ୍ରବେଶ କଲା ଗୌତମ)

ଗୌତମ : ମତେ ଭାରି ଡର ଲାଗୁଛି। ପ୍ରତ୍ୟେକ ଘର ଖୋଲିଦେଲା ବେଳେ କେଉଁଠି ହସ ଶୁଭୁଛି ତ କେଉଁଠି କାନ୍ଦ।

ଅମର : ଏ ସବୁ ତୁମ ମନର ଭ୍ରମ। କିଛି ନାଇଁ-ଯାଅ କାମକର।

ଗୌତମ : ନାଇଁ ବାବୁ-ଏବେତ ଗୋଟିଏ ବଡ଼ ରୁମ୍‌ରେ ତାର କାଟୁଥିଲି, ମୋତେ ଲାଗିଲା ଯେମିତି ଅନେକ ଲୋକ ଏକାଠି ବସି ଖାଉଛନ୍ତି - ଆଉ ଏକାସଙ୍ଗେ ହସି ଉଠୁଛନ୍ତି-ତାପରେ କଣ ସବୁ ଫଡ୍ ଫଡ୍ ଶବ୍ଦ।

ଅମର : ଆରେ ନାଇଁ, ଅନେକ ଦିନ ହେଲା ଲୋକ ନାହାନ୍ତିତ, ଗୁଡ଼ାଏ ପାରା ଥିଲେ, ଉଡ଼ିଗଲେ। ବିକ୍ରମ ତୁମ ପାଖେ ନାହିଁକି ?

ଗୌତମ : ହଁ ଥିଲା-ପେଟ୍ରୋମାକ୍ସ ଆଣିବାକୁ ଯାଇଛି- ଅନେକ ଘରେ ଲାଇଟ୍ ଜଳୁନି..... କିନ୍ତୁ ସେ ତ ମତେ ବେଶି ଡରାଉଛି, କହୁଛି କଣ ନା-

ଅମର : ତୁମେ ସେ ସବୁ ଶୁଣନାହିଁ-ଶୀଘ୍ର କାମ ସାରିଦିଅ, ଆଉ କେତେ ସମୟ ଲାଗିବ ?

ଗୌତମ : ଘଣ୍ଟାଏ ଖଣ୍ଡେ।

ଅମର : ଯାଅ।
(ଗୌତମ ଡରି ଡରି ଭିତରକୁ ଯାଇଛି)
(ବସନ୍ତ ଅଚାନକ ହୋ ହୋ ହୋଇ ହସିଛି)

ଅମର : କାହିଁକି ହସୁଛ ?

ବସନ୍ତ : ନାଇଁ, ରୁନୁ ଦିନେ କହୁଥିଲା ସେ ପିଲାଦିନେ ତା କଣ୍ଢେଇ ବାହାଘରରେ ପାଞ୍ଚଶହ ଲୋକ ଖାଇଥିଲେ... (ହସିଛି) ଆଜି ତା ଭାଇ ବାହାଘରେ ପାଞ୍ଚଜଣଙ୍କ ପାଇଁ ବି ଖାଇବା ହୋଇନି....

ଅମର : ଏଥିରେ ହସିବାର କଣ ଅଛି ?

ବସନ୍ତ : ଏଇ ଭାବୁଛି ଲୋକସଂଖ୍ୟା କମିଗଲା ନା ଦୁର୍ଭିକ୍ଷ ପଡ଼ିଛି।

ଅମର : ତୁମେ ବୋଧେ ଆଜି ବେଶି ପି' ଦେଇଛ।

ବସନ୍ତ : (ପୁଣି ହସିଛି) ଆଜି ଅମର ରାୟର ସବୁ ଭୁଲ ହେଇ ଯାଉଛି। (ହସ କମାଇ ଗୋଟିଏ ମର୍ମନ୍ତୁଦ ଚାହାଣି ଦେଇ) ଆଜି ମୁଁ ମୋଟେ ପିଇନି ଅମର-ଏବଂ ଆଉ କେବେ ପିଇବିନି ମଧ୍ୟ।

ଅମର : ଏଥର ବୋଧେ ମୋର ହସିବାର ପାଳି !

ବସନ୍ତ : ହସିପାର ଗୋଟେ ଧାରକରା ହସ। କିନ୍ତୁ ଆଜିଠୁ ମୁଁ ମଦ ଛୁଇଁବିନି।

ଅମର : ବୈରାଗ୍ୟ !

ବସନ୍ତ : ନା

ଅମର : ଅନୁତାପ।

ବସନ୍ତ : ନା

ଅମର : ଦେହ ଖରାପ

ବସନ୍ତ : ନା

ଅମର : ତେବେ ଆସନ୍ତା କାଲିର ଡର !

ବସନ୍ତ : ନା, ନା- ପରେ କହିବି। ... ... ଆଚ୍ଛା ଅମର, ଏ ଘର ଫାଟି ପଡ଼ିଲା ବେଳେ ପାରା ଉଡ଼ିଲା ପରି ଆମେ ସବୁ ଉଡ଼ି ଯିବାନିତ !

ଅମର : ନାଦୀର ଶ' ଏ ଦେଶଟାକୁ ଜାଳିଲା ବେଳେ ଗଙ୍ଗାର ମାଛ ମାନଙ୍କର ଗର୍ଭପାତ ହୋଇ ନଥିଲା- ଗାନ୍ଧୀ ଛାତିରେ ଗୁଳି ବସିଲା ବେଳେ ଗଛଲତା ସବୁ ମେଘର ଆଶ୍ରୟ ଖୋଜି ନଥିଲେ ବସନ୍ତ। ମୁଁ ତ ଆଜି ଗଢ଼ିବାକୁ ଯାଉଛି ନୂଆ ପରମ୍ପରା-ଏଥିରେ ମଣିଷ ଉଡ଼ିବନି, ଉଡ଼ନ୍ତା ମଣିଷ ଆସି ବସା ବାନ୍ଧିବ... ଗୋପା ମଥାରେ ମୁଁ ଆଜି ଯେଉଁ ସିନ୍ଦୂର ଦେବି, ସେ ହେବ ଏକ ଛୋଟିଆ ରକ୍ତବର୍ଣ୍ଣ ପୃଥିବୀ- ଯେଉଁଠି ଖାଲିଥିବ ରକ୍ତଦାନର ଆହ୍ୱାନ-ଉତ୍ସର୍ଗର ମନ୍ତ୍ର ଏବଂ.....

ବସନ୍ତ : ...ରକ୍ତ ସ୍ନାନର ପୂର୍ଣ୍ଣାହୂତୀ !

ଅମର	:	ସେଥିରେ ବି କ୍ଷତି ନାହିଁ । ହୋମ ଶିଖାରେ ଯଦି ପୃଥିବୀର ସାମାନ୍ୟ କିଛି ଅଂଶ ଆଲୋକିତ ହେଲା ମୁଁ ଭାବିବି ରକ୍ତ ସଫଳ !
ବସନ୍ତ	:	ମୁଁ ତେବେ ରୁନୁକୁ ଡାକେ - ମହାଯଜ୍ଞ ଯଦି ଏଇଠୁ ଆରମ୍ଭ, ରାୟ ବଂଶର ଆଉଜଣେ କାହିଁକି ପଛରେ ପଡ଼ିଯିବ ?
ଅମର	:	ନା, ନା-ତା ଜୀବନ ସେ ଗଢୁ । ଏ ପୃଥିବୀର ଜୀବନର ଗୋଟିଏ ବିରାଟ ବିଚିତ୍ରା କାର୍ଯ୍ୟକ୍ରମ । ସମସ୍ତେ ଅଲଗା ଖେଳିବା ଉଚିତ । କିନ୍ତୁ ସେ ଖେଳହେଉ ନିଷ୍ପାପ ମନର ଏକ ଅଫୁରନ୍ତ ଉତ୍ସ ।
ବସନ୍ତ	:	କିଏ ବୋଧେ ଆସୁଛି ଅନ୍ଧାରରେ- (ବାହାରକୁ ଟର୍ଚ୍ଚ ପକାଇଲା) ଓ ଚୋପା ଆସୁଛି..... ଆସ ଗୋପା ଆସ, ତୁମେ ନଥିଲେ ଯଜ୍ଞ କେମିତି ଆରମ୍ଭ ହେବ ?
		(ପ୍ରବେଶ କଲା ଗୋପା । ବୟସ ୩୦/୩୧ । ସୁଶ୍ରୀ ବେଦୀ ଉପରକୁ ଯିବା ଲାଗି ବଧୂ ବେଶରେ ସଜ୍ଜିତା । କିନ୍ତୁ ମୁହଁ ଗମ୍ଭୀର) ।
ଅମର	:	ସେ ପାଖେ କିଏ ସବୁ ଅଛନ୍ତି ?
ଗୋପା	:	ରୁନୁ ଆଉ ବାବୁଲୁ... ଆଉ ଏଇନା ଆସି ପହଞ୍ଚିଲେ ତୁମର ସେଇ ଐତିହାସିକ ବନ୍ଧୁ ।
ବସନ୍ତ	:	ଓ ରାଜୁବାବୁ ଆସିଗଲେଣି ! ମୁଁ ଯାଉଛି ତାଙ୍କୁ ଡାକି ଆଣିବି । ବେଶ୍ ମଜାଲୋକ, ନା ଅମର । ସବୁବେଳେ ଖୋଜି ବୁଲୁଥାନ୍ତି ନୂଆ ପରିବେଶ-ନୂଆ ସମ୍ଭାବନା । ମତେ ଲାଗେ ସେ ଐତିହାସିକ ନୁହନ୍ତି- ଗାଣ୍ଡିକ । ସମୟର ପେଟଚିରି ଖିଅ ବାହାର କରନ୍ତି... (ଗଲେ) ।
		(ଅମର ଓ ଗୋପା ପରସ୍ପରକୁ ଦଣ୍ଡେ ଚାହିଁଛନ୍ତି, ଗୋପା ମୁହଁ ପୋତିଛି)
ଅମର	:	ପ୍ରଣଳ୍ଭା ନଦୀ ଆଜି ଧ୍ୟାନରତ ଋଷି କନ୍ୟା କାହିଁକି ?
ଗୋପା	:	ମୁଦ୍ରାଭଙ୍ଗ ଆଶଙ୍କାରେ ।
ଅମର	:	କେଉଁ ମୁଦ୍ରା ? ଗତିର ନା ସ୍ଥିତିର ?
ଗୋପା	:	ଉଭୟର ।
ଅମର	:	ତା କେବେ ହୋଇ ପାରେନା । ଗତି ଓ ସ୍ଥିତିର ମୁଦ୍ରାଭଙ୍ଗ ହେଲେ ତ ବିଲୟ ଆସିଯିବ ।
ଗୋପା	:	ହୁଏତ ଆସିପାରେ ।

ଅମର	:	କାହିଁକି ? ପୃଥିବୀତ କକ୍ଷଚ୍ୟୁତ ହୋଇନି । ତାରାର ଚାନ୍ଦୁଆରେ ତ ମେଘର କଳଙ୍କ ଲାଗିନି ।
ଗୋପା	:	ମେଘର କଳଙ୍କତ ପୋଛି ନେଇ ହେବ-ଆକାଶ ଫାଟିଲେ କଣ କରିବ ?
ଅମର	:	ଶବ୍ଦରେ ଉଲ୍ଲସିତ ହେବି । ଫଟା ଆକାଶକୁ ଚାହିଁ ଅପେକ୍ଷା କରିବି ଆଶୀର୍ବାଦର ନିର୍ଝରକୁ ।
ଗୋପା	:	ଯଦି ଅଭିଶାପ ଝରିପଡ଼େ !
ଅମର	:	ଦେହ ମୁଣ୍ଡରେ ବୋଲି ହୋଇ ଘର ମୁହାଁ ଦଉଡ଼ିବି ଯେମିତିଭ ଫେରେ କୋଇଲା ଖଣିର ମଜୁରିଆ ।
ଗୋପା	:	ଘର ଯଦି ଶୂନ୍ୟ ହୁଏ ? ଦେହ ମନର କଳାରେ ଯଦି ଫଟା ଆକାଶର ସୂର୍ଯ୍ୟ ବି ଫିକା ପଡ଼ିଯାଏ ?
ଅମର	:	ମୋ ଘର କେବେ ଶୂନ୍ୟ ହେବନି । ଗୋପାର ପାଦଶବ୍ଦରେ ବନହରିଣୀ ନାଚିବ ମୋ ଅଗଣାରେ-
ଗୋପା	:	ଗୋପା ଯଦି ସ୍ଥାଣୁ ହୁଏ ! ବନ ହରିଣୀ ପରିବର୍ତ୍ତେ ଯଦି ସାପ ନାଚେ ?
ଅମର	:	ତାକୁ ବି ସ୍ୱୀକାର କରିବି । ଅପଦେବତାର ତାଣ୍ଡବକୁ ସହି ନେବି ଛାତି ଉପରେ !
ଗୋପା	:	ସେୟା ହିଁ ହେବ ଦେଖୁଛି !
ଅମର	:	ମାନେ !
ଗୋପା	:	ମାନେ ଆଉ କଣ ? ମଲା ମଣିଷର ନଖ ବଢ଼ିଲା ପରି ଜୀବନଟା କିଛି ସମୟ ଗଡ଼ିଯିବ ଖାଲି-
ଅମର	:	ଗୋପା ! ତୁମ ମୁହଁରେ ଆଜି ଏ ସବୁ କଣ ?
ଗୋପା	:	ଆଶ୍ଚର୍ଯ୍ୟ ଲାଗୁଛି ନୁହେଁ ! ଫଗୁଣ ପବନ ପରି ଯେ ଉଡ଼ି ବୁଲୁଥାଏ ସେ କେମିତି ଲାଖି ରହୁଛି ମଲା ଘାସରେ ଶିଶିର ପରି ।
ଗୋପା	:	ଦୁଃଖ ! ତୁମର ଦୁଃଖକୁ ମୋର ସେତେ ଭୟ ନାହିଁ । କାରଣ ମୁଁ ଜାଣେ ଦୁଃଖରେ ତୁମେ କେବେ କାନ୍ଦିବନି । ଲୁହରେ ତୁମ ଛାତି କେବେ ଓଦା ହେବନି । ହୁଏତ ତୁମେ ଜଳନ୍ତା ନିଆଁକୁ ଚାହିଁ ଦୁଇଘଣ୍ଟା ଚୁପ୍ ବସିପାର ବା ପୋଖରୀ ତୁଠରେ ବସି ନିଜର ପ୍ରତିଫଳନକୁ ଟେକା ମାରିପାର ।

ଅମର	:	(ପାଖକୁ ଯାଇ) ଗୋପା ! ପଦ୍ମ ବଣରେ ମୁଁ ନିଆଁ ଲଗେଇ ସାରିଛି । ଖିଲ୍ ଖିଲ୍ ପବନର ହିଲ୍ଲୋଳରେ ଅଧେ ଜଳି ଗଲାଣି । ଆଉ ଅଧକର ଦାୟିତ୍ୱ ପରା ତୁମର !
ଗୋପା	:	ଭୁଲିନାହିଁ, ଖାଲି ଭାବୁଛି ଅଧକ ବଞ୍ଚେଇ ପାରିଲେ ମଧ୍ୟ ପୋଡ଼ା ଗନ୍ଧ ଲାଗି ମୁଁ କଣ କରିବି ।
ଅମର	:	ତୁମ ପଣତ ହଲେଇ ପବନ କଲେ ଗନ୍ଧ ଚାଲିଯିବ ଗୋପା !
ଗୋପା	:	(ଛଳ ଛଳ ଆଖିରେ) ମୋ ପଣତରେ ବି ସେଇ ଗନ୍ଧ ଅମର ! ଯେଉଁଆଡ଼େ ରହିଲେ ମଧ୍ୟ ଗନ୍ଧ ଯାଉନି ।
ଅମର	:	ଗୋପା ! ଆଉ ଘଣ୍ଟାଏ ପରେ ଆମେ ବେଦୀକୁ ଯିବା-
ଗୋପା	:	କେଉଁ ବେଦୀ ? ଯେଉଁଠି ଆଲୁଅ ନାହିଁ କି ଲୋକ ନାହାନ୍ତି କି ଚିତା ବି ପଡ଼ିନି ?
ଅମର	:	ହଁ ସେଇ ବେଦୀ । ତୁମେ ତ କୋଳାହଳ ଚାହିଁନଥିଲ, ନକଲି ଆଲୁଅର ସମ୍ଭାର ଚାହିଁନଥିଲ - ବର୍ତ୍ତମାନ ଏ କଣ କହୁଛ ?
ଗୋପା	:	ଏବେ ବି ମୁଁ କୋଳାହଳ ଚାହେଁନା କି ଆଲୁଅ ଚାହେଁନା- କିନ୍ତୁ ମୁଁ କଣ ଚାହିଁବିନି ଯେ ଦେବ ବରକନ୍ୟା ମୁଣ୍ଡରେ କିଏ ସ୍ନେହର ଫୁଲ ଫିଙ୍ଗୁ ! ମୋ ଅଞ୍ଜଳୀ ଭରିଦେଇ, ମୋ ମୁଣ୍ଡରେ ହାତରଖି ମୋତେ ପାଛୋଟି ନେଉ ଘର ଭିତରକୁ !
ଅମର	:	ଫୁଲଫିଙ୍ଗା ହାତ ଗୁଡ଼ିକରେ ଯନ୍ତ୍ର ଖଞ୍ଜା ହୋଇଛି ଗୋପା-ସେ ହାତ ଉଠେ ଆଉ ପଡ଼େ ଅଭ୍ୟାସମାନି । ଆଉ ତୁମ ଅଞ୍ଜଳୀରେ କଣ ଭରିଥାନ୍ତା କିଏ ? ଅମୁହାଁ ଗଳିରେ ମନ୍ଦିର ଗଢ଼ିବାର ଶପଥ ନେଇଛ ତୁମେ, ଆଜି ପଥର ଦେଖି ଡରୁଛ ?
ଗୋପା	:	ଡରିବାର ଥିଲେ ମୁଁ ଆଜି ନିଜ ହାତରେ ନିଜକୁ ବଧୂ ରୂପରେ ସଜେଇ ନଥାନ୍ତି । ନିଜ ହାତରେ ନିଜ କପାଳରେ ଚନ୍ଦନଟୀକା ଲଗାଇଲା ବେଳେ ମୋର ଥରିଲା ଓଠ-ଦେଖିବାକୁ କେହି ନଥିଲା ।...
ଅମର	:	ନିସ୍ତରଙ୍ଗ ସମୁଦ୍ରରେ ସେୟାହିଁ ହୁଏ । ଆମେ ପହଁରୁଛେ ଏପରି ଏକ ସମୁଦ୍ରରେ ଯେଉଁଠି ଭୁଲରେ ସୁଦ୍ଧା ତରଙ୍ଗ ଉଠେନା । ଆମେ ତେଣୁ ନିଜେ ହାତ ବାଡ଼େଇ ତରଙ୍ଗ ସୃଷ୍ଟି କରିବା ।
ଗୋପା	:	ହାତ ଅବଶ ହେଲେ ?

ଅମର	:	ଦମ୍‌ମାରି ପୁଣି ତରଙ୍ଗ ସୃଷ୍ଟିକରି ହସିବା।
ଗୋପା	:	ଆଉ ସେଇଟା ଯେ ହସ, ତାକୁ ବୁଝିବାକୁ ଆମଛଡ଼ା କେହି ନ ଥିବେ-
ଅମର	:	ଆମର ହସ ଲାଗି କାହାର ସ୍ୱୀକୃତି ଦରକାର ନାହିଁ।
ଗୋପା	:	ନିଶ୍ଚୟ ଦରକାର। ତା ନ ହେଲେ ସେଇଟା ହସ ନ ହୋଇ ସମୁଦ୍ରର ଶାନ୍ତି ଭଙ୍ଗ ହୋଇପାରେ।
ଅମର	:	କ୍ଷତ ନାହିଁ। ହସକାନ୍ଦ ମୁହଁର ଦୁଇଟି ବିକୃତି। ଆମେ ହସିବା ଜ୍ୟୋତ୍ସ୍ନାର ପରାଗ ନେଇ, ଆମେ କାନ୍ଦିବା ଅମା ରାତିର ଗାମ୍ଭୀର୍ଯ୍ୟ ନେଇ।
ଗୋପା	:	କେଉଁଠି ଅଛ ତୁମେ ଅମର ! ମଣିଷର ପୃଥିବୀରେ ନା ମନର ନିବୁଜ କୋଠରୀରେ ! ଝରକା ଖୋଲ, ବାହାରକୁ ଦେଖ, ଯେଉଁଠି ବତାସ ଆସେ, ଭୋକିଲା ମଣିଷର ଚିତ୍କାର ଶୁଭେ, ସେଠି ତୁମ ନିଶ୍ଚୁପ୍ ଘରର ହସ କାନ୍ଦର ଅର୍ଥ କଣ ?
ଅମର	:	ଅର୍ଥ ଲାଗି ଅପେକ୍ଷା କରିବାକୁ ପଡ଼ିବ। ଯେଉଁ କର୍ତ୍ତବ୍ୟ ଲାଗି ଆମେ ଏତେ ଦିନ ଧରି ସମସ୍ତ ସୁଖ ଶାନ୍ତିକୁ ଜଳାଞ୍ଜଳି ଦେଇଛେ, ତା'ରି ଭିତରେ ହିଁ ଫୁଟିବ ଚିତ୍କାରହୀନ ଜୀବନର ରୂପରେଖ। ଅରମା ପୃଥିବୀକୁ ସୁରମା କରିବାକୁ ହେଲେ ପ୍ରତ୍ୟେକ ମୁହୂର୍ତ୍ତରେ ନିଜକୁ ନିର୍ମଳ ରଖିବାକୁ ହେବ।
ଗୋପା	:	ଅମର, ପିଲାଟି ଦିନୁ ତୁମକୁ ଦେଖିଛି। ତୁମ କଥାକୁ ସବୁବେଳେ ବେଦ ବାକ୍ୟ ବୋଲି ଗ୍ରହଣ କରିଛି-ତୁମ ପାଖରେ ଢାଳି ଦେଇଛି ମନର ସବୁକିଛି। ତୁମରି ମୁହଁକୁ ଚାହିଁ ମୁଁ ଅପେକ୍ଷା କରିଛି ଆଜିର ଶଙ୍ଖ ଶବ୍ଦକୁ-ହେଲେ ଏ ଘର ଭାଙ୍ଗିବାର ଶବ୍ଦ ମୁଁ ଶୁଣିପାରିବିନି-କାନର ପରଦାରେ ଏତେ ଶକ୍ତି ନାହିଁ ଅମର।
ଅମର	:	ତାହେଲେ ତୁମର ପ୍ରତିଶ୍ରୁତି, ପ୍ରେରଣା ସବୁକଣ ଛଳନା ଥିଲା ?
ଗୋପା	:	ମୋ ପ୍ରତିଶ୍ରୁତିରୁ ମୁଁ ଦୂରେଇ ଯାଇନି। ଛଳନାର ଚିନ୍ତା ତୁମ ମନରେ ଆସୁଛି କେମିତି ?
ଅମର	:	ଆଉ କେଉଁ ଚିନ୍ତା ଆସିବ ? ବାରବର୍ଷ ଭିତରେ ତୁମେ କଣ ମୋତେ ଚିହ୍ନି ପାରି ନଥିଲ-ତୁମର ଭରସାରେ ମୁଁ ଆଜି ଚାହେଁ କିଛି ପରିବର୍ତ୍ତନ ଆଣିବାକୁ-

ଗୋପା	:	ମୋରି ଭରସାରେ ! ତୁମେ କଣ ଏତେ ଦୁର୍ବଳ ଅମର ! ଦୁଃଖ ଛଡ଼ା ତୁମ ଜୀବନରେ ମୁଁ ଆଉ କିଛି ଆଣିନି - କେମିତି ବିଶ୍ୱାସ କରୁଛ ଯେ ମୁଁ ତୁମ ଭବିଷ୍ୟତ ପାଇଁ ଆଣିବି ଶାନ୍ତିର ଆବେଗ।
ଅମର	:	ଯେଉଁ ଅନୁରାଗର ଆବାହନୀ ତୁମେ ଶୁଣେଇଛ। ତାକୁ ନେଇ ହିଁ ମୁଁ ଆଗେଇବି ଜୀବନରେ।
ଗୋପା	:	(କିଛି ଅନ୍ୟମନସ୍କ ହେଲା)
ଅମର	:	(ଧରିନେଇ) କଣ ହେଇ ଗୋପା ?
ଗୋପା	:	(ବେକରୁ ଫୁଲମାଳ ବାହାର କରି ହାତରେ ଧରିଲା) ମନେ ଅଛୁ ଅମର !
ଅମର	:	କଣ !
ଗୋପା	:	ତୁମର ମୋର ପ୍ରଥମ ଦେଖା କେଉଁଠି ହୋଇଥିଲା ?
ଅମର	:	ଠିକ୍ ମନେ ନାହିଁ।
ଗୋପା	:	ଏଇ ଦୋଳି ପାଖରେ- ଏଇ ବଗିଚାରେ, ଅବଶ୍ୟ ସେତେବେଳେ ସେ ଥିଲା ଫୁଲଭରା-ପ୍ରାଣଭରରର, ପୁଲକର ନିମନ୍ତ୍ରଣ ନେଇ ଆତ୍ମହରା।
ଅମର	:	ଆଜିର ରୁକ୍ଷ ପରିବେଶ କଣ ତୁମକୁ ଡରାଉଛି ? ତାକୁ ବଦଳାଇବା ତ ଆମର ଲକ୍ଷ୍ୟ। ତୁମେ ଆତ୍ମସ୍ଥ ହୁଅ।
ଗୋପା	:	ତୁମ ଆଦର୍ଶ ପଛରେ ମୁଁ ସବୁବେଳେ ରହିଛି ଅମର- କିନ୍ତୁ ଆଜି ଅନୁନୟ କରି କହୁଛି, ତୁମେ ଏ ଘର ଭାଙ୍ଗ ନାହିଁ।
ଅମର	:	(ଗମ୍ଭୀର ହେଲା)
ଗୋପା	:	ମାଁର ରକ୍ତାକ୍ତ ମୁହଁ ଦେଖି ମୋ ପାଟିରୁ କଥା ବାହାରି ନଥିଲା- ତୁମ ବାପାଙ୍କ ଜେଲ୍ ଯିବାକୁ ବି ମୁଁ ମନେ ମନେ ସ୍ୱାଗତ କରିଥିଲ- କିନ୍ତୁ ଏ ଘର ଭାଙ୍ଗିବା ମୁଁ ସହି ପାରିବିନି। ଲୋକେ କହିବେ ଗୋପା ଧ୍ୱଂସକଲା ରାୟବଂଶର ମାନସମ୍ମାନ ଏବଂ ତା ସଙ୍ଗେ ସଙ୍ଗେ ସାତ ପୁରୁଷର ଭିଟାମାଟି।
ଅମର	:	ମୁଁ ଯାହା କରିବାକୁ ଯାଉଛି, ତାକୁ ଯଦି ଅନ୍ୟାୟ ବୋଲି ଭାବୁଥାଅ ତେବେ ମୋର କିଛି କହିବାର ନାହିଁ। କିନ୍ତୁ ଯଦି ମୋ ସାଥିରେ ଜୀବନ କଟାଇବାର ଶପଥକୁ ତୁମେ ସମ୍ମାନ କର, ତେବେ

ଆଉ କିଛି କହନି। ରାୟବଂଶର ଏ ଘରେ ଥିଲା କେବଳ ଘୃଣା ଓ ହିଂସାର ଶାସନ - ଆଜି ତାର ଶେଷ ହେଉ।

ଗୋପା : (ହାତଧରି) ଆମର ଭଲ ପାଇବା ବି ଏଇଠି ଆରମ୍ଭ ଅମର! ଏଇ ଘର... ଏଇ ବଗିଚା.. ଏଇ ଦୋଳି - ଏଇଠୁ - ତାକୁ ତ ତୁମେ କାଟି ଦେଇ ପାରିବନି। ଏ ଘରେ ଘୃଣା ଥିଲା, ପ୍ରେମ ବି ଥିଲା - ଘୃଣାକୁ ବାଦ୍ ଦେଇ ପ୍ରେମର ଜୀବନ ଗଢ଼ିବା ଅମର-

ଅମର : ଘୃଣାର ଖୋଳ ଭିତରେ ପ୍ରେମ ବଢ଼ି ପାରେନା ଗୋପା - ପ୍ରେମର ଆରମ୍ଭ ଥାଏ ମାତ୍ର ଶେଷ ନାହିଁ - ଭଲ ପାଇବାର ସୀମା ଆଜି ଯାକେ ନିର୍ଦ୍ଦିଷ୍ଟ ହୋଇନି। ସେଇ ଅଶେଷ ଭଲ ପାଇବାର ଜୀବନ ମୁଁ ଘୃଣାର ଘେରା ପାଚେରୀ ଭିତରେ ଆରମ୍ଭ କରି ପାରିବିନି।

ଗୋପା : (ଆବେଗରେ) ଆମେ ସବୁ ଘୃଣା ଧୋଇଦେବା ଏ ଘରୁ-ଯେଉଁ ସାଧନା ତୁମେ ଆରମ୍ଭ କରିଛ ମୁଁ ଶେଷ ପର୍ଯ୍ୟନ୍ତ ତୁମ ପାଖରେ ଥାଇ ତାର ବିକାଶ ଲାଗି ସବୁ ଚେଷ୍ଟା କରିବି। - ଦେଖ, ଆମ ଭଲ ପାଇବା ଏଇ ମାଟିର ଭଲ ପାଇବା-ମାଟି ଚାଲିଗଲେ ପ୍ରେମ ବି ପଙ୍ଗୁ ହୋଇଯିବ ଅମର- ମନେ ପକାଅ- ଏଇଠି ଦୋଳିରେ (ଦୋଳି ଉପରେ ଫୁଲହାର ରଖି ଦେଇଛି) .... ସେଦିନ ଥିଲା ଶିବରାତ୍ରୀ............

(ପାର୍ଶ୍ୱର spot light ଲିଭିଗଲା। ଉପରୁ ଆସିଲା ଦୁଇଟି (Crossed spotରୁ ନୀଳ ଆଲୁଅ.... ମୁଣ୍ଡ ଉପରେ ପଡ଼ି ଦୁଇ ଜଣଙ୍କ ମୁହଁ ଅସ୍ପଷ୍ଟ ହେଲା। ଅତୀତର ସେହି ଘଟଣାଗୁଡ଼ିକ ଅଭିନୀତ ହେଲା।

କୌଣସି ପରିବର୍ତ୍ତନର ଆବଶ୍ୟକତା ନାହିଁ। ଆଲୋକର ପରିବର୍ତ୍ତନ ସମୟର ସୂଚନା ଦେବା ଲାଗି ଯଥେଷ୍ଟ ହେବ। ପ୍ରଥମେ ଆଲୁଅ ଲିଭାଇ ଦେଇ ଅମର ଓ ଗୋପା ବିଭିନ୍ନ ଦିଗରୁ ପ୍ରବେଶ କଲା ପରେ ଆଲୁଅ ଆସିବ।)

ଗୋପା : ଏତେ ଡେରି କାହିଁକି କଲ!

ଅମର : ତୁମ ଚିନ୍ତାରୁ ମୁକ୍ତି କେତେବେଳେ ପାଇଲି ଯେ ସମୟ କଥା ଭାବିବି!

ଗୋପା	:	ଯା ! ସବୁବେଳେ କଥା ଆଡ଼େଇ ଯିବା ତୁମର ଅଭ୍ୟାସ... ଆଜି ଉଜାଗର ପାଳିବ ନା ?
ଅମର	:	ଉଜାଗର ! ନିଦରେ ତ ଶୋଇନି କେବେ ! ତୁମ ମନ୍ଦିର ବେଢ଼ା ଚାରିପଟେ ବୁଲି ବୁଲି ତ ପୃଥିବୀକୁ ଦେଖି ସାରିଲିଣି । ଆଉ ଯଦି କିଛି ଦେଖିବାର ବାକିଥାଏ ସେଟା ହାଲିଆ ହେଲା ପରେ-
ଗୋପା	:	ଏମିତି କଥା କହି ତୁମେ ମୋତେ ସାରି ସାରିଲଣି... ଆଜି ଶିବରାତ୍ରୀ, ପବିତ୍ର ମନରେ ପୂଜାକରି ଉଜାଗର ରହିଲେ ପୁଣ୍ୟ ହେବ ।
ଅମର	:	(ଥଟ୍ଟାକରି) ଆଚ୍ଛା- ପୁଣ୍ୟ ହେଲେ କଣ ମିଳିବ ?
ଗୋପା	:	ଜୀବନଟା ସୁଖରେ କଟିବ ।
ଅମର	:	କାହାର ! ଶିବଙ୍କର ନା ଆମର !
ଗୋପ	:	ଭଗବାନଙ୍କୁ ଉପହାସ କରନାହିଁ, ଶିବ ରାଗିଗଲେ ପୃଥିବୀ ଧ୍ୱଂସ ହୋଇଯିବ ।
ଅମର	:	ହୋଇ ଯାଉ ଧ୍ୱଂସ । ମୋ ଗୋପା ହାତ ବାଜିଲେ ପୁଣି ଯୋଡ଼ି ହୋଇଯିବ ପୃଥିବୀ ।
ଗୋପା	:	ଗୋପାର ଏତେ ଶକ୍ତି କାହିଁ ଅମର ! ଗୋପାର ପବନ ବାଜିଲେ ତ ଗୋଲାପ ମଉଳେ ।
ଅମର	:	ଗୋଲାପ ହିଂସାରେ ମଉଳେ, ଗୋପାର ଗନ୍ଧରେ ଅମର ତ ଦିନରାତି ମହକେ । ସେ ମହକ ଯେ ପାଇଛି ତା'ର ଉଜାଗରର ପୁଣ୍ୟ କଣ ହେବ !
ଗୋପା	:	ସବୁବେଳେ ବାଜେ କଥା- ଚାଲ, ମା' ପୂଜା କରୁଛି, ଆମେ ଯାଇ ସେଠି ବସିବା ।
ଅମର	:	ଉଁ... ଉଁ.... କେମିତ ବସିବା ?
ଗୋପା	:	ଆଖିବୁଜି ।
ଅମର	:	ଆଉ... ମଝିରେ ମଝିରେ ଆଖି ଅଧା ମେଲାକରି ମୁଁ ତୁମକୁ କଣେଇ କରି ଚାହିଁବି... ଆଉ ତୁମେ ଧରା ପଡ଼ିଯିବା ଭୟରେ ଜବରଦସ୍ତ ଆଖି ବନ୍ଦକରି ଟିକିଏ ଘୁଞ୍ଚି ବସିବ ନା !
ଗୋପା	:	(ହସି) ହଉ ହେଲା-ଚାଲ ସେୟା କରିବା ।

ଅମର	:	(ଗୋପାକୁ ଧରି) ଆଜି ଶିବରାତ୍ରୀ ନୁହେଁ ଗୋପା। ଆଜି ଗୋପାରାତ୍ରି, ଜାଣେନା ଆଜି ଶିବ ବିଷ ପିଇଥିଲେ କି ନାହିଁ କିନ୍ତୁ ସାଗର ମନ୍ଥନରେ ସତରେ ଯଦି ଅମୃତ ବାହାରିଥିଲ ତାକୁ ଦେବତା ପିଇ ନଥିଲେ... ସେଇ ଅମୃତ ଆଜି ଜମାଟ ବାନ୍ଧି ଲାଖି ରହିଛି ତୁମ ଓଦା ବାଳରେ ଟୋପା ଟୋପା ହୋଇ.....
ଗୋପା	:	(ଅମର ମୁହଁରେ ହାତଦେଇ) ମାଟିରୁ ନେଇ ମତେ ଆକାଶରେ ଥୁଅନା ଅମର, ସ୍ୱପ୍ନ କଟିଗଲା ପରେ ଯଦି ରାତି ନ ପାହିବ ଅନ୍ଧାରରେ ମୁଁ ଅନ୍ଧ ହୋଇଯିବି।
ଅମର	:	ଶୋଇଲେ ସିନା ସ୍ୱପ୍ନ ଦେଖିବ! ଆଜିପରା ଉଜାଗର-
ଗୋପା	:	ହଁ ଚାଲ, ମାଁ ତେଣେ ଅପେକ୍ଷା କରିଥିବ।
ଅମର	:	(ଦଣ୍ଡେ ଚାହିଁ ଗୋପାର ହାତଧରି ଦଉଡ଼ିଲା ଦୋଳି ଚାରିପଟେ) ଚାଲ... ଚାଲ ଚାଲ ଚାଲ ଚାଲ.... (ଧଇଁ ସଇଁ ହେବାପରେ ଗୋପାକୁ ଦୋଳିରେ ବସାଇ ଦେଲା। ଦୋଳିର ଦଉଡ଼ିକୁ ମୋଡ଼ିଦେଇ ଛାଡ଼ିନେଲା - ଗୋପା Anticlockwise ଘୂରିଲା ଦୋଳି ଉପରେ ବସି)
ଗୋପା	:	ଓଃ! ମୋ ମୁଣ୍ଡ କଣ ହୋଇଯାଉଛି। (ଦୋଳି ସ୍ୱାଭାବିକ ଅବସ୍ଥାକୁ ଆସିଲା) ମୋତେ ଏତେ ଭଲ ପାଅନା ଅମର... ଡର ଲାଗୁଛି!
ଅମର	:	ରାୟବଂଶର ଭାବୀ ବଧୂକୁ ଭୟ ଲାଗିପାରେ କିନ୍ତୁ ଅମର ରାୟର ଭାବୀ ସ୍ତ୍ରୀ ଡରିଲେ କେମିତି ହେବ!... ଚାକିରିଟା ଛାଡ଼ିଦେବି ବୋଲି ସ୍ଥିର କରିଛି। ଏଥର ବହି ଛପାଇବି। ଏ ଦେଶଟାକୁ ଦେଖୁଛୁ ତ ଗୋପା! ରାତିର ନିସୁପ୍ତି ଭିତରେ ମନର ନିଆଁ ଜାଳି ଲେଖକ ଲେଖେ, କିନ୍ତୁ ତା ପାଖରେ ପଇସା ପହଞ୍ଚେନା- ଅଥଚ ପ୍ରକାଶକ କୋଠା ତୋଳେ ଯଦିଓ ସେ କୋଠା ଉପରେ ତାର କୌଣସି ଅଧିକାର ନାହିଁ।
ଗୋପା	:	ତୁମେ ଯାହା କର ମୁଁ ତୁମ ପଛରେ ରହିବି - କିନ୍ତୁ ଅମର, ତୁମେ ମୋତେ ଗ୍ରହଣ କରିବ ତ!
ଅମର	:	ଗ୍ରହଣ ତ କରିଛି। ସେ ପ୍ରଶ୍ନ ଉଠିଲା କେଉଁଠୁ?
ଗୋପା	:	କିନ୍ତୁ ମୋର କଣ ବୋଲି ପରିଚୟ ଦେବ?

ଅମର	:	ପରିଚୟ ! ଜଣେ ସୁନ୍ଦରୀ ଯୁବତୀ–ବି.ଏ. ପାଶ୍ କରିଛି– ଆଉ ସେ ମୋର ସ୍ତ୍ରୀ, ଆଉ କଣ ପରିଚୟ ଦରକାର !
ଗୋପା	:	ସେତିକି ! ଆଉ କିଛି କହି ପାରିବନି ?
ଅମର	:	ସଂସାର କରିବା ଲାଗି ଆଉ କଣ ପରିଚୟ ଦରକାର ?
ଗୋପା	:	(ଦୋଳିରୁ ଓହ୍ଲାଇ) କହି ପାରିବ... ମୋ ସ୍ତ୍ରୀର ବାପା କିଏ ସେ ନିଜେ ଜାଣେନି, ତାର ମାଁ ଆମ ଘରେ ବାସନ ମାଜୁଥିଲା– ଆମରି ଦୟାରେ ସେ ଆମ ଘରେ ବଢ଼ି ବି.ଏ. ପାସ୍ କରିଛି ।
ଅମର	:	ଗୋପା !
ଗୋପା	:	ହଁ, ଅମର, ପରିଚୟ କହିଲେ ଲୋକେ ତାହିଁ ବୁଝନ୍ତି – ଦେଇ ପାରିବ ସେ ପରିଚୟ !
ଅମର	:	ଯାହାର ସେ ପରିଚୟ ଦରକାର ସେ ଆପେ ଖୋଜି ନେବ ।
ଗୋପା	:	ଯଦି ତୁମ ବାପାଙ୍କର ଦରକାର ହୁଏ ?
ଅମର	:	ମୁଁ ପ୍ରଥମେ ତାଙ୍କ ପରିଚୟଟା ମାଗିବି ।
ଗୋପା	:	ଯା ଘରେ ମନ୍ତ୍ରୀଙ୍କର ଭିଡ଼ ହୁଏ, ମାସରେ ଦୁଇ ତିନି ଥର ଟା ଭୋଜି ହୁଏ ତାର ପରିଚୟ କଣ ମାଗିବ ?
ଅମର	:	ହଁ ସେ ଆତ୍ମ ପରିଚୟଟା – ବିକ୍ରମ ସିଂ ସାଥିରେ ରାତି ଅଧିଆ ଗସ୍ତ–ବନ୍ଦ କୋଠରିରେ ଚାପା ଆଲୋଚନା, ଆଉ ନୋଟ୍ ଭରା ସୁଟ୍‌କେଶ୍‌ର ଆଦାନ ପ୍ରଦାନ–
ଗୋପା	:	କେଉଁ ଅଧିକାରରେ ପ୍ରଚାରିବ ?
ଅମର	:	ଯେଉଁ ଅଧିକାରରେ ସେ ମୋତେ ପୃଥିବୀକୁ ଆଣିଛନ୍ତି ।
ଗୋପା	:	ତାପରେ କଣ ହେବ ବୋଲି ଭାବିଛ ?
ଅମର	:	କଣ ହେବ ! କିଛିଟା ପାଟିତୁଣ୍ଡ– କୁଳାଙ୍ଗାର ସମ୍ବୋଧନ, ମା'ର ଲୁହ ଆଉ ବାପାଙ୍କର ନାଲିଆଖି... ତାପରେ ଯଦି ବେଦୀ ନୁହେଁ ତେବେ କଚେରୀ– କିନ୍ତୁ ମୁଁ ଯାହା ଠିକ୍ କରିଛି ସେଥିରୁ ମତେ କେହି ବଦଳାଇ ପାରିବନି ।
ଗୋପା	:	ଗୋଟିଏ ପରିବାରର ଯୁଦ୍ଧ ପର୍ବର ମୁଁ ନାୟିକା ହୋଇ ପାରିବନି ।
ଅମର	:	ଏତେ ଦୁର୍ବଳ ମନ ନେଇ ତୁମେ ଅମର ରାୟକୁ ଭଲ ପାଇଲ ଗୋପା ! ମୁଁ ଶାନ୍ତି ଭଲ ପାଏ କିନ୍ତୁ ତା'ବୋଲି ନିଜତ୍ୱକୁ ବଳି ଦେଇ ପାରିବିନି ।

ଗୋପା	:	ଆଉ ଟିକିଏ ଚିନ୍ତାକର ଅମର। ଆମ ବାହାଘର ପରେ ଯଦି ତୁମେ ଆବିଷ୍କାର କରି ଯେ ତୁମେ ଭୁଲ୍ କରିଛ- ସେତେବେଳେ କଣ କରିବ ?
ଅମର	:	ମାନେ ?
ଗୋପା	:	ସେଦିନ ତୁମ ବାପାଙ୍କ ମୁହଁରୁ ଶୁଣିଥିଲି - କେତେଗୁଡ଼ିଏ କଥା ହୋଇ ପାରେନା-ଯେମିତି ତାରା ଆଉ ଅଙ୍ଗାର ଏକାଠି ମିଶି ପାରିବେନି- ଆଉ କଣ୍ଠରେ କୋଇଲିର ଗୀତ ଆସି ପାରିବନି।
ଅମର	:	ନିମ ଗଛରେ ମଳୟ ଲାଗିଲେ ଚନ୍ଦନ ହୁଏ, ଗୋପା। ସମ୍ବାଳୁଆ ହୁଏ ପ୍ରଜାପତି। ମହା ସ୍ରୋତର ପବିତ୍ରତାରେ ଯାହାର ବିଶ୍ୱାସ ଗୋଳିଆ ପାଣିକି ସେ ଡରେ କାହିଁକି ? ...ତା'ଛଡ଼ା ମଣିଷ କହିଲେ ମୁଁ ବୁଝେ ଗୋଟେ ଦି ଗୋଡ଼ିଆ ପଶୁ-ପଶୁତ୍ୱରୁ ମୁକ୍ତି ପାଇବାକୁ ହେଲେ ମନଟାକୁ ମାଜିବାକୁ ହେବ।
ଗୋପା	:	ତୁମେ କଣ କହୁଛ ମୁଁ ଠିକ୍ ବୁଝୁନି ଅମର - ଯଜ୍ଞକୁଣ୍ଡର ଦ୍ରୌପଦୀ ମୁଁ ନୁହେଁ - ମୁଁ ଏ ମଟିର ମଣିଷ, ନିୟମ ମାନିବା ମୋର କାମ। ମୁଁ ଆଜି ଭାବେ ଯେ ମୋ ନିୟମଟା ପ୍ରେମ ଡୋରିରେ ବନ୍ଧା- ଚାଲ ଯାହା ତୁମର ଇଚ୍ଛାକର....
ଅମର	:	ହେଇ ଉଜାଗର ପାଳିବ ନାହିଁ।
ଗୋପା	:	(ପ୍ରକୃତିସ୍ଥ ହୋଇ) ହଁ, ଚାଲ ଆଗ ମା'ର ପୂଜା ପାଖରେ ବସିବା।
ଅମର	:	ଖାଲି ବସିବି ନୁହେଁ-- ଆଜି ତୁମ ମା'ଙ୍କୁ ସବୁ କହିଦେବି ମଧ୍ୟ।
ଗୋପା	:	କଣ କହିବ !
ଅମର	:	କହିବି... (ଇ-ଇ-ଇ) ଯାହା ମନକୁ ଆସିବ...
ଗୋପା	:	କଣ ?
		(ଏଇ ସମୟରେ ଭିତରୁ ପୂଜାର ଘଣ୍ଟା ବାଜିଲା)
ଗୋପା	:	(ହସି) ହଉ ସେତିକି ଥାଉ........
		(ଆଲୁଅ ପୁଣି ବଦଳି ଗଲା। ଏବଂ ଗୋପା ଓ ଅମର ପୂର୍ବର ଅବସ୍ଥାକୁ ଫେରି ଆସିଲେ। ଅମର ଦୋଳିର ଦଉଡ଼ିକୁ ଧରି ଚୁପ୍ କରି ଠିଆ ହୋଇଥାଏ)
ଗୋପା	:	ଆଉ ଚୁପ୍ କରି ଠିଆ ହେବାର ବେଳ ନାହିଁ।
ଅମର	:	ତୁମେ ତା ହେଲେ ଡରିଗଲ।

ଗୋପା	:	ଡରିବି କାହିଁକି ? ଲକ୍ଷ୍ୟହୀନ ଯାତ୍ରା କରିବା ଅପେକ୍ଷା, ପୁରୁଣା ଗୁମ୍ଫାରେ ଚାଲିବା ଭଲ ।
ଅମର	:	ରାସ୍ତା ଆମେ ଅନେକ ଖୋଜିଛେ - ପୃଥିବୀର ବହୁତ ରାସ୍ତା ଯାନବାହନର ଗତି ମଧ୍ୟ ଖୁବ୍ ବଢ଼ିଛି କିନ୍ତୁ କିଏ କେଉଁଠି ପହୁଞ୍ଚେନା - ମୋ ରାସ୍ତା ଲକ୍ଷ୍ୟହୀନ ନୁହେଁ - ଆମ ବିବାହ ବେଦୀରୁ ଯେଉଁ ରାସ୍ତାରେ ମୁଁ ଚାହିଁବି ସେହି ହେବ ଆମର ଲକ୍ଷ୍ୟ ସାଧନାର ପଥ ।
		(ପ୍ରବେଶ କଲେ ରାଜୁବାବୁ, ବସନ୍ତ ଓ ତାର ସ୍ତ୍ରୀ ଅରୁଣା)
		(ରାଜୁବାବୁଙ୍କ ବୟସ ପ୍ରାୟ ୪୦/୪୨)
ରାଜୁ	:	ଆରେ ବରକନ୍ୟା ତ ଏଇଠି - ଆଉ ସେ ପାଖରେ ସେ ବେଦୀ ନାଁରେ ସେ ପ୍ରହସନ କାଇଁକି ? .....ଏଇଠି ତ ଗୋବର ଲିପିଦେଲେ ଚଳିଯାନ୍ତା... ... ଆଉ ଅମର ରାୟ ବାହା ଘରରେ ଖଣ୍ଡେ ନିମନ୍ତ୍ରଣ ପତ୍ର ଛପା ହୋଇନି-
ଅମର	:	ଅଧିକା କଣ ହୋଇଥାନ୍ତା ! ନିମନ୍ତ୍ରଣ ନ ପାଇତ ଆପଣ ଆସି ଯାଇଛନ୍ତି । ଆଉ ଗୁଡ଼ାଏ ସାକ୍ଷୀ କଣ ହେବ ?
ରାଜୁ	:	ସାକ୍ଷୀ !
ଅମର	:	ହଁ ସାକ୍ଷୀ ନୁହେଁତ ଆଉ କଣ ? ଭୋଜିଖାଇ ବରକନ୍ୟାଙ୍କୁ ଏକାଠି ଦେଖିଲେ କାମ ଶେଷ । ତାପରେ ଆଉ କେହି କହିବାକୁ ନ ଥିବ ଯେ ଏ କନ୍ୟା ମୋର ନୁହେଁ ।
ରାଜୁ	:	ହଉ ହେଲା- (ଗୋପାକୁ) ଅନେକ ଭାବନ୍ତି ବେଦୀରେ ବାହାଘର, ବାହାଘର ନୁହେଁ - ଭୋଜିଖିଆ ସାକ୍ଷୀ ଯଦି ଦରକାର ନାହିଁ, ଦୁଇ ତିନୋଟି ଦସ୍ତଖତରେ ତ କାମ ସରିଥାନ୍ତା, ଏତେ ଝନ୍‌ଝଟ୍ କାହିଁକି ?
ବସନ୍ତ	:	ଆପଣ ବି କଣ ଏମିତି କହୁଛନ୍ତି ରାଜୁବାବୁ । ଇତିହାସ ଲେଖନ୍ତି ଗବେଷଣା କରନ୍ତି । କେତେ ଘଟଣା ତ ଏମିତି ଦେଖିଥିବେ ।
ରାଜୁ	:	ହଁ ଦେଖିଛି, ମୁଁ ତ ମୋଟେ ଆଶ୍ଚର୍ଯ୍ୟ ନୁହେଁ । ଅନେକ ସଭ୍ୟତା ତ ଫାଟିଛି ନିଜର ବୋଝ ନିଜେ ସହିନପାରି, ସେମିତି ଏ ଘର ଫାଟିବ, ଆମେ ଅବଶ୍ୟ ଧୂଳିରୁ ରକ୍ଷା ପାଇବା ପାଇଁ ଟିକିଏ

		ଦୂରେଇ ଯିବା, କିନ୍ତୁ ଧ୍ୱଂସ ଆଉ ହୁଳହୁଳି ଏକାସାଙ୍ଗରେ ଶୁଣିନି କେବେ, ତାକୁ ଶୁଣିବାକୁ ମୁଁ ଆସିଛି।
ବସନ୍ତ	:	ଖାଲି ଶୁଣିଲେ ହେବନି, ହୁଳହୁଳି ଦେବାକୁ ମଧ୍ୟ ପଡ଼ିବ, କାରଣ ଆମଛଡ଼ା ଏଠି ଆଉ କେହିନାହିଁ।
ରାଜୁ	:	ଆରେ ହଁ– ଆମେ ସମସ୍ତେ ତ ଏଠିକି ଆସିଲେ ସେ ବେଦୀ ପାଖରେ ବାବ୍‌ଲୁ ଶୋଇ ପଡ଼ିଛି ଯେ।
ଅରୁଣା	:	ପୁରୋହିତ ତ ବସିଛନ୍ତି ସେଠି।
ରାଜୁ	:	ସେଟା ତ ଘୁମାଉଥିବ ବସି – ହଁ ଅମର, ପୁରୋହିତ କଣ ଦରକାର ଥିଲା। ମୁଁ ତ କରି ଦେଇଥାନ୍ତି ବାହାଘର।
ଅମର	:	ଆପଣ ପୂଜାପାଠ ଜାଣନ୍ତି ନା କଣ?
ରାଜୁ	:	ହଁ, ତୁମ ବାହାଘର ମନ୍ତ୍ର ମୋ ଛଡ଼ା କେହି ବୋଲି ପାରିବେ ନାହିଁ।
ଅମର	:	ମାନେ?
ରାଜୁ	:	ତୁମ ବାହାଘରରେ ତ – 'ଯଥା ରାବଣସ୍ୟ ମନ୍ଦୋଦରୀ'– ହେବ ନାହିଁ। ସେଠି ହେବ ଯଥା 'ବର୍ତ୍ତମାନସ୍ୟ ଭବିଷ୍ୟତଃ' ଯଥା 'ଚିତ୍କାରସ୍ୟ ହୁଳହୁଳିଃ' ଯଥା ଅଭିମାନସ୍ୟ –
ଅମର	:	ରାଜୁବାବୁ।
ରାଜୁ	:	ଚମକ ପଡୁଛ କାହିଁକି? ତୁମର ନୂଆ ଜୀବନ ଆରମ୍ଭ କଣ ପୁରୁଣା ମନ୍ତ୍ରରେ ହେବ? ପୃଥିବୀର ସମସ୍ତ ସଭ୍ୟତାର ଇତିହାସ ପଢ଼ିଛ –କିଛି କିଛି ଲେଖିଛ ମଧ୍ୟ–ହେଲେ ଏମିତି ବାହାଘର ତ ଦେଖିନି କେଉଁଠି।
ଅମର	:	ସମୟର ଚକ କଣ ଗୋଟିଏ ରାସ୍ତାରେ ଚାଲିବ।
ରାଜୁ	:	ନା, ନା, ମୋତେ ନୁହେଁ, ବେଳେ ବେଳେ ରାସ୍ତାଭାବି କାଦୁଅରେ ବି ପଶିବାକୁ ହେବ। ତା ନ ହେଲେ ଚକର ପରୀକ୍ଷା ହେବ କେମିତି?
ରାଜୁ	:	ଉପହାସ ତ କରୁନି, ତୁମେ ତ ଦୀପ୍ତିମାନ ପୁରୁଷ–ଭାବିଚିନ୍ତି ସବୁବେଳେ କାମକର। ତୁମେ ଗୋଲକ ନୁହଁ କି ଉମୟ ଖାୟାମ୍ ନୁହଁ – ପାଗଲାମୀ ବା କଳ୍ପନାବିଳାସ ତୁମ ଧାତୁରେ ନାହିଁ, ତୁମକୁ ମୁଁ ଉପହାସ କରିବି କେମିତି?

ବସନ୍ତ	:	ଛାଡ଼ନ୍ତୁ ରାଜୁବାବୁ - ଆପଣ ପରା ଘର ଭିତରଟା ଦେଖିବାକୁ ଚାହୁଁଥିଲେ, ଆସନ୍ତୁ ଦେଖିନେବା, ଆଉ ଟିକିଏ ପରେ ତ କିଛି ନଥିବ ଏଠି।
ରାଜୁ	:	ହଁ ଦେଖିବି। କିନ୍ତୁ ଆପଣଙ୍କ ସଙ୍ଗେ ନୁହେଁ। ଅମର ଦେଖେଇବ ମୋତେ। ଚାଲ ଅମର। ପାପ ଅନ୍ୟାୟ ଅଧର୍ମ ସବୁ କେଉଁ କେଉଁ ବଖରାରେ ଅଛି ମତେ ଟିକଏ ଦେଖେଇ ଦେବ।
ଅମର	:	ପାପ ସବୁ କାନ୍ଥରେ ବା ଚଟାଣରେ ଲାଗି ନ ଥାଏ।
ରାଜୁ	:	ତେବେ କଣ ଛାତରେ ନା ଅଗଣାରେ !
ଅମର	:	(ବିରକ୍ତ ହେଲା କିନ୍ତୁ ପରେ ସଂଯତ ହୋଇ) ନା ସେଠି ବି ନୁହେଁ। ପାପ ଥାଏ ମନରେ। ଯେଉଁ ମଣିଷ ସେ ଘରେ ଚଳେ ତା ଭିତରେ।
ରାଜୁ	:	ତେବେ ତ ଏ ଘର ନିଷ୍କଳଙ୍କ। ବାପା ତ ଜେଲ୍‌ରେ ଥିଲେ, ମା' ତ କେବେଠୁ ମଲେଣି। ତୁମେ ତ ରହୁଛ ଅଲଗା ଘରେ- ଆଉ କଣ ବିକ୍ରମ ସିଂ ସେ ପାପ ବୋହି ବୁଲୁଛି।
ଅମର	:	ନ ରାଗିବାର ଶପଥ ନେଇଛି ରାଜୁବାବୁ। ରାଗିଲେ ହୁଏତ ଆପଣ କହିବେ- ଏଇ ଧୈର୍ଯ୍ୟ ନେଇ ତୁମେ ଚାଲିବ ! ବିକ୍ରମ ସିଂ କାହିଁକି ପାପ ବୋହିବ ? ତା ନିଜ ଇଚ୍ଛାରେ ସେ କେବେ କିଛି କରିନି। ପାପ ହେଲା ସଂସ୍କାରର ପତନ। ଏ ଘରେ କଣ ତା ଘଟିନି !
ରାଜୁ	:	ସେୟାତ ଦେଖିବି ବୋଲି କହୁଛି। ଚାଲ ମତେ ଟିକିଏ ଦେଖେଇ ଦେବ।
ଅମର	:	ଦଶବର୍ଷ ହେଲା ମୁଁ ସେ ଘର ଭିତରେ ପଶିନି।
ରାଜୁ	:	ପଶିଲେ କଣ ପାପ ହେବ ?
ଅମର	:	ନା, ପାପଭରା ଅତୀତଟା ଆସି ଆଖି ଆଗରେ ଠିଆ ହେବ।
ରାଜୁ	:	ସେୟା ତ ଭଲ। ଯଦି ସାମନାରେ ଆସିଯାଏ ତାକୁ ପଚାରିବି- ଆଜି ତୁମ ଶେଷ ଦିନରେ ତୁମର ଶେଷ ଇଚ୍ଛା କଣ ?
ଅମର	:	ଅତୀତ କେବେ ପ୍ରଶ୍ନର ଉତ୍ତର ଦିଏ ନା।

ରାଜୁ	:	ନିଶ୍ଚୟ ହେବ ଯଦି ପ୍ରକୃତରେ ସେଟା ଅତୀତ। ଅତୀତ ଯେଉଁଠି ନାହିଁ ସେଠି ଭବିଷ୍ୟତ ମଧ୍ୟ ନାହିଁ ଅମର। କାରଣ ଅତୀତ ଓ ଭବିଷ୍ୟତର ଗୋଟିଏ ସ୍ରୋତର ଗତି।
ଅମର	:	ଚାଲନ୍ତୁ ପଚାରିବା ତେବେ-ହେ ମୋର ଦୁଇ ଶହ ବର୍ଷର ପୁରୁଣା କାନ୍ଥ ଛାତ ଛଟାଣ ମାନେ ଏ ବଂଶର ଇତିହାସ ସହିତ ତୁମେ ମଧ୍ୟ କଳଙ୍କିତ। ଆଜି ମୁଁ ତୁମକୁ ମୁକ୍ତ କରିବି ଡିନାମାଇଟ୍‌ର ପାର୍ବଣ ନୃତ୍ୟରେ। ତୁମର କହିବାର ଅଛି ?
ରାଜୁ	:	କଣ ଉତ୍ତର ମିଳିବ ବୋଲି ଭାବିଛ !
ଅମର	:	ଅଙ୍ଗୀକାରର ନିଃଶବ୍ଦ ତ।
ରାଜୁ	:	ନା- ହସ-କାନ୍ଦ-ବ୍ୟଥା-ବେଦନା-ରକ୍ତ-ଯନ୍ତ୍ରଣାର କୋଟି କଣ୍ଠର କୋରସ୍ ଶୁଣାଯିବ-
ଅମର	:	ଚାଲନ୍ତୁ, ମୁଁ ବି ଶୁଣିବାକୁ ଚାହେଁ। ବର୍ଲିନ ସହର ମଝିରେ କାନ୍ଥ ଉଠିଲା ବେଳେ ଶୁଭିଥିଲା କିଛି କିଛି, ରୋମ୍ ଜଳିଲା ବେଳେ ନିରୋର ଚିତ୍କାର ଭିତରେ ମଧ୍ୟ କିଛି ଶୁଣାଯାଇଥିଲା- ଆଜି ଯଦି ରାୟବଂଶର ପୁରୁଣା ଘରୁ ସେ ଶବ୍ଦ ଶୁଣାଯିବ ମୁଁ ବହୁତ ଖୁସୀ ହେବି ରାଜୁ ବାବୁ !
ରାଜୁ	:	ଚାଲ। (ଯାଉ ଯାଉ ଫେରି) ବସନ୍ତ ନବବଧୂର ଦାୟିତ୍ୱ ତୁମ ଉପରେ। ଦୁଃଖ କରନି ଗୋପା-କନ୍ୟାଦାନ ମୁଁ କରିବି। ବାହାଘର ନିଶ୍ଚୟ ହେବ, କିନ୍ତୁ ଅମର ଟିକିଏ ବୁଝି ନେଉ ତାର ଭୁଲ।
ଅମର	:	ମୁଁ କୌଣସି ଭୁଲ୍ କରିନି।
ରାଜୁ	:	ନା, କରିବାକୁ ଯାଉଛି।
ଅମର	:	ଆପଣମାନେ ଯଦି ମୋ କାମକୁ ସମର୍ଥନ ନ କରନ୍ତି ତେବେ-
ରାଜୁ	:	ଚାଲିଯିବୁ ! ମୋଟେ ନୁହେଁ। ଆମେ ନିଶ୍ଚୟ ରହିବୁ ଏବଂ ତୁମକୁ ବିରକ୍ତ ମଧ୍ୟ କରିବୁ। - ତୁମର ଭୁଲ୍ ହେଲା ତୁମେ ଚାହଁ ପୃଥିବୀର କକ୍ଷ ବଦଳାଇବ, ଯାହା କେବେ ହୋଇନପାରେ।
ଅମର	:	ରାଜୁ ବାବୁ ! ଆପଣଙ୍କ ଆପତ୍ତିଟା ମଣିଷର ଚିରାଚରିତ ପ୍ରବୃତ୍ତି ନୁହେଁ ତ ! ଜଣେ ଐତହାସିକ ହିସାବରେ ଆପଣ ତ ନିଶ୍ଚୟ ଜାଣନ୍ତି ଯେ ମଣିଷ ପରିବର୍ତ୍ତନକୁ ସ୍ୱୀକାର କରେ ନାହିଁ। ସବୁବେଳେ ସେ ଡରେ ଅନାଗତକୁ ! ଅଭ୍ୟାସ ବଦଳି ଗଲେ

ସୃଷ୍ଟି ଶେଷ ହୋଇଯିବ ବୋଲି ଭାବେ। ଆପଣଙ୍କ କଥାଟା ତା ନୁହେଁ ତ !

ରାଜୁ : ନା, ମୁଁ ଖାଲି କହିବାକୁ ଚାହେଁ ଯେ ତୁମେ ଯେଉଁ ବିଦ୍ରୋହ କରିବାକୁ ଯାଉଛ ସେଥିରେ ଯନ୍ତ୍ରଣା ଅଛି କେବଳ -

ଅମର : ପ୍ରତ୍ୟେକ ଶିଶୁ ଜନ୍ମହୁଏ ରକ୍ତାକ୍ତ ହୋଇ। ପ୍ରସବ ବେଦନାର ଚିତ୍କାରକୁ ଅପେକ୍ଷା କଲାପରେ ହିଁ ଆମେ କଅଁଳ ଛଳ ଛଳ ମୁହଁ ଦେଖୁଁ।

ରାଜୁ : ଅନେକ ସମୟରେ କିନ୍ତୁ ରକ୍ତ ଧୋଇଲା ପର୍ଯ୍ୟନ୍ତ ଶିଶୁ ରହେନା।

ଅମର : କ୍ଷତି ନାହିଁ। ସମ୍ଭାବନାର ଅପମୃତ୍ୟୁ ସଭ୍ୟତାର ଶେଷ ଅଙ୍କ ନୁହେଁ। ଚାଲନ୍ତୁ ମୁଁ ଦେଖେଇ ଦେବି ଏ ଘର କାହିଁକି ଭାଙ୍ଗିବା ଉଚିତ। କଣ ଲାଗି ଏ ଘର ଯନ୍ତ୍ରଣାର କବର ହୋଇ ଉଠିଛି ମୋ ପାଇଁ, - ତୁମେ ଦୁଃଖ କରନି ଗୋପା। ଯେଉଁ ଯନ୍ତ୍ରଣାର ଶେଷ ଲାଗି ଗୋଟିଏ ଯୌବନ ଅପେକ୍ଷା କରି ପାରିଲ, ଆଜି ବ୍ୟଙ୍ଗ କଥା ଶୁଣି ବିଚଳିତ ହେବନି ବୋଲି ମୋର ବିଶ୍ୱାସ।
(ରାଜୁବାବୁଙ୍କୁ ପ୍ରାୟ ଟାଣି ଟାଣି ନେଇଗଲା)

ଅରୁଣା : (ଗୋପାକୁ ଦେଖାଇ) ତା'ରି ଲାଗି ଆଜି ସବୁ ଶେଷ ହୋଇଯିବ। ମା ମଲା, ବାପା ଜେଲ୍ ଗଲେ, ଶେଷରେ ସାତ ପୁରୁଷର ଘର ମଧ୍ୟ....... (କାନ୍ଦିଛି)

ବସନ୍ତ : ଚୁପ୍‌କର। ଗୋପାକୁ କାହିଁକି ଦୋଷ ଦେଉଛ ? ଏଥିରେ ଦୋଷ କାହାର ନାହିଁ। ଯାହା ହେବାର ଥିବ ହେବ। ଏତିକି ଭାବ ଯେ ଆଜି ତୁମର ଭାଇର ବାହାଘର। ଆଉ ଗୋପା ତୁମ ନୂଆ ବୋହୂ।

ଅରୁଣ : ମୁଁ ତାକୁ କେବେ ନୂଆବୋହୂର ସମ୍ମାନ ଦେବି ନାହିଁ। ବରଂ କହିବି ଯେ ଆମ ବଂଶର ଶତ୍ରୁ ହିସାବରେ ସେ ଆସିଥିଲା ଏଠିକି।

ବସନ୍ତ : ଅରୁଣା ରାୟବଂଶର ଝିଅ ହିସାବରେ ପରା ତୁମେ ଗର୍ବ କର ! ଏଇଟା ଜଣ ରାୟବଂଶର ସଭ୍ୟତା ? ଗୋଟିଏ ନିରୀହା ସ୍ତ୍ରୀ ମନରେ ତୁମେ ଆଜି କଷ୍ଟ ଦେବ ! ଦେଖି ପାରୁନ ତା କପାଳରେ ଚନ୍ଦନ ଟୋପା- ମୁଁ ଭାବିଥିଲି ତୁମେ ତାକୁ ଆଜି ସଜେଇ ଦେବ ନିଜ ହାତରେ....

(ଗୋପାର କୋହ ଉଠିଛି, ସେ ଭଙ୍ଗା ସିମେଣ୍ଟ ବେଞ୍ଚ୍ ରେ ବସି ପଡ଼ିଛି)

ଅରୁଣା : ଯେ ମୋର ସବୁ କିଛି ଧ୍ୱଂସ କରିଛି ମୁଁ ତାକୁ ସଜେଇବି ?

ବସନ୍ତ : କଣ କରିଛି ସେ ତମର ! ତମେ ସବୁ ତାର କଣ ନ କରିଛ ? ତା ମା'କୁ କୋଉ ଅଧିକାରରେ ମରାଗଲା ଏଠି ?

ଅରୁଣା : ଚାକରାଣୀକୁ ମାରିବା ପାଇଁ ଅଧିକାର କଣ ଦରକାର ?

ବସନ୍ତ : ବାଃରେ ରାୟବଂଶ ! ଚାକରାଣୀ କଣ ମା ପେଟରୁ ବାହାରିଲା ବେଳେ ହାତରେ ମୁଠେଇ ଆଣିଥିଲ ? ତା ମା ଏଠି କାମ କରୁଥିଲା ତା ପେଟ ପୋଷିବା ପାଇଁ, ଯେମିତି ସମସ୍ତେ କାମ କରନ୍ତି, ତାକୁ ତମେ ମାରି ପାରିବ ନାହିଁ।

ଅରୁଣା : ଚାକରାଣୀ ହୋଇ ଯଦି ମାଲିକର ପୁଅ ସାଙ୍ଗରେ ନିଜ ଝିଅକୁ ବାହା ଦେବା ପାଇଁ ଫନ୍ଦି କରେ କଣ ଆଉ ହୋଇଥାନ୍ତା ?

ବସନ୍ତ : ଫନ୍ଦି କଣ କଲା ? ସ୍ପଷ୍ଟ ଭାବେ କହିଲା- ଓଃ ତୁମ ବାସନ ମାଜୁଥିଲା ବୋଲି ଫନ୍ଦିକଲା। ଯଦି ଲକ୍ଷପତି ହୋଇଥାନ୍ତା ସେତେବେଳେ ସେଟା ପ୍ରସ୍ତାବ ହୋଇଥାନ୍ତା ! (ଗୋପାର ହାତଧରି) ତୁମେ ଏଠୁ ଚାଲ। ଶୁଣିନି ଏସବୁ କଥା। ଚାଲ ବେଦୀ ପାଖରେ ବସିବ।

(ଗୋପା କାନ୍ଦିଛି)

ବସନ୍ତ : ତୁମପରି ସ୍ତ୍ରୀ ଆଖିରେ ଲୁହ ସାଜେନା। - ଆଜି ତୁମ ବାହାଘର, ଆଜି ହସିବାର ଦିନ। କାନ୍ଦୁଛ କଣ ?

ଗୋପା : କାହାକୁ ନେଇ ହସିବି ବସନ୍ତ ବାବୁ ? ମୋର ତ କେହି ନାହିଁ, ମୁଁ ନିଜେ ବି ମୋର କି ନୁହଁ ବର୍ତ୍ତମାନ ସନ୍ଦେହ ଲାଗୁଛି।

ବସନ୍ତ : ଛି ଆଜି ଏମିତି କଥା କହନା- ଯାଅ ବାବୁଲ୍ ପାଖରେ ବସ। ଆମେ ସମସ୍ତେ ତୁମର। ଲୁହରେ ଆଜି ଯଦି ସବୁ କିଛି ଧୁଆ ହେବ - ଅନେକ ଲୁହ ଝରିଲାଣି ବହୁତ ଆଖିରୁ। ସେତିକି ଥାଉ। ବନ୍ୟା ହେଲେ ବୁଡ଼ିବା।

(ଗୋପାକୁ ମଞ୍ଚର ଡାହାଣ ପଟେ ଛାଡ଼ି ଦେଇଛି)

- ଅମର ଠିକ୍ କହୁଥିଲା-ଏ ଘରେ ଖାଲି ଘୃଣା ଭରି ରହିଛି। ଗୋପା ଆଜି ଛୋଟ ଝିଅ ନୁହେଁ। ବତିଶି ବର୍ଷର ସ୍ତ୍ରୀଟିଏ। ତା

		ମନରେ ବାହାଘରର ଉନ୍ମାଦନା କେବେହେଲେ ନ ଥିବ କିନ୍ତୁ ବେଦୀ ଉପରେ ବସିବାର ନାରୀସୁଲଭ ସରାଗ ଟିକିଏ ତ ଥିବ, ସେତକ ବି ସହି ପାରୁନ ତୁମେ ?
ଅରୁଣା	:	ସରାଗ ଯାହାର ଦରକାର ଥିଲା, ରାସ୍ତା କଡ଼ରେ କାହିଁକି ଜନ୍ମ ହେଲା ?
ବସନ୍ତ	:	(ରାଗି) ତୁମ ବାପାଙ୍କ ପରି ଲୋକଙ୍କ ଲାଗି - ରାତିର ଅତିଥି ହୋଇ ଯେଉଁମାନେ ସିନ୍ଦୂରା ଫାଟିବା ପୂର୍ବରୁ ଚାଲିଯାନ୍ତି ରକ୍ତଝରା ସୂର୍ଯ୍ୟଙ୍କ ଭୟରେ। ଗୋପା ରାସ୍ତାରେ ଜନ୍ମ ହୋଇଥିଲା ତେଣୁ ତାର ମା'କୁ ତୁମେ ହତ୍ୟା କରିପାର-ଆଉ ତୁମେ ପାପର ଶିବିର ଭିତରେ ଜନ୍ମ ହୋଇଥିଲେ ମଧ୍ୟ ଲୋକେ ତୁମକୁ କୋଳେଇ ନେବେ।
ଅରୁଣା	:	ନିଶ୍ଚୟ! ମନେ ପକାଅ, ଆମ ବାହାଘର ଦିନ ଏ ଘର କଣ ଦେଖାଯାଉଥିଲା-ଆଉ ଆଜି? ତୁମେ କଣ ଦେଖି ପାରୁନ! ଏ ମଣିଷ ଉପରୁ ଗଡ଼ାହୋଇ ତଳକୁ ଆସେ।
ବସନ୍ତ	:	ହୁଁ- ହୋଇଥିବ। ତୁମ ବାପା ବି ଉପରୁ ଗଡ଼ା ହୋଇଥିଲେ, ଜେଲ୍ ଗଲାବେଳେ ମଧ୍ୟ ସେଇ ଉପରୁ ସମର୍ଥନ ମିଳିଥିଲା। ଆଉ ଆଜି ଅମର ଓ ଗୋପାର ବାହାଘର ମଧ୍ୟ ସେଇ ଉପରର ଇସାରାରେ-ତୁମେ ଏ ତଳେ ବସି ପାଟି କାଇଁକି କରୁଛ ? (ପ୍ରବେଶ କଲା ବିକ୍ରମ ସିଂ- ତାର ଗୋଡ଼ ଗୋଟିଏ କଟିଯାଇଛି, Crutchesରେ ଆସିଛି। ପୂର୍ବରୁ ସେ ସୈନ୍ୟବାହିନୀରେ ଥିଲା। ତା ଚେହେରାରେ ଜ୍ୟୋତି ଅଛି। ବୟସ ୫୫ରୁ ୬୦ ଭିତରେ)।
ଅରୁଣା	:	ବିକ୍ରମ, ତୁମେ କେଉଁଠି ରହିବ ଏଥର ?
ବିକ୍ରମ	:	(ଚୁପ୍ ରହିଛି)
ବସନ୍ତ	:	ତୁମ ମନରେ ବି ଦୁଃଖ ଥିଲାପରି ଲାଗୁଛି ବିକ୍ରମ- କଥା କଣ?
ବିକ୍ରମ	:	ନାଇଁ ବାବୁ ଦୁଃଖ ନାହିଁ। ଆଜି ବଡ଼ବାବୁ ଆସିବେ, ବାସ୍ ତାଙ୍କୁ ଟିକିଏ ଦେଖିଲେ ମୁଁ ଚାଲିଯିବି।
ଅରୁଣା	:	କୁଆଡ଼େ ଜିବ ? ଏ ବୟସରେ-
ବିକ୍ରମ	:	ରାସ୍ତା ମିଳିଯିବ ମା, ବର୍ମାରେ ଗୁଳିବାଜିଲା। ମରିନି। ଜାପାନୀମାନେ ରଖିଲେ ଜେଲରେ ଖାଇବାକୁ ଦେଲେନି,

ସେଥିରେ ବି ପ୍ରାଣ ଗଲାନି । ଏବେ ବି କେଉଁଠି ହେଲେ ମିଳିଯିବ ଦିନ କାଟିବାର ଜାଗା-

ବସ : ତୁମକୁ ତ ଅମର କେବେ ମନା କରିବନି ରହିବାକୁ ।

ବିକ୍ରମ : ମୁଁ କଣ ତାଙ୍କ କଥାରେ ଏଠି ଥିଲି ? ମୁଁ ଥିଲି ବାବୁଙ୍କୁ ଅପେକ୍ଷା କରି । ସେ ମୋତେ ଆଣି ରଖିଥିଲେ ପାଖରେ । ଏ ଘରେ ମୋର ୨୨ ବର୍ଷ କଟିଛି- ହେଲେ ଆଜି ଆଉ ରହିବିନି । ମୋର ସବୁ ମନେପଡ଼ି ଯାଉଛି... (ଆଖି ଛଳ ଛଳ କଲା) ।

ଅରୁଣା : (ବସନ୍ତକୁ) ଦେଖ-ରାୟବଂଶର ଛାତିତଳେ ସେ ଦିନେ ରହିଛି ତା ଆକ୍ଷିରେ କୃତଜ୍ଞତାର ଲୁହ-

ବସନ୍ତ : ସେଇ ଛାତତଳେ ତୁମେ ୨୦ ବର୍ଷ ବଢ଼ି ମଧ୍ୟ ଅହଂକାରକୁ ଚାପି ପାରିଲନି ।

ଅରୁଣା : କାହିଁକି ତମର କଣ ହିଂସା ହେଉଛି ?

ବସନ୍ତ : ହଁ... ଟିକିଏ ଟିକିଏ - ତୁମସଙ୍ଗେ ବାରବର୍ଷ କଟିଥିଲେ ମଧ୍ୟ ତୁମ ବଂଶର ଯୋଗ୍ୟ ହୋଇ ପାରିଲିନି ।

ବିକ୍ରମ : ବାବୁ ! ତୁମେ କାହିଁକି ଝଗଡ଼ା କରୁଛ ? ବଡ଼ ବାବୁ ତ ମୋ କଥା ଶୁଣିଲେନି-ନଇଲେ ଆଜି ଏ ଦିନ ଦେଖିବାକୁ ପଡ଼ି ନଥାନ୍ତା ।

ବସନ୍ତ : କଣ କହିଥିଲ ତୁମେ ।

ବିକ୍ରମ : ଠିକ୍ କଥା କହିଥିଲି । ଖାଲି ମା'କୁ ଶେଷକଲେ ହେବନି - ତା ସାଙ୍ଗରେ ଝିଅକୁ ବି-

ବସନ୍ତ : ବିକ୍ରମ !

ବିକ୍ରମ : ହଁ ବାବୁ, ବିଷ କାଟିବତ ମୂଳରୁ । ଅଧା ରଖିଲେ ବୋଲି ସିନା ଆଜି ଏ ଘର ଭାଙ୍ଗୁଛି ।

ବସନ୍ତ : ଏ କଥା କହିବା ଲାଗି ତୁମର କୌଣସି ଅଧିକାର ନାହିଁ । ତୁମେ ଯେମିତି ଏ ଘରେ ଥିଲ । ସେ ମା' ଝିଅ ମଧ୍ୟ ସେମିତି ଥିଲେ ।

ବିକ୍ରମ : ଅଛି ବାବୁ । ବିକ୍ରମ ସିଂ ଏ ଘରର ଚାକର ନଥିଲା । ଏ ଘରର ସୁଖ ଦୁଃଖରେ ତାର ହାତ ଥିଲା ।

ବସନ୍ତ : ମୁଁ ଜାଣେ ତୁମେ କଣ କରୁଥିଲ ଏ ଘରେ । ରାତିରେ ନିଶାଲାଗି ତୁମେ ମଦ ଆଣିବାକୁ ଥିଲ ଏଠି । ଏ ବଂଶର କାଳିମା ଘୋଡ଼ାଇବା ପାଇଁ ତୁମ ବନ୍ଧୁକଧାରୀ ହାତ ଜଗିଥିଲା ଦିନରାତି ।

ବିକ୍ରମ	:	ଏ ହାତ ଆଜି ମଧ୍ୟ ବନ୍ଧୁକ ଚଳେଇ ପାରିବ ବାବୁ- ଗୋଡ଼ କଟି ଯାଇଚି ବୋଲି ମୁଁ ଶରଣ ପଶିନି କେଉଁଠି। ବଡ଼ ବାବୁ ଥିଲେ ଆପଣଙ୍କ ପାଟି କଣ ଏମିତି ଶୁଣା ଯାଇଥାନ୍ତା ?
ବସନ୍ତ	:	ଚୁପ୍‌କର। ଯାଅ ନିଜ କାମ କର।
ବିକ୍ରମ	:	କାମ ଆଉ କାଇଁ? ଖାଲି ବାବୁଙ୍କୁ ଦେଖି ଦେଇ ଯିବି। ତା ପୂର୍ବରୁ ଖାଲି ଯଦି ଟୋକୀଟାକୁ ଉଡ଼େଇ ପାରନ୍ତି ଏ ଘରର ଋଣ ଶୁଝି ପାରନ୍ତି।
		(ବସନ୍ତ ଖୁବ୍ ଜୋର୍‌ରେ ମାରିଲା ବିକ୍ରମକୁ)
ବସନ୍ତ	:	ଆଉ ପଦେ କଥା ଯଦି କୁହ -- ପୋଲିସ୍‌ରେ ଦେବି।
ବିକ୍ରମ	:	ତୁମ ହାତ ବଡ଼ କଅଁଳିଆ ବାବୁ - ଟାଣ ହୋଇଥିଲେ ବିକ୍ରମ ସିଂ ଦେହରେ ବାଜି ଝଡ଼ି ପଡ଼ିଥାନ୍ତା-
ଅରୁଣା	:	ତୁମେ ଯାଅ ବିକ୍ରମ୍- (ବିକ୍ରମ ଗଲା) ତୁମେ କିଏ ତାକୁ ମାରିବାକୁ ? ଆମେ ସବୁ ତା କୋଳରେ ବଢ଼ିଛୁ।
ବସନ୍ତ	:	ଆଉ କାହା କୋଳରେ ବଢ଼ିଥାନ୍ତ? ମା ତ ଥିଲେ ଫକୀର ମୋହନଙ୍କ ମଙ୍ଗରାଜଙ୍କ ସ୍ତ୍ରୀପରି ଠାକୁର ଘରେ ଦିନରାତି। ସ୍ୱାମୀର ଶୁଭ ମନାସୀ ମନାସୀ ଦେହ ମିଶିଥିଲା ମାଟିରେ-
ଅରୁଣା	:	ତୁମେ ସେମିତି କହି ପାରିବିନି।
ବସନ୍ତ	:	ଆଉରି ଶୁଣିବ। କି ବ୍ୟବସାୟ କରୁଥିଲେ ତୁମ ବାପା? ସେ ବ୍ୟବସାୟରେ ଲକ୍ଷ ଲକ୍ଷ ଟଙ୍କା କେଉଁଠୁ ଆସୁଥିଲା? କେଉଁଠୁ ଆସୁଥିଲା ଏତେ ସବୁ ରାତିକୁ ରଙ୍ଗିନ କରିବା ପାଇଁ? - ମୁଁ ସବୁ ଜାଣେ। ଅମର ଯାହା କହୁଛି ମିଛ କହୁନି। ମୁଁ ଖାଲି ଚାହେନା ଏ ଘର ଭାଙ୍ଗିପଡୁ ବୋଲି। କାରଣ ଏ ଘରେ ତୁମ ମା'ଙ୍କ ପରି ମଣିଷ ମଧ୍ୟ ଥିଲେ। ଦିନରାତି ପୂଜା ଅର୍ଚ୍ଚନା କରି ଗରିବ ଲୋକଙ୍କୁ ବାଣ୍ଟୁଥିଲେ ନିଜ ସ୍ୱାମୀର ଅନ୍ୟାୟ ଉପାର୍ଜନର କିଛି...... ଏଥର କାଇଁକି ମୁଣ୍ଡ ପୋତି ଦେଉଚ? ଚିତ୍କାର କରୁନ, ସଫେଇ ଦେଉନ !
ଅରୁଣା	:	ସେ ସବୁ କଥା ଏବେ ପକେଇ ଲାଭ କଣ ?
ବସନ୍ତ	:	ମୁଁ ତ ସେଇ କଥା କହୁଛି। ଲାଭ କଣ! ଏ ଘର ନ ଭାଙ୍ଗିବା ଲାଗି ମୁଁ ତାକୁ ବହୁତ ବୁଝେଇଲି। ଶୁଣିଲାନି। ଯଦିଓ ଘରଟା

ଭାଙ୍ଗିବା ଉଚିତ ମୁଁ ଚାହେଁନା ଏ ଘରଟା ଭୁଶୁଡ଼ି ପଡୁ ବୋଲି। କାରଣ ଆମେ କେହି ଭଗବାନ ନୋହୁଁ, ଅମର ବି ନୁହେଁ। ଅତୀତକୁ ପୂରାପୂରି ଧ୍ୱଂସ କରି କୌଣସି ଭଲର ମୂଳଦୁଆ ପଡ଼ି ପାରେନା।

ଅରୁଣା : (ପାଖକୁ ଆସି) ମନଟା ବହୁତ ଖରାପ ଲାଗୁଛି। ଏ ଘରଟାକୁ କଣ ଆମେ ବଞ୍ଚେଇ ପାରିବାନି ?

ବସନ୍ତ : ନା, ଡିନାମାଇଟ ଖଞ୍ଜା ଚାଲିଛି- ପ୍ରାୟ ସରିବଣି। ଆଉ କିଛି ସମୟ ପରେ ଶବ୍ଦ ଶୁଣି ପାରିବା ଆମେ।

ଅରୁଣା : ଶୁଣ ! - ଆମେ ଯଦି ଏ ଘରଟାକୁ କିଣି ନେବା।

ବସନ୍ତ : ମାନେ !

ଅରୁଣା : ତୁମେ ଭାଇଙ୍କୁ କହ। ମୁଁ ଏ ଘରଟାକୁ ଚାହେ।

ବସନ୍ତ : ନିଜ ଭାଇକୁ ଜାଣତ ଭଲ କରି। ସେ କଣ ଏ ଘର ବିକିବ ? ଘର ବିକି ଯାର ଟଙ୍କା ଦରକାର ଥାନ୍ତା ସେ କଣ ଲକ୍ଷ ଲକ୍ଷ ଟଙ୍କାର ଘରକୁ ଟଙ୍କା ଖର୍ଚ୍ଚ କରି ଭାଙ୍ଗିବାକୁ ଯା'ନ୍ତା ?

ଅରୁଣା : ତଥାପି ଥରେ ପଚାରି ଦେଖ।

ବସନ୍ତ : ପଚାରିବା ଲାଗି ଏତେ ବେଳନାହିଁ।
(ଭିତରୁ ଅମର ଡାକିଲା)

ଅମର : ବସନ୍ତ ! ... ... ବସନ୍ତ !

ବସନ୍ତ : କଣ ?

ଅମର : ବିକ୍ରମ ଅଛି ସେଠି ?

ବସନ୍ତ : ନା ତ ? କଣ ହେଲା ?

ଅମର : କିଛି ନାହିଁ।

ବସନ୍ତ : (ଅରୁଣାକୁ) ଅରୁଣା, ତୁମେ ବେଦୀ ପାଖକୁ ଯାଅ। ବିକ୍ରମକୁ ମତେ ଡର ଲାଗୁଛି, ହୁଏତ କଣ କରିଦେଇ ପାରେ। ତୁମେ ଗୋପାକୁ ଦେଖ .....ଯାଅ। ଗୋପା ମନରେ କଷ୍ଟ ଦିଅନା ଅରୁଣା, ବହୁତ ସହିଛି ସେ। ତାର କିଛି ନ ହେଉ। ...ତୁମେ କଣ ଗୋପାକୁ ଘୃଣା କରିବ ? ବାପା ମା ହୀନ ଛେଉଣ୍ଡ ପିଲାଟେ- ଯାଅ।

ଅରୁଣା	:	(ଭିତରକୁ ଗଲାବେଳେ) ମୁଁ ତାକୁ ଭଲ ପାଏନା, କିନ୍ତୁ ଏ ମାଟିରେ ଆଉ ରକ୍ତ ନ ପଡୁ।
		(ପ୍ରବେଶ କଲେ ଅମର ଓ ରାଜୁବାବୁ)
ରାଜୁ	:	ବେଦୀ କାମ କେତେଦୂର ଗଲା ?
ବସନ୍ତ	:	ସେଠି ତ କିଛି କାମନାହିଁ। ପୁରୋହିତ ମନ୍ତ୍ର ପଢ଼ିବ ଆଉ ମୁଁ ଶଙ୍ଖ ବଜେଇବି-
ରାଜୁ	:	ବୁଝିଲ ଅମର, ସେତିକି ହେଉ। ଶଙ୍ଖ ଶବ୍ଦରେ ଶେଷହେଉ ସବୁ। ଏ ଭୟାନକ ଶବ୍ଦକୁ ତୁମେ ବନ୍ଦକର।
ଅମର	:	ଆପଣ ତାହେଲେ ଆଉ କଣ ଦେଖିଲେ ?
ରାଜୁ	:	ସବୁ ଦେଖିଲି, ରକ୍ତ ଦେଖିଲି, ଆନନ୍ଦ ବି ଦେଖିଲି, ଘୃଣା ଦେଖିଲି, ପ୍ରେମ ବି ଦେଖିଲି, ବୀଣା ଦେଖିଲି, ଛୁରୀ ବି ଦେଖିଲି, ସବୁ ମିଶିକରି... ଥାଉ ଅମର। ଯେଉଁଟା ତୁମର ଦରକାର ନାଇଁ ତାକୁ ଫିଙ୍ଗିଦେବ।
ଅମର	:	କାହାକୁ ଫିଙ୍ଗିବି କେମିତି ଫିଙ୍ଗିବି ? ପୁରାଣ ପୋଥିରେ ତ ରକ୍ତଛିଟା ଲାଗିଛି। ଛୁରୀ ବାଜିତ ବୀଣାର ତାର ଛିଣ୍ଡି ଯାଇଛି। ଠାକୁର ମୁଣ୍ଡରେ ତ ମୂଷା ବସିଥିବା ଆପଣ ଦେଖିଲେ।
ରାଜୁ	:	କଣ୍ଟାରେ ଝୁଲିଥିବାରୁ ତ ସେ ଯୀଶୁ - କଣ୍ଟାରେ ନଝୁଲି କଣ୍ଟା ବାହାର କରିବ କେମିତି। କଣ୍ଟା ଥାଉ ଅମର, ଛୁରୀ ଆଉ ବିକ୍ରମ ସିଂ ଆଉ ତୁମେ ବି ରହ।
		(ଏଇ ସମୟରେ ଗୁଡ଼ାଏ ଟ୍ରକ୍ ଆସିବାର ଶବ୍ଦ ଶୁଣାଗଲା)
ବସନ୍ତ	:	(କାନଡେରି) ଶବ୍ଦ କଣ ? ... ଓ ଟ୍ରକ୍ ସବୁ ଆସିଗଲାଣି ବୋଧେ।
ରାଜୁ	:	ଟ୍ରକ୍! କଣ ଯୌତୁକ ବୋଝେଇ ହେବ।
ବସନ୍ତ	:	ନା, ନା- ଏ ଘର ଭାଙ୍ଗିଲା ପରେ ରାତି ଭିତରେ ସବୁ ସଫା ହେବ। ସକାଳୁ ଏ ମାଟି ସମତଳ ଦେଖାଯିବ।
ରାଜୁ	:	ଓଃ.... ବେଶ୍ ମଜାତ। .... ହଁ ଭଲ ହେଲା। ବାହାଘରରେ ତ ଶହନାଇ ବାଜିବାର କଥା-ମୁଁ ଭାବୁଥିଲି ଖାଲି ଶଙ୍ଖରେ କାମ କେମିତି ଚଳିବ - ତା ପୁଣି ବସନ୍ତ ଫୁଙ୍କିଲେ ହୁଏତ ଶିଶୁପାଳ କାନରେ ଗଧରଡ଼ି ହିଁ ଶୁଣାଯାଇ ପାରେ। ବେଶ୍ ହେଲା... କେତଟା ଟ୍ରକ୍ ଆସିଛି ?

ବସନ୍ତ : ଶହେଟା ।

ରାଜୁ : ଶହେଟା... ବାଃ ସବୁଗୁଡ଼ିକର ଇଞ୍ଜିନ ଚାଲୁ ରଖିଲେ ଲକ୍ଷେ ଶହନାଇର ଶବ୍ଦ ଶୁଣାଯିବ । ଅମର ରାୟର ବାହାଘର ତା ହେଲେ ଆରମ୍ଭ କରିବ ନୂଆ ଇତିହାସ ।

ଅମର : ରାଜୁବାବୁ - ଇତିହାସ କଥା କହି ପାରିବିନି କାରଣ ମୁଁ ନିଜକୁ ସମୟର ଦାସ ବୋଲି ଭାବେନା-କିନ୍ତୁ ମୋ ବାହାଘର ନିଶ୍ଚୟ ଏ ଘରକୁ ବଦଳେଇବ ।

ବସନ୍ତ : (ଅମର ପାଖକୁ ଆସି ତା କାନ୍ଧରେ ହାତ ପକେଇଲା) ଅମର, କିଛି ଭାବିବୁନି ଯଦି ଗୋଟାଏ କଥା କହିବି ।

ଅମର : କହ, ଭାବିବାର କଣ ଅଛି ।

ବସନ୍ତ : ଏ କୋଠା ଯଦି ତୁମକୁ ଡରଉଚି, ତାକୁ ଭାଙ୍ଗିବା ପରିବର୍ତ୍ତେ ହାତଛଡ଼ା କରି ଦେଉନା ।

ଅମର : (ଚାହିଁଲା) ଆଉ ଟିକେ ସ୍ପଷ୍ଟ କରି କୁହ ।

ବସନ୍ତ : ଅରୁଣା କହୁଥିଲା......

ଅମର : କଣ କହୁଥିଲା ?

ବସନ୍ତ : ଏ ଘରଟା ଆମକୁ ବିକି ଦେଲେ...

ଅମର : ବସନ୍ତ ! ବିକିବାର ଥିଲେ ମୁଁ ଏ ସବୁ କରନ୍ତି କାହିଁକି ।

ବସନ୍ତ : ତା କହିବାର କଥା ଯେ ରାୟ ବଂଶର ଗର୍ବକୁ ତମେ ସ୍ୱୀକାର ନ କଲେ ମଧ୍ୟ ସେ ସ୍ୱୀକାର କରେ ତେଣୁ...

ଅମର : ଅରୁଣା ତୁମେ ବା ଯଦି ମୋତେ ଘରଟା ମାଗ ମୁଁ ସେମିତି ଦେଇ ପାରେ । କିଣାବିକା କଥା କାହିଁକି ମନରେ ଆଣୁଛ ? ତାଛଡ଼ା ମୁଁ ଯେଉଁ ଅଭିଶାପରୁ ଆଜି ମୁକ୍ତ ହେବି ବୋଲି ଭାବୁଛି ସେଥିଲାଗି ତୁମ ମନରେ କଣ କୌଣସି ସମବେଦନା ନାହିଁ ?

ବସନ୍ତ : ସମବେଦନାର କଥା ନୁହେଁ-ଏ ଘରର ଧ୍ୱଂସ କେହି ଚାହାନ୍ତି ନାହିଁ । ମଣିଷର ଘର ଭିତରେ ଅନେକ ଭୁଲ୍ ଥାଏ କିନ୍ତୁ ତାକୁ ମଣିଷ ଉପରର ଶକ୍ତି ସୁଧାରିବ-

ଅମର : ଏ କଥା ଏତିକିରେ ଥାଉ ବସନ୍ତ । ଗୌତମର କାମ ପ୍ରାୟ ସରି ଆସିଲାଣି । Time-fuse ଦିଆ ସରିଛି । ସମୟର ଆନ୍ଦୋଳନକୁ ସମୟ ଆଉ ଅଟକାଇ ପାରିବ ନାହିଁ ।

ରାଜୁ	:	Let's celebrate now! ଆଜି ଇତିହାସ ହାର୍ ମାନିବାକୁ ଯାଉଛି। ମୁଁ ଆଜିଠୁ ଆଉ ଇତିହାସ ପଢ଼ିବି ନାହିଁ। ପ୍ରତ୍ୟେକ ଦୁଇ ତିନି ଶହ ବର୍ଷ ପରେ ଯଦି ନୂଆ ଇତିହାସ ଲେଖାଯାଏ କଣ ଦରକାର ସେ ସବୁ। ଇତିହାସ ଆଜିଠୁ ହେବ ସଭ୍ୟତାର କବର। ସମୟର କବନ୍ଧ ମୁଦ୍ରା- ବସନ୍ତ ମୁଁ କେବେ ପିଏନା- କିନ୍ତୁ-ଆଜି ପିଇବି। ତୁମ ପାଖରେ ତ ନିଶ୍ଚୟ whisky ଥିବ। Let us have a toast for Amar Roy-
ବସନ୍ତ	:	ମୁଁ ଆଜିଠୁ ପିଇବା ବନ୍ଦ କରି ଦେଇଛି।
ରାଜୁ	:	କଣ ଅମରର ବାହାଘର ଲାଗି ନା ଶ୍ୱଶୁରଙ୍କ ଘର ଭଙ୍ଗା ଲାଗି ?
ବସନ୍ତ	:	କୌଣସିଟା ପାଇଁ ନୁହେଁ।
ରାଜୁ	:	ଓ ବୁଝିଲି, ତୁମେ ବି କିଛି ତ୍ୟାଗ କରିବାକୁ ଚାହଁ!
ବସନ୍ତ	:	ତା ବି ନୁହେଁ। (ଦୂରକୁ ଗଲା)
ରାଜୁ	:	(ଅଟକାଇ) କିଓ କଥା କଣ ? ଆଜିର ବେଶ୍ ପିଇବା କଥା। ତୁମେ ପିଇବନି କଣ ?
ବସନ୍ତ	:	ଶୁଣିବେ! ମୁଁ ପିଇବିନି କାରଣ ଆଜିଠୁଁ ମୁଁ ନିଜକୁ ଘୃଣାକରେ। ଅବଶ୍ୟ ମୁଁ ବଞ୍ଚିବି- ଯାହା କରୁଥିଲି କରିବି, ଅମର ପରି ଅଭିମାନ କରିବିନି କାରଣ ମୋର ସେତେ ଶକ୍ତି ନାହିଁ।
ଅମର	:	ମୋ କଥା କାହିଁକି ଟାଣି ଆଣୁଛ। ତୁମ ବଞ୍ଚିବାର ଧାରାକୁ ମୋ ଅଭିମାନ କାହିଁକି ବଦଳାଇବ ?
ବସନ୍ତ	:	ଆଚ୍ଛା ଛାଡ଼ - ଶୁଣିବେ ରାଜୁବାବୁ! ... (ଦୋଳି ପାଖକୁ ଆସି) ଆଜି ସକାଳେ ମୁଁ କାମ ପାଖକୁ ଯାଇଥିଲି। କାଲି ରାତିରେ ମୋର ଜଣେ ବନ୍ଧୁର ପାର୍ଟିରେ ମୁଁ ବହୁତ ପିଇଥିଲି। ଗାଡ଼ି ଚଳାଇଲା ବେଳେ ମୋ ଆଖି ପଡ଼ି ପଡ଼ି ଆସୁଥିଲା। ମନରେ ବି ଅନେକ ଏଣୁ ତେଣୁ ଚିନ୍ତା ଉଙ୍କି ମାରୁଥିଲା। ଗାଡ଼ିର ବେଗ କମାଇ ମୁଁ ଧୀରେ ଧୀରେ ଚାଲିଲି.... ତଥାପି...
ଅମର	:	କଣ ହେଲା ?
ବସନ୍ତ	:	ଗୋଟିଏ ଗରିବ ସ୍ତ୍ରୀଲୋକ ଉପରେ ମାଡ଼ିଗଲା ଗାଡ଼ି।
ରାଜୁ	:	କେମିତି ?

ବସନ୍ତ	:	କେମିତି ଆଉ କଣ ? ରାତିର ନିଶା କଟି ନ ଥିଲା, ମୁଁ ହଠାତ୍ ଦେଖିଲି ବେଳକୁ ଗାଡ଼ି ମାଡ଼ି ଯିବା ଉପରେ- ଖୁବ୍ ଜୋର୍‌ରେ ବ୍ରେକ୍ ଦେଲି-କିନ୍ତୁ ସେତେବେଳକୁ....
ରାଜୁ	:	କଣ ମରିଗଲା ?
ବସନ୍ତ	:	ହଁ... ଗାଡ଼ି ବନ୍ଦକରି ମୁଁ ଗଲି ତାକୁ ନେଇ ଡାକ୍ତରଖାନା ଯିବାଲାଗି- କିନ୍ତୁ ରାସ୍ତାରେ ରକ୍ତ ଦେଖି ଗୋଡ଼ ଚଳିଲା ନାହିଁ । ଏଇ ସମୟରେ ଦେଖିଲି ଦଳେ ଲୋକ ମୋ ପାଖକୁ ଆସୁଛନ୍ତି- ପାଖ ବିଲରୁ ଦେଖି ସେମାନେ ଦଉଡ଼ି ଆସୁଥିଲେ......ମୁଁ ଭାବିଲି ପ୍ରାଣଟା ଗଲା ଆଜି-କୁଆଡ଼େ ଚାଲି ଯିବାର ଇଚ୍ଛା ବି ହେଲା ନାହିଁ । ମୂକପରି ମୁଁ ଆସି ବସିଗଲି ଗାଡ଼ି ଭିତରେ ଆଖି ବନ୍ଦକରି । ଆଗରେ ନିଶ୍ଚିତ ମୃତ୍ୟୁର କଳ୍ପନା କରି । ...କିନ୍ତୁ କଣ ହେଲା ଜାଣ ।
ରାଜୁବାବୁ	:	କିଛି ହେଲା ପରିତ ଲାଗୁନି-
ବସନ୍ତ	:	(ଉଦ୍‌ଭ୍ୟକ୍ତ ହୋଇ) ନା କିଛି ହୋଇନି ରାଜୁବାବୁ । ଭିଡ଼ ଭିତରୁ କିଏ ଜଣେ କହିଲା-ବସନ୍ତ ବାବୁ ଠିକାଦାର ତାପରେ କଣ ଚୁପ୍‌ଚାପ୍ କଥା ଭାଷା-ତାପରେ ଜଣେ ଆସି ଡାକିଲା ଆସ୍ତେ କରି- ବାବୁ-ମୁଁ ଚମକିଲା ପରି ଅନେଇଲି-ସେ ନମସ୍କାର ହେଲା । ତାପରେ ଧୀରେ ମୋ ପାଖରେ ବସି କାରର କବାଟ ବନ୍ଦକଲା । କାନରେ କହିଲା-ପଦନପୁର-ମାଣିକ ସାହୁର ସ୍ତ୍ରୀ । ଦୁଇବର୍ଷ ହେଲା ବାହା ହୋଇଥିଲା-ତାକୁ ଦଶହଜାର, ଗାଁ ଠାକୁରାଣୀଙ୍କୁ ପାଞ୍ଚହଜାର-ଗାଁ ବାଲାଙ୍କର ପାଞ୍ଚ ହଜାର ଆଉ ତାର ପାଞ୍ଚ ହଜାର.... ବାସ୍ ପଚିଶ ହଜାର ଟଙ୍କାରେ ରାସ୍ତାର ରକ୍ତ ଧୋଇଗଲା, ମୋ ଗାଡ଼ିର ରକ୍ତ ଧୋଇଗଲା ଓ କେହି ଜାଣିଲେନି ଯେ କିଛି ହୋଇଥିଲା ବୋଲି ।
ରାଜୁ	:	ତୁମେ ବହୁତ ଭାଗ୍ୟବାନ୍ !
ବସନ୍ତ	:	ହଁ ବହୁତ ଭାଗ୍ୟବାନ୍ । ତା ନହେଲେ ରାସ୍ତାର କୌଣସି ଗାଡ଼ି ମଟର ଅଟକିଲାନି - ପୋଲିସ୍ କାନକୁ କଥା ଗଲାନି କି ମାଡ଼ି ବସିଲାନି - କିନ୍ତୁ କଥାଟା ସେଠି ଶେଷ ନୁହେଁ ! ... ... ସେ ପାଖେ ଶବ ପୋଡ଼ାହେଲା ବେଳେ, ଗୋଟିଏ ମଳିମୁଣ୍ଡିଆ

ନେଞ୍ଜରା ଆଖି ମଣିଷ ଆସି ପାଦଧରି କାନ୍ଦିଲା କହିଲା ବାବୁ- ମୋ ରତନୀ ପେଟରେ ଦୁଇ ମାସର ଛୁଆଥିଲା ବାବୁ- ଆଉ ଦୁଇ ହଜାର ଟଙ୍କା ... ...।

ରାଜୁ : ବସନ୍ତ !

ବସନ୍ତ : ହଁ ରାଜୁବାବୁ, ସତେ ଯେମିତି ସେ ଅନାଗତ ଛୁଆର ଦାମ୍ ଦୁଇ ହଜାର ଟଙ୍କା।

... ... (ଛଳ ଛଳ ଆଖିରେ) ଅମର ଟଙ୍କା ଦେଇ ମଣିଷ କିଣିହୁଏ ଏକଥା କେବେ ଜାଣିନଥିଲି- ତୁମର ସାହସ ଯଦି ଥାନ୍ତା, ସିଧା ଯାଇଥାନ୍ତି ପୋଲିସ୍ ପାଖକୁ ଆତ୍ମ ସମର୍ପଣ କରିବା ଲାଗି - କିନ୍ତୁ ଏ ପୋଡ଼ା ପ୍ରାଣ ରଖିବା ଲାଗି ମତେ ସମାଧାନ କରିବାକୁ ପଡ଼ିଲା। - ଜୀବନ, ପରିବାର, ସମାଜ ଓ ମୋର ସମସ୍ତ ମୂଲ୍ୟବୋଧର ସଂସ୍କୃତି ଭିତରେ ... ... ଆଉ ଆପଣ Celebrate କରିବାକୁ କହୁଛନ୍ତି।

ରାଜୁ : ଅରୁଣା ଜାଣେ ଏ କଥା ?

ବସନ୍ତ : ଜାଣିଲେ କଣ କରିବ ? ଭଗବାନଙ୍କୁ ହାତଯୋଡ଼ି ଧନ୍ୟବାଦ ଦେବ। ବାବ୍‌ଲି ମୁଣ୍ଡରେ ହାତରଖି ଆଖିରୁ ହୁଏତ ଟିକେ ଲୁହ ଗଡ଼େଇ ଦେବ-କିନ୍ତୁ ସେ ଲୁହ ଅନୁତାପର ନୁହେଁ - ଆନନ୍ଦର, ଯେ ସ୍ୱାମୀ ମୋର ବଞ୍ଚି ଯାଇଛି-ମୋ ହାତ ନଙ୍ଗଳା ହେବନି।

(ଖୁବ୍ ଜୋର୍‌ରେ ଗୋଟିଏ କାର୍, ଅଟକିବାର ଶବ୍ଦ)

ଅମର : ବାପା ଆସିଗଲେ ବୋଧେ !

ରାଜୁ : ବାପା ସକାଳୁ ଆସି କେଉଁଠି ଥିଲେ।

ଅମର : ଠିକ୍ ଜାଣେନା, ତଥାପି ମୋର ଯେତେ ଦୂର ବିଶ୍ୱାସ ଦାଦା ଯାଇଥିବେ ତାଙ୍କୁ ଜେଲ୍‌ରୁ ଆଣିବାକୁ। - ହଁ ମୋର ଅନୁମାନ ଠିକ୍, ଏଟା ଦାଦାଙ୍କ ଗାଡ଼ି।

(ପ୍ରବେଶ କଲେ ଜଣେ ରୁଚିସଂପନ୍ନ ପ୍ରୌଢ଼। ପରିଧାନ ଦାମୀ ସୁଟ୍। ମୁହଁରେ ଦୃଢ଼ତା ଏବଂ ସାମାନ୍ୟ ବିରକ୍ତି, ତାଙ୍କର ବୟସ ପଚାଶ ପାଖାପାଖି ଏବଂ ତାଙ୍କ ନାଁ ସୁଧୀର)

ସୁଧୀର : କୂଳ ଉଜ୍ଜ୍ୱଳ ହେବାକୁ ଆଉ କେତେ ସମୟ ରହିଲା ?

(ସମସ୍ତେ ଚୁପ୍)

କଣ ଶୁଣାଯାଉ ନାହିଁ? କଚେରୀରେ ବାପ ବିରୁଦ୍ଧରେ ସାକ୍ଷୀ ଦେଲାବେଳେ ପବନକୁ ଥରେଇ ଦେଲୁ! ଆଜି ବାପ ମୁକୁଳିଛି ଠିକ୍ ପୁଅର ବାହାଘର ଦିନ, ପାଟିରୁ କଥା ବାହାରୁ ନାହିଁ?

ଅମର : ଚିତ୍କାର କରିବା ଲାଗି ଆଉ ସମୟ ନାହିଁ ଓ କୌଣସି ଆବଶ୍ୟକତା ମଧ୍ୟ ନାହିଁ।

ସୁଧୀର : ଅମର। ତୁ ଏଡ଼େ କଠୋର ହୋଇ ପାରିଲୁ! ପିଲାଟିଦିନରୁ କେଡ଼େ ସୁନ୍ଦର ତୋର କଥାଭାଷା-ଚାଲିଚଳନ-ବାପାକୁ ଜେଲ୍ ପଠାଇ ଖଲାସ ହେଲା ଦିନ ଦେଖା କରିବାକୁ ଯାଇ ପାରିଲୁ ନାହିଁ?

ଅମର : ସେ ଆପଣଙ୍କ ସଙ୍ଗେ ଆସିଛନ୍ତି ନା ନାହିଁ?

ସୁଧୀର : ଆସିଛନ୍ତି। କିନ୍ତୁ ତୋ ଆଗକୁ ଆସିବାର ସତ୍ ସାହସ ତୁ ତାଙ୍କ ମନରୁ ଟାଣି ନେଇଛୁ।

ଅମର : କାହାଁନ୍ତି? ଗାଡ଼ି ଭିତରେ?
(ଯିବାକୁ ବହାରିଲା।)

ସୁଧୀର : ରହ। ବର୍ତ୍ତମାନ ତୁ ଦେଖା କରି ପାରିବୁନି।

ଅମର : ମୁଁ ତାଙ୍କୁ ସ୍ୱାଗତ କରିବି। ତାଙ୍କର ପ୍ରାୟଶ୍ଚିତ୍ତ ହୋଇ ସାରିଚି ଏବଂ ସେ ନିଜ ଇଚ୍ଛାରେ ଏଠିକି ଆସିଛନ୍ତି। ମୁଁ ଚାହେଁ ଆଉ କିଛି ସମୟ ପରେ ସେ ନୂଆ ଘରର ଶୁଭ ଦେବେ।

ସୁଧୀର : ଏ ଘର ଭଙ୍ଗି ପାରିବିନି।

ଅମର : ବର୍ତ୍ତମାନ ସେ ଚିନ୍ତାର ବେଳ ନାହିଁ। ଅନ୍ୟକଥା କହନ୍ତୁ ଦାଦା।

ସୁଧୀର : ଗୁରୁଜନ ମାନଙ୍କୁ ଅସମ୍ମାନ କରିବା ମଧ୍ୟ ତୋର ଆଦର୍ଶ ନା କଣ?

ଅମର : କ୍ଷମା କରିବେ ଦାଦା, ମୁଁ ଅସମ୍ମାନ କରୁ ନାହିଁ। କିନ୍ତୁ ଘର ଭାଙ୍ଗିବାର ସମସ୍ତ ବ୍ୟବସ୍ଥା ହୋଇ ସାରିଛି। ଆଉ ସେ କଥା ଭାବି ଲାଭ କଣ?

ସୁଧୀର : (ବ୍ୟସ୍ତ ହୋଇ) କଣ ବ୍ୟବସ୍ଥା ହୋଇଛି? (ଅମର ଚୁପ୍) ବସନ୍ତ, କଣ କରା ଯାଇଛି?

ବସନ୍ତ : Time fuse ଦିଆ ଯାଇଛି।

ସୁଧୀର : Fuse ଖୋଲି ଦେବାକୁ ହେବ। ଯାଅ ଶୀଘ୍ର ଯାଅ। .....ବସନ୍ତ!

ବସନ୍ତ : ମୁଁ ଏ ଘରର ଜ୍ୱାଇଁ - ମୋର ଅନ୍ୟ କୌଣସି ଅଧିକାର ନାହିଁ।

ସୁଧୀର : ଅମରର ମଧ୍ୟ ଅଧିକାର ନାହିଁ। ଏ ଘର ଆମ ପିତୃପୁରୁଷର। ମୁଁ ସକାଳେ କଚେରୀରେ ଆବେଦନ କରିଛି। ଅମରର ଏ ଘର ଭାଙ୍ଗିବାର କୌଣସି ଅଧିକାର ନାହିଁ।

ଅମର : କଚେରୀରୁ ମୋ ପାଖକୁ କୌଣସି ଆଦେଶ ଆସି ନାହିଁ।

ସୁଧୀର : ଆସିଯିବ। ତେଣୁ ମୁଁ କହୁଚି ଡାକ ତୁମ ଲୋକଙ୍କୁ ଯିଏ fuse ଲଗାଉଛନ୍ତି–

(ଖବ୍ ଜୋର୍‌ରେ Crutchesକୁ ଠକ୍ ଠକ୍ କରି ବିକ୍ରମ ସିଂ ଆସିଛି)

ବିକ୍ରମ : ପ୍ରଣାମ୍ ହଜୁର। ମାଲିକ କାହାନ୍ତି ?

ସୁଧୀର : (ଇତସ୍ତତଃ କଲେ)

ବିକ୍ରମ : ମାଲିକ୍ କାହାନ୍ତି ବାବୁ। ଏ ଘର ପଡ଼ିଯିବା ପୂର୍ବରୁ ମୁଁ ତାଙ୍କୁ ଟିକେ ଦେଖା କରି ପଳେଇବି।

ସୁଧୀର : ସେ ଗାଡ଼ିରେ ବସିଛନ୍ତି କିନ୍ତୁ ତମେ ଦେଖା କର ନାହିଁ।

ବିକ୍ରମ : ମତେ କେହି ଅଟକେଇ ପାରିବେ ନାହିଁ – (ଚାଲିଗଲା)

ସୁଧୀର : ଅମର – ଶୀଘ୍ର କର।

ଅମର : ମୋ ବିଶ୍ୱାସରେ ମୁଁ ଅଟଳ ଦାଦା।

ସୁଧୀର : ଆପଣମାନେ ସମସ୍ତେ ଏମିତି ଚୁପ୍‌କରି କାହିଁକି ଠିଆ ହୋଇଛନ୍ତି ? କିଛି କହନ୍ତୁ। ଦଶବର୍ଷ ଜେଲ୍‌ରେ ରହି ଫେରିଲା ପରେ ଭାଇ ଏ ଦୃଶ୍ୟ କେବେ ଦେଖି ପାରିବେନି ... ...

ରାଜୁ : ତାଙ୍କୁ ବରଂ ଆପଣ ନେଇଯାନ୍ତୁ। ଘର ବଞ୍ଚାଇବାକୁ ଆଉ କିଛି ଉପାୟ ନାହିଁ।

ସୁଧୀର : ଏତେ ପୁରୁଣା ପୋଥି, ସୁନା ଗହଣା ଠାକୁର ମୂର୍ତ୍ତି, ସବୁ ଚାଲିଯିବ ଆପଣ କହୁଛନ୍ତି କିଛି କରିପାରିବେନି ?

ରାଜୁ : ନା, ଆମର ଚେଷ୍ଟା ସବୁ ସରିଚି।

ସୁଧୀର : ତାହେଲେ ମୁହିଁ ଯିବ। (ଯିବାକୁ ବାହାରିଲେ)

(ପ୍ରବେଶ କଲେ ଅମରର ବାପା ଅଜୟ ଓ ବିକ୍ରମ ସିଂ। ଅଜୟ ବାବୁଙ୍କ ବୟସ ୫୦ କିନ୍ତୁ ଅତିକ୍ଷୀଣ ଦେଖା ଯାଉଥାନ୍ତି। ଚିନ୍ତାରେ ଗୋଟିଏ ଦୀପ୍ତିବାନ ପୁରୁଷ ଭାଙ୍ଗିପଡ଼ିଲା ପରି ଦେଖାଯାଉଥାନ୍ତି)।

ଅଜୟ : କୁଆଡ଼େ ଯାଉଚ ? କିଛି ଦରକାର ନାହିଁ। (ଅମର ପାଦତଳେ ମୁଣ୍ଡିଆ ମାରିଲା। ବସନ୍ତ ବି। ଅଜୟଙ୍କ ମୁଖମଣ୍ଡଳ କୁଞ୍ଚିତ ହେଲା)।

ଅଜୟ : କେଉଁ ଭାଷାରେ ଆଶୀର୍ବାଦ କରିବି ବୁଝିପାରୁନି ପୁଅ। ଦଶବର୍ଷ ପରେ ମୋର ଭାଷାଜ୍ଞାନ ବହୁତ ଦୁର୍ବଳ ହୋଇଗଲାପରି ଲାଗୁଛି।

ଅମର : କେଉଁ ଭାଷା କହିଲେ ମଧ୍ୟ ମୋ ପାଇଁ ସେ ବାପାର ଆଶୀର୍ବାଦ।

ଅଜୟ : ହଉ ଆଶୀର୍ବାଦ କରୁଛି- ସୁଖୀହୁଅ, ଯଶସ୍ୱୀ ହୁଅ।

ଅମର : (ପାଦଧୂଳି ନେଲା) ବସନ୍ତ, ଘର ଶୁଭଦେବା ଲାଗି ସବୁ ଜିନିଷ ରଖିଚ ତ। ଆପଣତ ନୂଆଘରର ଶୁଭଦେବେ।

(ଗୋପା ଆସିଚି)- ଗୋପାବି ଆସିଲାଣି, ତାକୁ ମଧ୍ୟ ଆଶୀର୍ବାଦ କରନ୍ତୁ। (ଗୋପା ମୁଣ୍ଡିଆ ମାରିଚି-ଅଜୟ ବାବୁ ଘୁଞ୍ଚିଗଲେ)

ଅମର : ଏ କଣ ବାପା !

ଗୋପା : ନା ବାପା-ମୁଁ କିଛି ଚାହେଁନା-ମୁଁ ଚାହେଁ ଏ ଘରଟା ରହୁ। ଏ ଘରର ଧ୍ୱଂସ ନୁହେଁ। ମୋର ପର-କାଳଟା ବି ନଷ୍ଟ କରିବାକୁ ମୁଁ ଚାହେଁନା।

(ରାଜୁବାବୁ ଧୂଳିଲଗା ଫୁଲ ହାରରୁ ଧୂଳି ଝାଡ଼ିଲେ ଏବଂ ଗୋପା ପାଖକୁ ଆଣିଲେ)

ଗୋପା : ଅମର ଏ ଘର ଭାଙ୍ଗିଗଲେ ଆମ ବାହାଘର ହୋଇ ପାରିବନି।

ବସନ୍ତ : ଗୋପା - ପାଗଳାମୀ ବନ୍ଦ କର।

ଅଜୟ : ସେ ଠିକ୍ କହୁଛି। ଏ ଘର ଭାଙ୍ଗିଗଲେ ମୋର ଦୁଃଖନାହିଁ, ପୁରୁଣା ଘରଟା - ପଡ଼ିଯାଇଥାନ୍ତା ଆଉ କେତେବର୍ଷ ପରେ - କିନ୍ତୁ ଏ ବାହାଘର ହୋଇ ପାରିବ ନାହିଁ।

ଅମର : ବାପା ଆପଣ ଅଭିଶାପ ଦେଲେ ମଧ୍ୟ ମୋର ବାହାଘର ହେବ। ଗୋପା ତୁମେ ଚୁପ୍ କର, ଶାନ୍ତ ହୁଅ।

ଗୋପା : କଦମ୍ବ ବଣର ମହକରେ ରାଧା ଚମକିଥିଲା ଅମର, ତୁମେ କଣ ଭାବ ବେଦୀ ଓ ସିନ୍ଦୂରହିଁ ମୋର ଜୀବନର ଲକ୍ଷ୍ୟଥିଲା। ବାହାଘର ହୋଇଥାନ୍ତା, ବଞ୍ଚିବାର ଆନନ୍ଦରେ- ନା ଆଉ, ଆଉ କହିବାର ବେଳନାହିଁ। (ଅମରର ପାଦଧରି) ମୁଁ ତୁମ ପାଦତଳେ ପଡୁଛି ତୁମେ ଏ ଘର ଭାଙ୍ଗନାହିଁ।

ବିକ୍ରମ : (ମାଡ଼ି ଯାଇଛି ଗୋପାକୁ ମାରିବା ଲାଗି। ପାଖକୁ ଯାଇ କାଠ ଗୋଡ଼ ଉଞ୍ଚେଇଛି)

ଅଜୟ : ବିକ୍ରମ ! - (ବିକ୍ରମ ଚୁପ୍ କରି ଠିଆ ହେଲା)

ଗୋପା : ମତେ କେହି ମାରି ପାରିବେ ନାହିଁ। - ଅମର, ଡେରି କରନା - ମୋ କଥା ଶୁଣ... ...

ଅମର : ଭଲ ପାଇବାର ପରୀକ୍ଷା ମାଗନା। ଅପେକ୍ଷାକର ଶଙ୍ଖକୁ - ଶଙ୍ଖ ପରେ ହିଁ ଶଙ୍ଖ ଶୁଭିବ।

ଗୋପା : ନା-ଅମର ନା- ମଣିଷର ଇତିହାସକୁ ମୁଁ ଶଙ୍ଖରେ ଫଟେଇବିନି - ସମୟର ଗତିପଥରେ ମୁଁ ଠିଆ ହେବିନି ବାଲିବନ୍ଧ ହୋଇ। (ଗୌତମ ଦୌଡ଼ ଦୌଡ଼ ଆସିଲା)

ଗୌତମ : ଆପଣମାନେ ଆଉ ଟିକେ ଦୂରକୁ ଚାଲିଯାନ୍ତୁ। ଆଉ ମିନିଟକ ପରେ Explosion ହେବ-

ସମସ୍ତେ : ଅମର !

ଗୋପା : ନା-ମୁଁ ଏକଥା ହେବାକୁ ଦେବିନି। ଏ ଘରେ ମା ମୋର ଶିବଲିଙ୍ଗ ପୂଜା କରୁଥିଲା-ତାରି ପାଖରେ ରକ୍ତ ଝରାଇ ମଲା-ମୁଁ ସେ ଶିବଲିଙ୍ଗକୁ ନିଶ୍ଚୟ ଆଣିବି, ନିଶ୍ଚୟ ଆଣିବି (ଦଉଡ଼ିଗଲା ଭିତରକୁ)।

ସମସ୍ତେ : ଯାଅନା... ....

ଅମର : ଗୋପା ! (ଦଉଡ଼ି) ଫେରିଆସ ଗୋପା !

(ଭିତରୁ ଲକ୍ଷେ ଆତସବାଜୀ ଏକାଥରେ ଫୁଟିବାର ଶଙ୍ଖହେଲା ଏବଂ ଭୁଶୁଡ଼ି ପଡ଼ିଲା ଆସ୍ତେ ଆସ୍ତେ ପଛପଟରୁ ବିରାଟ କୋଠାଟା - ବାହାରେ ଟ୍ରକ୍‌ର ଘର୍ଘର ଶଙ୍ଖ ମଧ୍ୟ ଶୁଣାଯାଉଥାଏ-ବିରାଟ ଧୂଳି ପଟଳ ଉଠି ସମସ୍ତଙ୍କ ଦେହରେ ଗୋଟିଏ ଆସ୍ତରଣ ବୋଳି ଦେଉଥାଏ- ସମସ୍ତେ ନିର୍ବାକ୍, କେବଳ ଦୋଳିଟା ଦୋହଲୁଥାଏ ଶଙ୍ଖର ଚମକରେ ... ...)

(ଭିତରୁ ବାବୁଲି ଆଖି ମିଟିମିଟି କରି ଆସିଲା)

ବାବୁଲି : ମତେ ଡର ମାଡୁଚି... ... ମତେ ଡର ମାଡୁଚି... ....

(ସମସ୍ତଙ୍କ ମୁହଁକୁ ଚାହିଁଲା। ରାଜୁବାବୁଙ୍କ ପାଖ ହେବାରୁ ଟେ ଟାଣିନେଲେ)।

- ପରଦା -

BLACK EAGLE BOOKS

www.blackeaglebooks.org
info@blackeaglebooks.org

Black Eagle Books, an independent publisher, was founded as a nonprofit organization in April, 2019. It is our mission to connect and engage the Indian diaspora and the world at large with the best of works of world literature published on a collaborative platform, with special emphasis on foregrounding Contemporary Classics and New Writing.